클라인 투데이 2 : 이론편

병리적 조직화

클라인 투데이 2 : 이론편

병리적 조직화

엘리자베스 보트 스필리어스 편집
홍준기 옮김

Melanie Klein Today
Developments in Theory and Practice

클라인 투데이 2 : 이론편
병리적 조직화
Melanie Klein Today :
Developments in Theory and Practice

초판 1쇄 2022년 1월 5일

편집 | 엘리자베스 보트 스필리어스
옮긴이 | 홍준기

펴낸이 | 김영남
편집 | 공윤조
펴낸곳 | (주)눈출판그룹

출판등록 | 2015년 7월 31일 제399-2015-000017호
주소 | 경기도 남양주시 수동면 외방로 135번길 24
전화 | 1661-4310
팩스 | 031-511-4749
이메일 | nungroup@daum.net
홈페이지 | www.nungroup.co.kr

값 28,000원
ISBN 979-11-88466-19-1(93180)

파본이나 잘못된 책은 바꿔드립니다.

차례

일러두기 | 본문 중에 [ ]의 내용은 독자의 이해를 돕기 위한 역자의 첨언입니다.

감사의 글

관대한 재정적 지원으로 이 책의 출간을 준비할 수 있도록 해준 멜라니 클라인 재단에게 감사드리며, 또한 도움을 준 많은 동료, 특히 꼼꼼하게 조언하고 조력해준 베티 조지프 양, 한나 시걸 박사, 그리고 에드나 오쇼네시 부인에게 감사드린다.

참고문헌 작성에 도움을 준 질 던컨 양과 제인 템펄리 부인, 그리고 인내심을 갖고 끝없이 수정하면서 원고와 참고문헌을 타이핑해준 제니퍼 제인즈 양과 내 딸, 시시파 스필리어스 미트로풀루에게 감사드린다.

원고를 재출간할 수 있도록 허락해준 『국제정신분석학회지』, 프란체스카 비온 부인, 베티 조지프 양, 로티 로젠펠드 부인, 그리고 이 학회지에 수록되었던 논문들의 재출간을 허락한 개별 저자들, 제이슨 아론슨 출판사와 한나 시걸 박사, 엘세비어 사이언스 출판사, 로티 로젠펠드 부인에게 감사드린다.

총론

이 책의 목적은 멜라니 클라인의 동료와 제자들이 지난 30년간 작성한 일련의 논문 ―클라인의 개념과 이론의 발달을 보여주는― 을 수록하고 그것들에 대해 논의하는 것이다.

이 총론general introduction에서 나는 클라인의 제자들의 작업에 등장하는 어떤 중요한 주제들에 대해 아주 도식적으로 살펴보고자 한다. 이 주제들 중 몇몇은 본서의 해당 부분에서 더 자세하게 논의될 것이다. 더 상세한 이러한 논의를 위해 나는, 새로운 연구를 통해 클라인의 원래의 정식화들을 확장하고 발전시키도록 그녀의 동료들을 특히 고무시킨 주제를 선택했다.

『클라인 투데이』 1권과 2권은 주로 이론과 관련된 네 가지 주제 ―정신병의 분석, 투사적 동일화에 관한 작업, 사고하기에 관한 이론의 발달, 그리고 병리적인 정신적 조직화에 관한 새로운 개념들― 에 대한 기고문과 관련 있다. 3권과 4권은 주로 임상적·응용적 실천 ―정신분석 테크닉, 성인 환자에 대한 임상기술, 아동 분석, 그리고 다른 영역과 분야에 대한 클라인 이론의 응용― 과 관련된 논문을 수록했다. 이러한 방식으로 이론적 논문과 임상적 논문을 구분하는 것이 편리함에도 불구하고, 사실 이러한 구분은 인위적인 것일 수밖에 없다. 이론에 대한 기여를 일차적 목표로 삼는 논문들에서도 임상 재료에 대해 집중적으로 논의하지 않을 수 없기 때문이다. 나는 개념과 증거의 상호작용이 논문 자체를 통해 풍부하게 드러나게 될 것으로 기대한다.

저자에 따른 것이 아니라 주제에 따라 논문을 선정했기 때문에 여러 중요한 논문과, 내가 선택한 주제에 대해 글을 쓰지 않았던 저자들을 본서에 포함시킬 수 없었다. 또한 나는 사실상 북남미와 유럽 대륙에서 이루어진 클라인 이론의 발전을 배제하고, 거의 전적으로 영국에서 이루어진 발전에 국한시킴으로써 논의를 제한했다. 나는 주로 1950년 이후의 작업에 주로 초점을 맞추었다. 클라인과 그녀의 동료들이 출간한 중요한 논문집 『정신분석의 새로운 방향』이 1955년에 출간되었기 때문이다. 나는 클라인의 작업에 대해 독자들이 어느 정도 알고 있다고 간주한다. 클라인의 원문들은 『멜라니 클라인 전집』(1975)에서 읽어볼 수 있으며, 한나 시걸은 클라인의 작업에 대한 포괄적인 입문서를 저술했다(1964a, 1973).

클라인의 모든 작업에 영향을 미친 중대한 경험은 아동에 대한 연구와 치료에서 시작되었다. 이는 그녀의 작업의 암반이다. 그것은 그녀의 작업에 특별한 직접성을 부여한다. 그것은 무의식적 환상을 파악하는 그녀의 재능을 촉진했고, 그녀로 하여금 그 재능을 완전하게 이용할 수 있도록 해주었다. 동시에 클라인은 일련의 환상과 정신적 메커니즘으로서의 아동이라기보다는 전체로서의 아동, 즉 인격체로서의 아동을 결코 시야에서 놓치지 않았다. 아동들과의 작업으로부터 유래한 임상 재료는 그녀에게 풍부한 일련의 사실을 제공해주었고, 새로운 이론들을 발전시키도록 그녀를 이끌었다. 그러나 이론적 건물이 클라인의 목표 그 자체는 결코 아니었다. 그것은 아동 및 성인 환자들과의 작업에서 발견된 사실들을 더 잘 이해하기 위한 수단이었다.

클라인의 동료와 제자들은 그녀의 태도에서 영감을 얻었고, 그녀의 기본적 방향 제시를 따르기 위해 노력했다. 그녀가 시작한 작업의 많은 노선이 탐구되고 발전되었으며, 재정비되고 보완되었다. 특히 정신병 환자들의 치료를 통해 몇몇 새로운 임상 재료가 발견되었고, 이는 새로운 개념화 작업을 낳았다. 그러나 그녀의 기본적인 방향성과 정식화는 계속 유지되었다.

실제로, 클라인의 가장 중요한 개념 중 몇몇은 (비록 그것들이 항상 사용되었음에도 불구하고) 제자들에 의해 거의 변경되거나 발전하지 않았다. 무의식적 환상, 내적 대상, 내적 세계 등에 대한 그녀의 특수한 견해, 충동이론과 대상관계에 대한 그녀의 근본적 입장, 죽음충동과 시기심에 대한 그녀의 견해가 그러하다. 이러한 개념들은 비클라인 학파 분석가들에 의해 비판받았지만 클라인 학파는 그것들이 타당하고 유용함을 발견했다. 후속 작업에서 이 개념들이 많이 수정되지 않았기 때문에, 그것들에 대해 광범위하게 재서술할 필요성을 느낀 저자들은 없었을 것이다. 특히 이 주제들에 대해 클라인 학파 분석가들이 출간한 논문들은 클라인의 견해를 설명하는 목적으로 쓰인 것 같다. 그것들을 확장 또는 발전시키기보다는 그것들이 현재 활용되는 방식을 설명하기 위해서 말이다.

클라인은, 예를 들면 무의식적 환상에 대한 프로이트의 여러 용법 중 하나로부터 그것에 관한 자신의 생각을 발전시켰다. 그녀는 그것을 확장해 그것이 충동의 심리적 대리자와, 무의식적인 정신적 과정의 일차적 내용을 의미하도록 했다(Isaacs 1948). 클라인은 주로 자신이 분석한 아동들이 격렬하게 공격적인 그리고 사랑하는 환상들 – 이것들은 강력한 불안의 원천이다 – 을 갖고 있다는 것을 발견함으로써 무의식적 환상에 대한 이러한 견해를 발전시켰다. 그녀는 환상의 생생함과 신체적 구체성, 그리고 그 환상이 표현하는 갈등의 강렬함에 대해 강한 인상을 받았다. 그녀는 무의식적 환상의 심리적 현실, 무의식에서의 사랑과 증오의 갈등, 자아가 대면하는 지배적 문제로서의 불안, 무의식적 내용으로서의 감정과 생각, 특수한 무의식적 환상을 통해 표현되는 방어 메커니즘 등을 강조했다. 무의식적 환상에 대한 이 모든 생각은 클라인의 제자들에 의해 수용되어 당연한 것으로 사용되었다. 수잔 아이작스의 창의적 논문(1948) 이래로 무의식적 환상에 관한 저술이 상대적으로 거의 출간되지 않았다는 점은 특히 주목할 만하다. 이 개념이 클라인 학파의 일상적 작업에서 근본적으로 중요했음에도 말이다(그러나 특히 Segal 1964b, 그리고 Joseph 1981을 참조하라).

클라인의 이론은 충동이론인 동시에 대상관계 이론이다. 프로이트처럼 그녀는 개인이 삶충동과 죽음충동에 의해 이끌린다고 생각했다. 그러나 그녀는 충동 그 자체에 대해서는 논의하지 않았고, 그것을 대상관계와 분리해 언급하지도 않았다. 이렇듯 클라인 학파는 대상관계 그 자체를 하나의 목적으로서는 거의 서술하지 않았지만, 그것을 자신의 근본적인 방향성으로 간주했다(그러나 Riesenberg-Malcolm

1981b을 참조하라). 클라인과 그녀의 제자들의 작업이 때때로 대상관계 이론이 아닌 것으로 간주되었다는 사실은 놀라운 일이다. 이는 아마도 클라인이 죽음충동의 중요성을, 그리고 그것이 환상 속에서 표현됨을 동시에 강조했기 때문일 것이다.

클라인의 견해에 따르면 충동은 근본적으로 대상에 부착되어 있기 때문에, 어떤 형태이든 정신적 활동이 가능해지자마자 외적 대상들과의 관계가 무의식적 환상의 초점이 된다고 가정된다. 클라인은 각 개인은 출생 때 이미, 불안을 느끼고 그것을 방어하기 위해 심리적으로 무언가를 행하고자 애쓰는 초보적 자아를 갖고 있다고 가정한다. 이와 유사하게 그녀는 신생아가 외적 현실에서, 그리고 환상 속에서 대상과 관련을 맺을 수 있는 초보적 능력을 갖고 있다고 가정한다. 내부와 외부를 구별할 수 있는 능력이 처음에는 매우 제한되어 있다는 점을 분명하게 말하지만 말이다(Klein 1942). 환상 속에서 투사, 내사, 동일화 등의 끊임없는 작용을 통해 대상과 자기self의 내적 세계가 건설되며, 이는 외부 세계에서의 사건들에 의미를 부여하기 위해 일생 동안 사용된다.

클라인은 프로이트가 그랬던 것보다 죽음충동 개념을 임상적으로 더 많이 사용하며, 죽음충동의 가장 파괴적이고 다루기 힘든 형태로서 기질적 시기심이 존재한다고 가정한다. 이는 그녀의 중요한 마지막 이론적 작업인 『시기심과 감사』(1957)에서의 주제였다. 기질적 시기심에 관한 그녀의 생각은 특히 1969년 개최된 심포지엄에서 영국정신분석협회의 비클라인 학파 분석가에 의해 매우 비판받았다. 그러나 클라인의 제자들은 그 개념이 자신들의 작업에서 본질적으로 중요하다는 것을 계속해서 발견했다. 그 개념은 광범위하게 사용되고 거의 모든 다른 주요 주제에 관한 논의에 등장함에도 그 개념에 대해 쓴 논문은 거의 없다(그러나 Segal 1973, 4장, Joseph 1986 참조).

정신분석 이론에 대한 클라인의 가장 중요한 기여는 망상분열적 위치와 우울적 위치에 관한 정식화이다(Klein, 1935, 1940, 1946; 그리고 Segal 1973). 임상가로서의 탁월성에도 불구하고 클라인은 이론가가 아니었다고 종종 사람들은 말한다(Melzer 1978, Mitchell 1986). 그러나 이는 망상분열적 위치와 우울적 위치 이론에 대한 그녀의 정식화가 심리 발달과 작용에 관한 많은 분석가의 견해를 바꿔놓았으며, 클라인 학파에 속하지 않는 다른 분석가들의 생각에 영향을 미쳤다는 사실을 간과한 것이다. 클라인의 개념들은 진정한 창시적인 정식화이며, 많은 후속 작업의 출발점과 영감의 원천임이 입증되었다.

클라인은 우울적 위치를 불안·방어·대상관계의 결합, 즉 출생 4-5개월이 지나면 통상적으로 발달하는, 그러나 평생 계속되며 결코 완성되지 못하는 결합으로 간주한다. 모든 클라인 학파 분석가는 이 개념이 자신의 작업에서 근본적이라고 생각한다. 클라인에 따르면 우울적 위치의 변별적 특징은, 부분대상들이 전체대상으로 통합되고, 사랑과 증오의 감정이 하나의 동일한 전체대상으로 향한다는 것을 개인이 고통스럽게 인정한다는 것에 있다. 대상에 대한 배려라는 주제가 이 개념에 대해 중심적 역할을 한다. 클라인의 동료들은 이러한 특징들을 계승했다. 그러나 그들은 정신병 환자, 경계성 환자, 매우 시기심이 많은 환자 등에 대한 연구를 위해 이러한 특징들을 사용함으로써 대상의 분리와 독립이 우울적 위치의 또 하나의 중요한 특징임을 인식할 수 있었다. 사고하기와 예술적 노력에 관한 연구는 우울적 위치와 상징적 사고, 그리고 창조성 사이에 매우 밀접하고 본원적인 관계가 있음을 보여주었다(Segal 1952, 1957, 1974).

클라인 작업에서 가장 눈에 띄는 특징 중 하나는 대상의 해부학적 부분(유아의 환상적 활동의 가장 초기 대상으로서, 특히 가슴과 남근)에 집중한다는 것이다. 그녀의 이러한 논의 방식은, 유아의 사고와 놀이에서 그러한 부분대상들이 차지하는 중요성, 그리고 더 큰 아이들과 성인들의 무의식에서 그것들이 계속해서 차지하는 중요성에 근거한다. 그녀는 이러한 중요성이, 가슴이 어머니에 대한 유아의 최초 경험의 중심이며, 따라서 어떤 의미에서 가슴이 어머니이고 실제적으로 그것이 그녀의 대리자로 사용된다는 사실에 근거한다고 가정한다. 그러나 테크닉을 다루는 3권에서 논의된 이유로 몇몇 클라인 학파 분석가는 대상의 해부학적 부분들에 관한 언어 사용에 대한 해석을 정식화할 때 더 신중을 기하기 시작했다.

그러나 변화는 용어 이상의 것이다. 구조에서 기능으로의 점차적인 변화가 일어났다. 즉, 해부학적 부분대상과 관련 있다는 생각으로부터, 심리적 부분대상과 관련 있다(에드나 오쇼네시가 제안한 바를 고쳐 말한다면)는, 즉 부분대상의 기능과 관련 있다(신체적 구조와 일차적으로 관련 있는 것이 아니라)는 생각으로 변화가 일어났다는 것이다. 부분대상들과 관련해 지각되는 것은, 보고 만지고 맛보고 듣고 냄새 맡으며, 기억하고 느끼며 판단하고 사고할 수 있는 능동적 그리고 수동적 능력이다. 어떤 의미에서 본다면, 말할 수 있게 되자마자 아이들이 아주 명확하게 표현하는 해부학적 부분대상의 관점에서 [아이들이] 사고하는 것도 상대적으로 개념화 작업이 발달했음을 의미한다. 다양한 부분 기능이 결합해, 신체적·해부학적 구조에 귀속되는 통합된 전체를 형성할 수 있다는 의미에서 말이다. 오늘날 클라인 학파 분석가들이 분석 작업에서 찾는 것은 해부학적 부분대상이라기보다는 기능이며, 그들은 적어도 처음에는 해부학적 구조의 관점에서보다는 기능의 관점에서 해석을 제시하는 경향이 있다. 클라인의 투사적 동일화 개념과의 연관성을 유지하면서 이러한 기능들은 부분대상 속으로 투사된 자기self의 측면으로 종종 이해된다.

불안, 방어, 대상관계 등이 결합된 망상분열적 위치라는 클라인의 개념은 그녀의 동료들에게 중요한 영감의 원천이었다. 1950년대에는 망상분열적 위치에 관한 그녀의 생각을 정신병 환자의 분석에 적용하려는 특수한 관심이 생겨났다. 이는 매우 결실 있는 탐구였으며 더 심층적인 작업, 특히 혼란 상태confusional states와 나르시시즘에 관한 로젠펠드의 작업, 상징성에 관한 시걸의 이론, 그리고 사고하기에 관한 비온의 작업을 낳았다. 정신병 환자들과의 심층적 작업, 그리고 정상적 환자들의 정신병적 측면에 대한 작업은 망상분열적 위치의 불안과 방어에 대한, 특히 분열, 투사적 동일화, 파편화, 내사, 이상화 등 방어에 대한 클라인의 기술을 확증해주었다. 다른 방어들도 클라인의 사고와 작업에서 중요했지만, 투사적 동일화는 많은 작업과 저술의 중심이었다.

이후 수십 년 동안 많은 클라인 학파 분석가들, 특히 허버트 로젠펠드, 헨리 레이, 레슬리 손, 존 스타이너 등은 이러한 연구를 확대해 정신병 환자뿐만 아니라 나르시시즘적 환자와 경계성 환자를 포함시켰다. 나르시시즘적 환자와 경계성 환자에 대한 연구는 '병리적 조직화'라는 명칭을 얻게 되면서 커다란 관심을 낳았다. 병리적 조직화는 다음을 의미한다. 그것은 자기 속에서의 상대적으로 안정된 공모적 관계이며, 죽음충동으로 가득 차 있다. 그것은 개인의 심리적 균형을 유지하기 위해 노력하지만, 대상관계 전체를 불안정한 것으로, 그리고 심리적 현실과 외적 현실을 신뢰할 수 없는 것으로 만든다. 나르시시즘적 환자 및 경계성 환자와의 이러한 작업을 통해 여러 분석가는 성도착증과 인격 도착에 관한 개념을 발전시켰다. 노골적인 성적 일탈만이 아니라 심리적 현실과 외적 현실의 왜곡과 남용에 대해 탐구했다는 것이다. 베티 조지프는 인격 도착과 전이 도착에 특히 관심을 가졌다.

여러 분석가가 망상분열적 위치의 불안 및 방어와 밀접하게 관련 있는 다른 정신병리적 실체와 과정에 대한 관심을 발전시켰거나 계속적으로 관심을 가졌다. 손Sohn, 그리고 여러 다른 분석가는 정신병 환자에 대해 계속적으로 연구했다. S. 클라인(1974)은 조적 상태를, 브렌먼(1985b)은 히스테리를, 또한 브렌먼(1982)은 분리와 분리됨에 관한 문제를, 멜처와 S. 클라인(Melzer et al. 1975, S. Klein 1980)은 자폐증을 연구했다. 손, 스코트, 소너, 휴즈(Sohn 1985b, Scott 1948, Thorner 1970, Hughes, Furgiuele and Biano 1985)는 섭식 장애를, 하이야트 윌리엄스(1960, 1964, 1969, 1978, 1982 and Williams, Hyatt and Coltart 1975), 손(근간)과 갤러웨이(1985 and 근간), S. 클라인(1984)은 법적 문제와 관련된 정신병리학을, 특히 멜처(1964), S. 클라인(1965), 로젠펠드(1978b), M. 잭슨(1978)은 정신신체장애psychosomatic disorder를 연구했다. 그러나 반복적으로 연구되고 논의되었고, 따라서 본서에서 상세히 논의하기 위해 선택된 주제는, 나르시시즘적 상태와 경계성 상태의 자료를 해석하기 위해 병리적 조직화에 관한 개념들로부터 작업해낸 것이다.

끝으로 클라인의 테크닉, 클라인의 접근방법의 중심적 측면에 관한 개념화 작업에서 중요한 발전이 있었지만, 이에 관한 글들은 비교적 최근에서야 클라인의 제자들에 의해 작성되기 시작했다. 몇몇 분석가, 특히 베티 조지프는 감정적 접촉과 변화를 촉진하는 수단인 전이 속에서의 행동에 관한 분석에 특히 초점을 맞추었다. 아마도 조지프의 작업에 대한 반응으로 다른 동료들도 테크닉에 관한 자신들의 생각을 더욱 명확하게 언급하기 시작했다. 이러한 작업에 관한 논의가『클라인 투데이』의 3권을 구성할 것이다. 4권은 또한 1권과 2권에서 논의된 주제들을 예증하는, 성인과 아동 환자들에 관한 다양한 임상 논문들을 제시할 것이다. 4권은 다른 영역, 특히 예술적 창조성과 사회 분야에 대한 클라인 이론의 응용에 관해 논의한다.

* 총론과 서론의 참고문헌은 본서의 끝부분에서 찾아볼 수 있다.

4부

병리적 조직화

서론

이 영역은 많은 발전이 이루어진 분야이다. 클라인의 제자들은 망상 분열적 위치와 우울적 위치라는 그녀의 기본 개념을 거의 변화시키지 않았다. 그러나 정신병, 나르시시즘, 경계성borderline 상태, 중독, 성도착증, 성도착적 성격 구조 등에 대한 탐구를 계속 진행하면서 그들은 이 다양한 병리적 현상에서 볼 수 있는 방어 체제에 관한 더 풍부하고 복잡한 생각들을 발전시켰다. '병리적 조직화pathological organizations' 라는 개념은 그들이 만나는 임상적 현상을 설명하기 위한 중심 개념으로 점차 발전되었다. '조직화'라는 단어는 처음 얼마 동안은 '나르시시즘적 조직화'(로젠펠드와 손), 그 후에는 '방어적 조직화'(오쇼네시)를 의미하는 것으로 사용되었다. 최근에 들어와 존 스타이너는 '병리적 조직화'라는 용어를 사용했으며, 이제 이 용어가 일반적으로 채택되었다.

병리적 조직화라는 개념과 관련해 두 개의 주요 흐름이 존재한다. 첫째는 인성의 나머지 부분에 대한 나쁜 자기bad self의 지배이다. 여기에서 많은 저자가 도착적이고 중독적인 요소를 지적한다. 이때 이러한 요소는 단지 공격성만이 아니라 사도-마조히즘을 포함한다. 두 번째 흐름은 충동자극, 불안, 방어 등의 구조화된 패턴의 발달이라는 개념이다. 이러한 구조화된 패턴들이 이성을 망상분열적 위치와 우울적 위치 사이의 어딘가에 뿌리를 내리도록 한다. 이 패턴은 개인으로 하여금 균형 -위태로운, 그러나 강하게 방어되는 균형- 을 유지할 수 있도록 해준다. 이러한 균형 속에서 그는 망상분열적 위치의 혼란에 빠지지 않도록 자신을 지킬 수 있다. 즉, 그는 확실하게 정신병 상태에 빠지지는 않지만, 내적 고통을 야기하는 우울적 위치의 문제들에 직면하고 이것들을 통과할 수 있는 지점으로 진전하지 않는다. 변화가 일어날 수 있고, 때로는 성장하는 듯한 외관이 생겨날 수도 있다. 그러나 이러한 유형의 조직화는 실제적으로는 변화에 철저히 저항한다. [병리적 조직화에서] 등장하는 방어들이 함께 작동해, 우울적 위치의 방어의 특징인 유연성을 발전시키지 못하는 엄격한 체계를 만들어낸다. 그리고 마찬가지로 우울적 위치의 특징인 회복을 위한 노력들도 통상적으로 아주 나르시시즘적이어서 지속적인 해결책을 낳지 못한다. 병리적 조직화의 정신병리에는 다양한 유형이 존재한다. 그러나 환자들에 대한 분석은 아주 오랫동안 막다른 골목에 처하게 되는 경향이 있으며, 따라서 단지 부분적으로만 성공하거나 때로는 종결되지 못할 수 있다. 많은 저자가 이러한 조직화의 파괴성이 일차적인 것인가, 아니면 방어적인 것인가라는 문제에 관심을 갖고 있다. 두 경우 모두 옳을 때가 종종 있으며, 많은 저자의 작업에는 다음 사실이 암묵적으로 함축되어 있다. 그들이 논의하는 조직화는 타협의 형성물이라는 것, 즉 죽음충동의 표현인 동시에 그것에 대한 방어라는 사실 말이다.

병리적 조직화라는 임상적 현상은 오랫동안 보고되었다. 부정적 치료반응에 대한 프로이트의 보고(1916, 1923, 1924, 1937), 나르시시즘적 방어에 관한 아브라함의 보고(1919)가 있으며, 클라인 학파 중에서는 해를 입은 내적 대상들을 회복하려는 과업에 대한 방어로서의 부정적 치료반응에 관한 조운 리비에르의 논의(1936)가 있다.

이러한 유형의 조직화가 어떻게 등장하게 되는가라는 문제에 천착한 최근의 저자 집단 중 최초의 인물 중 한 사람이 비온이다. 그가 '마이너스 K'라고 부르는 것에 관한 그의 모델은 꿈꾸기reverie와 알파 기능이 실패할 때 내적 세계에서 발생하는 일을 섬뜩하게 묘사한다(비온, 『경험에서 배우기』, 특히 28장). 비온은 사람들이 왜 마이너스 K 같은 것이 존재하는지 궁금해할 것이며, 그[비온]는 하나의 요인, 즉 시기심에 대해서만 탐구할 것이라고 말한다. 그의 모델에서 아이는 자신의 죽음에 대한 공포를, 가슴에 대한 시기심 및 증오와 함께 가슴 속으로 투사한다. 투사된 증오심 때문에 가슴은 시기심에 가득 차 좋은 요소들을 죽음 공포로부터 떼어내고, 무가치한 나머지 것들을 다시 아이 속에 강제적으로 집어넣는다고 아이는 느낀다. 더 나쁜 것은, 시기심에 가득 찬 가슴은 아이의 삶의 의지를 제거한다. 대상이 재내사되었을 때 그 대상은 극히 파괴적인 내적 대상이 되어, 아이가 아직 소유하고 있는 모든 성질qualities을 아이로부터(또는 아이에게 남아 있는 것으로부터) 제거하는 데 몰두한다. 그리고 그 대상은 시기심에 가득 차 도덕적 우위를 주장하고 죄책감을 불러일으키면서 [아이에 대한 자신의] 우월성을 과시한다. 상황을 완전히 뒤죽박죽으로 만들어 놓는 것이다. 자아는 이 시기심에 가득 찬 박탈자인 내적 대상과 부분적으로 동일화해, 다른 저자들이 나쁜 자아, 파괴적 자아, 또는 나르시시즘적 자아 등으로 다양하게 부르는 것을 형성한다. 그리고 이것들은 여러 가지 방식으로 내적 세계를 지배하려고 한다.

「경계성 장애에서의 분열적 현상」(1979, 본서에 재수록)에서 헨리 레이는 신경증도 정신병도 아닌 경계적 상태가 어느 정도 지속적으로 유지되는 인성 조직화로서의 분열적 현상에 대해 탐구한다. 그는 분열적 존재 방식 –분열, 투사적 동일화, 부인, 그리고 내사된 대상을 동화할 수 없는 무능력 등을 보이는– 특유의 구체적 사고를 강조한다. 그는 분열적 인성은 폐소공포증과 광장공포증 사이의 동요에 사로잡혀 있다고 강조한다. 분열적 인성을 포함containing하고 있는 공간은 투사 때문에 적대적이고 위험하다고 느껴진다. 그러나 위험한 폐쇄적 공간으로부터 나오는 것은, 컨테이너 없는 파편화 상태로 자신을 상실하도록 만든다. 레이는 우울적 위치를 통과하지 못하는 어려움들 –환자는 남근의 마법적인 치료 능력을 공격적으로 자랑하는 조적 회복을 통해 이 어려움들을 다룬다– 을 포함해 분열적 행동과 사고에 대한 생생한 예를 다수 제시한다. 그는 클라인과 비온의 심리적 발달과 사고하기 개념을 피아제의 시공간 개념의 발달에 관한 견해와 연결시킨다. 그러나 피아제는, 우울적 위치의 통합으로 나아가기보다는 분열적 존재 방식에 사로잡히게 만드는 환경적·심리내적 요인이 형성하는 상황을 설명할 수 있는 개념을 거의 제시하지 않는다.

나르시시즘은 많은 클라인 학파 분석가로 하여금 병리적 조직화에 관한 최초의 주요 사고 흐름을 탐구하도록, 즉 인성의 나머지 부분에 대한 '나쁜 자기'의 지배에 대해 탐구하도록 이끌었던 주제이다. 시걸이 지적하듯이(1983), 클라인은 나르시시즘을 이해할 수 있는 모든 개념적·기술적技術的 도구를 우리에게 제공했지만, 그녀 자신은 그것에 대해 거의 이야기하지 않았다. 그러나 클라인은 어린아이가 (리비도가 자아에 부착되어 있는) 원초적 나르시시즘의 단계를 통과한다는 프로이트의 견해에 동의하지 않는다고 분명하게 말한다. 그녀는 '자가성애auto-eroticism와 나르시시즘은 내면화된 좋은 대상 ―사랑받는 몸과 자기의 부분을 환상 속에서 형성하는 좋은 대상― 에 대한 사랑과 이것에 대한 관계를 포함한다'는 자신의 가설을 제시한다(1952b). 그녀는 이상화된 내적 대상으로 퇴각하는 것을 포함하는 일시적인 나르시시즘적 상태와, 그녀가 '나르시시즘적 구조'라고 부르는 것을 구분한다. 후자는 일시적인 나르시시즘적 상태와 달리, 대상들을 통제하기 위한 투사적 동일화와 그 대상들의 재내사를 포함하는, 더 장기간 지속되는 [조직화], 그리하여 자아와 초자아의 구조에 영향을 미치는 조직화이다(Klein, 1946). 클라인은 이 점을 분명하게 설명하지 않았고, 시기심과 나르시시즘을 명시적으로 연관시키지도 않았다. 그녀가 나르시시즘을 시기심에 대한 방어로 간주한 『시기심과 감사』(1957)에 이 점이 암묵적으로 언급되어 있지만 말이다.

허버트 로젠펠드는 죽음충동의 작동과, 나르시시즘 속에서의 그것에 대한 방어 메커니즘을 우리가 이해하는 데 상당한 기여를 했다(1964, 1971b. 1971b 논문은 본서에 재수록). 1964년 논문 「나르시시즘의 병리학에 관하여 : 임상적 접근」에서 로젠펠드는 자기self가 대상의 좋은 [성질], 그리고 시기심을 유발하는 성질과 동일화하는 방식에 대해 기술한다. [이 방식에 따라] 자기와 대상의 경계가 무뎌지고, 자기는 실제적으로 대상의 성질의 근원을 전혀 인정하지 않고 그것들을 자기의 것이라고 그는 주장한다. 이러한 전능한 동일화 –로젠펠드는 이것이 투사와 내사 모두를 통해 발생한다고 말한다– 의 목적은 대상이 분리되어 있음을, 따라서 자기가 그것에 의존하고 있음을 부인하는 것이다. 이러한 부인을 통해 [자기는] 시기심, 무력감, 우울적 불안 등의 고통스러운 느낌을 회피할 수 있게 된다. 실제적으로 외적, 내적 대상이 존재한다는 것을 거의 인정하지 않는 것이다. 이 1964년 논문은 종종 '리비도적 나르시시즘'과 관련된 논문으로 인용되지만, 아마도 이는 그다지 올바른 선택이 아닐 것이다. 다른 클라인 학파 분석가들처럼 로젠펠드도 가장 일시적인 상태의 나르시시즘을 제외한 모든 나르시시즘이 근본적으로 파괴적이고 죽음충동으로 채워져 있다고 간주한다고 나는 생각하며, 그것을 자기 존중, 그리고 자신을 배려하기와 혼동해서는 안 된다고 믿는다.

1960년대와 1970년대에 여러 클라인 학파 분석가들은 자기의 부분들 사이의 나르시시즘적 관계와 도착적 관계에 관한 개념에 대해 계속 작업했다. 인성의 좋은 부분과 나쁜 부분의 구분에 관한 클라인의 생각을 따라 멜처(1968, 본서에 수록)는, 인성의 파괴적 부분의 목표는 혼란과 무질서를 창조함으로써 좋은 유아적 자기로 하여금 심리적 현실과 외적 현실을 버리고 나쁜 자기가 제공하는 관능적인 절망에 기꺼이 복종하도록 하는 것이라고 말한다. 이 나쁜 자기가, 부모의 좋은 성행위와 그것의 산물에 대한 환상적 공격 때문에 살해당한 죽은 아기들에 대한 공포로부터 [환자를] 보호해준다고 멜처는 말한다. 나쁜 자기의 지배를 이렇듯 아주 구체적인 원인으로 추적한 저자는 없다(또한 Melzer 1973을 참조하라).

「정신 이상에 대한 두려움」(1969)에서 머니-카일은 유아의 정신은 혼동과 광기의 상태로 태어난다고 제안한다. "우리는 광인으로 탄생하며 정상인이 된다"고 그는 말한다. 개인이 발달함에 따라 자기self의 미친 부분은, 개인의 독립성과 전능성이 정상성에 의해 위협받으며 정상성이 개인을 의존적인, 그리고 시기심에 가득 찬 존재로 만든다고 느낀다. 그리하여 자기의 미친 부분은 정상적 자기를 지배하고자 하며, 이는 멜처가 「공포, 박해, 두려움 : 망상적 불안의 해부」(1968)에서 기술한 바 있는 상황을 낳는다.

그러나 이러한 문제를 가장 설득력 있게 전면에 부각시키는 논문은 「삶충동과 죽음충동에 관한 정신분석적 이론에의 임상적 접근 : 나르시시즘의 공격적 측면들에 대한 연구」(1971b, 본서에 수록)일 것이다. 여기에서 로젠펠드는 나쁜 자기의 이상화에 근거한 조직화, 즉 파괴적 나르시시즘이라고 자신이 지칭한 것에 대해 기술한다. 그는 나쁜 자기의 도착적 속성에 대해, 그리고 좋은 자기를 유혹하고 분석가를 패배시키는 것에서 나쁜 자기가 느끼는 승리감에 대해 기술한다. 나쁜 자기는 리비도적·의존적 자기가 그[망상적 세계] 속으로 사라지는 망상적 세계를 만들며, 따라서 조증에 근접한 상황이 전개된다. 로젠펠드는, 분석가의 임상적 목표는 리비도적 자기를 구출하고, 환자로 하여금 자신의 나쁜 부분의 파괴적 전능성을 인식하도록 만드는 것이라고 말한다. 나쁜 자기에 대한 이러한 인식이 생겨나면, 이제는 그것이 약화되고, 내 환자 중 한 사람이 말했듯이 '악마 자체'가 아니라

'가련한 악마'로 자신을 드러낼 수 있을 것이라는 희망을 약간 가질 수 있다.

「잔인과 편협」(1985a, 본서에 수록)에서 브렌먼은 자기의 한 부분이 다른 부분을 지배한다는 주제를 다시 한번 강조한다. 그에 따르면 잔인한 초자아의 전능한 이상화, 그리고 이러한 이상화에 대한 자기의 동일화가 자기와 대상 간의 경계를 흐리게 하고, 자기의 무력감과 곤궁함, 그리고 좋은 대상에 대한 의존성을 부인하도록 만든다. 의식적인 죄책감을 회피하기 위해 정신적 지각들이 편협해져 잔인성을 정당화하고, 대상 속의 좋은 것을 무시하게 된다.

레슬리 손이 「나르시시즘적 조직화, 투사적 동일화, 그리고 동일자의 형성」(1985a, 본서에 수록)에서 기술한 동일자identifical 개념은 나쁜 자기의 형성과 유지에 대해 기술하는 또 하나의 방식이다. 그의 생각은 나르시시즘에 관한 로젠펠드의 1964년 논문으로부터 발전되었다. 의존성과 시기심을 회피하기 위해 대상의 좋은 속성을 취하는, 사실상 훔치는 전능한 동일화를 손은 강조한다. 그가 '동일자'라고 부르는 자기의 이러한 부분이, 대상과 자기의 나머지 부분에 대해 승리할 뿐만 아니라 자기의 이 나머지 부분을 삭제한다. 자기의 나쁜 부분이 자기의 전체라고 주장하는 것이다. 로젠펠드와 달리 손은 전능한 내사적 동일화가 아니라 전능한 투사적 동일화만이 이러한 결과를 낳는다고 생각한다. 로젠펠드는 두 가지 방어가 동시에 발생한다고 생각한다.

시걸의 논문 「파국적 상황의 재출현에 대한 방어로서의 망상적 체계」(1972)와 더불어, 우리는 병리적 조직화에 관한 사고의 두 번째 줄기를 향해, 즉 망상분열적 위치와 우울적 위치 간의 불편한 균형을 낳는 방어의 집합체를 향해 나아간다. 시걸은 유아기 때 파괴적인 그리고 자기파괴적인 충동자극이 과도하게 침입하는 파국적 상황을 겪고 멸절의 위협을 느낀 한 남자에 관해 논의한다. 그는 무시무시한 그러한 침입이 다시 발생하지 않도록 대상들에 대한 의존을 배제하는 망상 체계를 발전시켰다. 망상 체계의 주요 목적은 외적 현실과 대상들에 대한 공격을 통제하는 것이었지만, 그것은 회복의 요소를 포함하고 있었다. 친지들로부터 얻은 수많은 지지 －그러나 그는 이를 인정하지 않았다－ 를 통해 그가 발달시킨 여러 강박적 의식儀式이 명시적인 정신병의 발병을 막았지만, 그의 망상은 명백히 정신병적이었다. 시걸의 이 논문은 망상분열적 위치와 우울적 위치 사이의 방어적 균형이라는 개념을 향해 나아간다. 시걸의 환자는 다른 저자들이 기술했던 대부분의 병리적 조직화보다는 망상분열적 위치에 훨씬 더 가까이 있었지만 말이다.

「방어적 조직화에 관한 임상 연구」(1981a, 본서에 수록)에서 에드나 오쇼네시는 훨씬 덜 심각한 한 남자가 처한, 어느 정도 유사한 상황에 대해 논의한다. 약한 자아를 가진, 전형적으로 불안 수준이 높고 박해감을 갖고 있는 개인이 우울적 위치에 도달하지만, 그것이 주는 고통과 책임감을 극복할 수 없을 때 방어적 조직화가 발달하는 경향이 있다고 오쇼네시는 제안한다. 방어적 조직화는, 불안을 극복하고 더 통합된 상태로 나아갈 수 있는 여지를 더 광범위하게 허용하는 개인적 방어보다 훨씬 더 고착적이고 병리적이라는 점에서 그녀는 방어와 방어적인 병리적 조직화를 구분한다. 그녀는 자신의 환자가 겪은 최초의 붕괴에 대해 기술한다. 이러한 붕괴로 환자의 정신적 상태는 극히 위태로워졌으며, 망상분열적 위치의 혼란과 광기에 근접하게 되었다. 그리고 방어적 조직화가 뒤따랐다. 분석의 세 번째 단계에서 그는 도착적 상태, 그리고 전능성에 도달하기 위해 자신의 조직화를 남용했다. 네 번째 단계에서 그는 더욱 통합된 상태로 아주 점차적으로 진전할 수 있었다.

「방어로서의 속죄」(1981a)라는 논문에서 루스 리젠버그-말콤은, 환자가 죄책감을 도착적으로 사용함으로써 책임감을 느끼는 우울한 모습으로 등장하는 사례에 대해 기술한다. 실제로는 우울적 위치의 진정한 책임감을 회피하는 것이지만 말이다. 이 논문은 다시 한번 내적 현실의 도착적 성격에 대해 강조한다.

베티 조지프도 특히 다음 논문, 즉 자기의 파괴적 부분과 의존적 부분 간의 관계에서의 중독적 성질과 성적 쾌락에 대해 기술하는 「임사 중독」(1982, 본서에 수록)에서 그러한 문제에 천착한다. 환자는 절망, 우울, 박해에 대한 공포 등을 불러일으킨다(어떤 차원에서 이 모든 것은 실제적인 것이지만, 환자, 그리고 또한 분석가를 사로잡는 마조히즘적 상황을 창조하는 방식으로). 그녀는 이러한 유형의 마조히즘적 중독이 방어의 근거가 될 수 있다고 기술한다. 이러한 환자들은 기다림, 또는 가장 단순한 죄책감조차 견딜 수 없다고 조지프는 말한다. 그녀에 따르면, 유아기에 겪은 우울적 고통은 고문이었음이 분명하며, 따라서 그들은 자신들에게 가해지는 이러한 고문을 받아들임으로써 그것으로부터 벗어나고자 노력했고, 그것을 도착적 자극의 세계 속으로 편성하여 우울적 위치를 향해 나아가는 것을 방해했다. 이 논문과 다른 여러 논문에서 조지프는 자신과 동료들이, 명백한 성도착이 존재하지 않을 수 있다고 할지라도 '인격 도착증perversions of character'이라고 부른 것을 다룬다. 또한 이 논문은 병리적 조직화에 관한 사고의 두 가지 흐름 –자기의 부분들 간의 도착적 관계, 그리고 망상분열적 위치와 우울적 위치 간의 불안한uneasy 균형의 유지– 을 연결시키기 때문에 특히 중요하다.

존 스타이너(1982)는 여러 분석가가 관찰한 것, 즉 나르시시즘적/파괴적 조직화의 악의의 정도에는 연속성이 있다는 점을 더 명확하게 정식화한다. 스타인에 따르면, 모든 사람은 자기의 원초적인 파괴적 측면과 건강한 부분들을 갖고 있다. 정신병에서는 파괴적 자기가 지배적이며, 건강한 부분을 파괴한다. 정상적 개인들에서 파괴적 부분은 덜 분열되었기 때문에 인성의 건강한 부분에 의해 컨테인되어 중립화될 수 있다. 경계성 상태와 나르시시즘적 상태에서는 두 부분 간에 어떤 건강하지 못한 결합이 존재한다. 스타이너는 인성의 각 부분이 좋은 측면과 나쁜 측면을 컨테인하고 있다고 생각한다. 이는 더 파괴적인 부분의 파괴적 본성을 은폐할 뿐만 아니라, 도착적 요소가 리비도적 자기와 결합될 수 있도록 해준다. 따라서 자기의 두 부분 간의 도착적 관계에서 리비도적인 의존적 자기는 매우 강렬하게 희생자를 찾는다.

「병리적 조직화와 망상분열적 위치, 그리고 우울적 위치 간의 상호작용」(1987, 본서에 수록)에서 스타이너는 병리적 조직화를 파편화와 망상분열적 위치의 혼란에 대한 일련의 방어로, 그리고 또한 우울적 위치의 정신적 고통에 대한 일련의 방어로 명확하게 서술한다. 병리적 조직화에서는 망상분열적 위치의 특징인 원초적 환상과 정신적 메커니즘이 사용되지만, 그것들이 방어의 안정적 조직화의 형태를 취하면 일종의 거짓 통합 – 우울적 위치의 통합으로 위장하며, 상대적 안정감을 제공하고 우울적 고통을 피할 수 있다는 착각을 제공하는 거짓 통합 – 의 외양을 갖는다고 스타이너는 말한다. 오쇼네시와 조지프처럼 스타이너는 그러한 조직화에는 죽음충동에 대한 방어적 측면과, 그것을 더 직접적으로 표현하는 요소들이 동시에 존재한다는 점을 강조한다. 본질적으로 파괴적이든 또는 방어적이든 변화에 강하게 저항하는 중독적·도착적 요소들이 존재하며, 그것들은 심리적 현실을 파악하려는 모든 노력에 진정으로 반대한다.

지금까지 언급한 일련의 분석가들은 동일한 종류의 개념화 작업을 향해 움직여왔으며 서로에게 명백히 영향을 미쳤지만, 공통적 주제에 대해 작업할 때는 그 점을 특히 인식하지 못했음이 분명하다. 많은 문제가 남아 있는데, 특히 나쁜 대상이 때때로 그리고 몇몇 환자에서 어떻게 인성 내부의 분리된 실체로 느껴지는지에 관한 [문제], 이와는 다른 경우에 그리고 다른 환자들에서는 어떻게 나쁜 대상이 (광기를 피하지만 우울적 불안과의 완전한 조우를 결코 허용하지 않는) 파괴적 결합물로 자아를 장악하는지에 관한 문제가 남아 있을 것이다. 비온은 시기심이 중요한 요인이라고 가정한다. 내가 기술한 모든 저자가 이 점에 동의한다. 좌절과 고통을 견딜 수 있는 인내심이 빈약하다는 것도 중요한 요인이라고 스타이너는 덧붙인다. 로젠펠드가 중요하다고 생각하는 요인은 과거와 현재의 외적 대상에 의한 박탈이다(Rosenfeld 1978a, 그리고 1986). 바로 이것이 많은 클라인 학파 분석가들이 계속해서 작업하게 될 주제인 것 같다.

1장

경계성 장애에서의 분열적 현상

J. H. 레이Rey

이 논문은 르 부아J. Le Boit와 카포니A. Capponi가 편집한 『경계성 환자의 심리치료의 진전(*Advances in the Psychotherapy of the Borderline Patient*[1])』(New York: Jason Aronson, 1979)에 처음 출간되었다.

존재의 분열적 양태

2차 세계대전 이후의 시기에 심리치료자나 정신분석가가 치료한, 또는 그들에게 위탁된 환자의 유형에서 현격한 변화가 생겨났다. 많은 환자가 신경증과 정신병이라는 두 개의 커다란 구분으로 분류될 수 없는 일종의 인격 장애를 갖고 있는 것 같았다. 이제 우리는 그들이 경계성 장애, 나르시시즘적 인격, 또는 분열적 인격 등의 조직을 갖고 있다는 것을 알고 있다. 이러한 단순화는 모든 종류의 분류 작업을 시도한 오랜 과정의 결과이다.

나는 이 논문에서 분열적 또는 경계성 인격 조직이라고 알려진 것의 핵을 구성하는 것처럼 보이는 인간 행동과 정신 과정의 몇몇 측면을 추출하고자 했다. 그것은 내가 곧 기술하고자 하는 인성을 가진 사람들에서뿐만 아니라 정신분열증, 우울증 또는 조증이 발병할 수 있는 사람들에게서도 발견될 수 있다. 또는 히스테리적이거나 강박적인 인성을 가진 사람들 속에서도 인성의 기저에 놓여 있는 핵으로 발견될 수도 있다. 이러한 다양한 상태에 있는 '분열적' 특징들을 연구함으로써 나는 분열적 인성과 존재의 분열적 양태(schizoid mode of being)를 정의할 수 있기를 희망한다. 그것을 다른 상태 – 그것은 이 다른 상태의 한 부분을 형성할 수 있다 – 로부터 구분해주는 다소간 순수한 형태로 말이다. 이러한 사람들은 인성 조직화의 일종의 안정성에 도달했지만, 매우 제한되고 비정상적인 감정적 삶 – 이는 신경증적이거나 정신병적이 아니라 일종의 제한 상태이다 – 을 살아가는 사람들을 대표한다.

정신과 의사가 만나는 분열적 환자들, 그리고/또는 경계성 환자들은 통상적으로 20대 초반이다. 그들은 접촉하는 타인들과 따뜻하고 안정적인 어떤 관계도 유지할 수 없다고 불평한다. 그들이 관계 속으로 가까스로 들어간다고 할지라도 그 관계는 신속하게 극히 의존적으로 변하고, 정체성 혼란으로 귀결되며, 강렬한 정체감 상실을 경험한다. 자기self의 파편화 또는 분해에 대한 강렬한 불안과 공포를 동반하면서 말이다. 그들은 확고한 성적 정체성을 거의 확립하지 못했고, 남성성과 여성성에 대한 경험을 하면서 동요한다. 그들은 동성애자가 아니지만 동성애자일지도 모른다는 공포심을 갖고 있으며, 사랑 대상을 선택하거나 그 선택을 시도할 때 흔들린다. 그들은 타인을 통제, 조종, 위협하고 폄하한다. 그들은 자신의 질병이 사회와 타인 때문이라고 비난하며, 손쉽게 박해적 느낌에 빠진다. 이는 자신에 대한 과대망상적 관념을 갖고 있기 때문일 것이다. 실제로 그들의 느낌은 열등감과 과도한 자만심에 의해 지배된다. 열등감으로 인해 위협받고 위험에 처하고 보호받지 못한다고 느낄 때, 그들은 통제할 수 없는 격노와 다양한 형태의 충동적 행동을 통해 자신을 방어한다. 이들의 비정상적인 정동의 다른 측면들은 자신이 무용하다는 느낌 속에 반영된다. 그들은 이러한 느낌에 대해 불평하며, 이러한 느낌이 그들의 특징에 속한다. 이는 또한 그들이 고통받고 있는 특수한 유형의 우울증 –일종의 탈인격화된 우울증으로, 이는 권태, 무용하다는 느낌, 관심사의 결여 등의 증상을 보이지만, 우울증이 갖고 있는 고통의 측면이 현저하게 약화되어 있다– 을 통해서도 드러난다. 고통에 대한 이러한 무감각과 더불어, 이들에게는 자극의 추구, 감각적 경험의 추구 –술, 마약, 대마초, 자해, 도착증, 방탕 등을 통한– 가 존재한다. 종종 그들은 다양한 비정상적 감각, 여러 유형의 신체 이미지 교란, 그리고 탈인격화와 탈현실화의 경험에 대해 불평한다. 그들의 인성, 자아 또는 자기와 마찬가지로 그들의 신체 자아도 구조화되어 있지 않다. 그들은 자주 혼란과 당혹감을 경험한다.

그들의 일하는 능력은 개인차가 크다. 어떤 환자는 치료받으러 왔을 때 학업이나 직장을 이미 포기한 상태였으며, 어떤 환자는 대학을 나왔음에도 단순 노동이나 낮은 지위의 일을 하고 있었다. 그러나 그들이 구조화된 상태에서 일을 하게 된다면 일하는 능력이 발휘될 수 있을 것이다.

내 경험에 의하면 남성 환자와 여성 환자는 한 가지 차이점을 갖고 있다. 남성들은 여성들보다 내가 기술한 내용에 더 많이 상응한다. 여성들의 경우 히스테리적 표출, 즉 히스테리적 방어 메커니즘이 근저에 놓여 있는 인성 구조의 특징을 보여준다. 그들은 남성들보다 더 자주 연극적 태도, 행동화, 히스테리적 발작, 그리고 공공연하게 폐소공포증적-광장공포증적 증후를 드러낸다.

그러나 폐소공포증적-광장공포증적 증후는 양성 모두에게 기본적이며, 그것의 표출 방식이 다를 뿐이다. 건트립(1968)이 아주 명확하게 기술했듯이, 분열적인 사람은 수감자와 같다. 그는 사랑을 갈망하지만, 사랑 대상과 관련해 자신의 파괴적 힘을 두려워하기 때문에 사랑할 수 없다. 그는 자신이 사랑 대상을 파괴할 것 같은 두려움 때문에 사랑할 엄두를 내지 못한다. 그는 딜레마에 빠져 있다. 그는 제한된 공간, 제한된 대상, 그리고 제한된 관계에 에워 쌓여 있다.

바로 이것이, 내가 기술하고자 했던 '제한 상태'에서 작동하는 메커니즘이다. 전이 상황에서의 친절함과 지지만으로는 이러한 환자들을 치료하기에 충분치 않다. 그들의 행동을 설명해주는 정신적 과정, 환상, 그리고 근저에 놓여 있는 구조에 대한 완전한 지식이 정동에 대한 이해와 더불어 필수적이다.

나는 내적 부분대상들 및 그들의 언어, 투사적 동일화와 더불어 시작하고자 한다. 우리는 분열적 구조를 구성하는 이 바벨탑의 어딘가에서부터 시작해야 하기 때문이다. 나는 이 표현을 문자적으로 의미한다. 우리가 그것들의 구조를 이해하기를 원하는 부분대상들은, 특별한 해석을 요하는 언어들의 혼란 속에서 서로에게, 그리고 우리에게 말을 하기 때문이다.

정상적인 인간관계에서 자아 전체의 이런 또는 저런 측면은 다른 사람의 자아의 이런 또는 저런 측면에 상응한다. 이는 통합된 자아의 수준에서의 관계이다. 구체적으로 말하면, 사랑과 미움의 몇몇 측면을 제외한 정상적 행동에서, 자아는 의식적인 관습적 기호와 의식적이거나 무의식적일 수 있는 상징을 사용한다. 그러나 이때 양자는 재현의 수준(representational level)으로 존재한다. 그러나 반대로, 분열적 의사소통은 종종 '상품'의 차원, 즉 주체가 '사물들'에 던져졌다고 느끼는 [일종의 교환 협정의 차원에서], '사물들'이 자신에게 제시되어 있는 곳에서 그 '사물들'을 받아들여야만 한다고 느끼는 일종의 교환 협정의 차원에서 발생한다.

자신의 내밀한 느낌들에 대해 말하기를 거부하면서 여러 주, 심지어 여러 달이 지난 후에 한 환자는 다음과 같이 말했다. "선생님은 이해할 수 없어요. 내가 선생님에게 이야기하면 나는 선생님을 때립니다. 나는 나를 가득 채우고 있는 썩고 곰팡이 냄새나는 것들로 선생님을 독살합니다." 전에 그녀는 자신의 위를 세척하기 위해, 위의 내용물들을 청소하기 위해 자살 시도를 하는 척을 한 적이 있었다. 다른 환자는 말했다. "내가 말하고 질문을 던질 때, 선생님은 나를 때리고 나의 살 조각을 떼어냅니다. 나는 더 이상 말하고 싶지도, 듣고 싶지도 않아요." 아기가 엄마의 말을 처음에는 엄마의 영속적인 부분으로 경험한다는 것은 심리언어학자들이 인정하는 잘 알려진 사실이다.

정상적인 사람들은 컨테이너 속 어딘가에 놓인 대상의 관점이 아닌 인격의 관점에서 사고한다. 그러나 반대로 분열적 사고는 대상[사물]의 관점에서 작동한다. 사고는 어디엔가 컨테인되어 있고, 이런저런 것 속으로 축출되는 물질적 대상들이다. 심지어 컨테인하는 대상

[컨테이너]도 그 자체로 어디엔가 컨테인되어 있다. 따라서 정신분열증 환자는 폐소공포증과 광장공포증의 진정한 문제를 가장 구체적으로 보여주는 환자이다. 치료실에서 그는 문이나 창문 –도망칠 수 있을 만큼 충분히 열리지 않는다고 할지라도– 옆에 앉는다. 그는 자신이 이런저런 대상에 의해 삼켜지고 그 속에 감금되어 있다고 느낀다. 그는 자신이 자신 속에 있는 대상들에 대해 동일한 일을 하고 있다고 느낀다.

한 정신분열증 환자는 왜 자신이 카우치에 눕기를 두려워하는지 설명함으로써 이를 예시했다. 그는 카우치가 자신을 삼킬까 봐 두려워했다. 그리고 그는 키가 커서 발이 카우치 밖으로 삐져 나오기 때문에 아버지가 그 발을 보고 자를지도 모른다는 두려움을 갖고 있었다. 그는 무의식적 환상 속에서 카우치와 어머니를 구분하지 못했고, 어머니 내부에 사로잡혀 발만 보인다고 느꼈다. 이것이 [정신분열증에 고유한] 구체적 사고이다. 관념이 대상[사물]과 동등하며, 이러한 관념–대상들은 항상 컨테인되어 있거나 컨테인하고 있다.

이제 우리는 이러한 대상들의 특징과, 그것들이 전치될 때 그것들에 어떤 일이 일어나는지 고찰할 것이다. 이는 부분대상, 그리고 분열이라는 개념을 검토하도록 우리를 이끌어간다. 프로이트의 사유에서 점점 더 중요성을 획득한 이 개념들이 고전 정신분석의 추종자들에 의해 전혀 또는 거의 활용되지 않았다는 사실은 특이한 일이다. 라플랑슈와 퐁탈리스(1967)의 말을 인용해보자. "프로이트가 자아의 분열이라는 개념을 발전시켜야 할 필요성을 느낀 곳이 정신병 분야 –블로일러도 상이한 이론적 관점에서이긴 하지만 분열에 대해 언급하는 바로 그 영역– 였다는 것을 주목하는 일은 나름 흥미로운 일이다. 이 개념을 채용한 분석가들은 거의 없지만 여기에서 이 개념에 대해 서술하는 것은 가치 있는 일일 것이다. 전적으로 만족스러운 설명을 제공하는 것은 아니라는 점이 사실이라고 해도, 이 개념은 어떤 전형적인 현상을 강조한다는 장점을 갖고 있다"(p. 429). 부분대상과 부인의 개념에 대해서도 유사하게 논평할 수 있다. 이 개념들은 상호의존적이기 때문이다. 나는 병리적 부분대상과 (대상의 부분들 중 하나를 구성하는, 따라서 전체와 결합될 수 있다는 의미에서 부분적인) 정상적 부분대상을 구분하는 것이 반드시 필요하다고 생각한다. 그렇다면 엄마의 가슴은 여러 부분의 통합에 의해 형성되는 엄마 전체와 비교할 때 부분대상이며, 유아의 환상 속에서 행동, 사랑, 미움 등의 능력을 갖고 있는 대상처럼 기능한다.

정상적 발달에서도 분열은 발생한다. 예를 들면 대상의 나쁜 측면과 좋은 측면을 분열시키기, 그리고 또한 한 대상을 다른 대상으로부터 분열시키기가 그것이다. 그러나 정신분열증 환자는 다르게 행동한다. 박해불안과 파국적 분해의 두려움, 그리고 생애 초기부터 생겨나는 원초적이고 근본적인 불안의 지배 하에서 그는 반복적으로 분열 메커니즘을 사용하고, 자신으로부터 나쁜 부분들을 제거하고자 노력하는데, 이는 자아와 대상의 파편화를 낳는다. 자아의 파편화된 부분들과 내적 대상의 파편화된 부분들은 이러한 파편들에 속하는 충동자극 및 불안과 함께 대상들 속으로 투사되며, 이 대상들은 투사적 동일화에 의해 자기의 분열된 측면들 –투사되고 부인된 자기의 분열된 측면들– 을 획득한다. 이 대상들은 박해자가 되어 내사되지만 동화될 수 없으며, 따라서 [다시] 외부 대상으로 투사되어(그것들은 심리내적 관계 속에 있는 내적 대상 속으로도 투사된다) 악순환이 계속 유지된다. 이 대상들 –

비온은 이 대상들 중 몇몇을 기이한 대상이라고 불렀다— 은 정신분열증 환자뿐만 아니라 분열적 환자의 사고하기의 요소이기에 중요하다. 이러한 과정들은 대상 또는 자아의 나쁜 측면에만 적용되는 것이 아니다. 파괴에 대한 두려움 때문에 대상 또는 자아의 좋은 부분들도 분열되어, 그것들[좋은 부분들]을 돌본다고 예상되는 대상들 —좋은 부분들을 컨테인하고 보호하고 보존하는 대상들— 속으로 투사된다.

심리치료에서 분열적 환자는 마치 은행에 보관하듯이 자신의 좋은 부분들을 보존하기 위해 그것들을 치료자 속으로 투사한다. 그리하여 그가 치료자를 찾을 수 없으면 광적인 상태가 된다. 치료자의 상실은 자기와 대상의 상실을 의미하기 때문이다. 더욱이, 마치 벽돌을 갖고 집을 짓듯이 분열적 환자의 회복적 행위는 구체적 회복에 근거하기 때문에, 치료자 속에 컨테인되어 있는 벽돌의 상실은 재건축을 불가능하게 만든다. 나의 의견에 따르면 이것이 분열적 환자가 치료자와 통상적인 전이 관계를 형성하기를 거부하는 근본적인 이유 중 하나이다. 이러한 불신을 우리가 해석할 수 없다면(이러한 불신은 근본적으로 정당한 것이며, 치료자는 이러한 불신을 이해할 필요가 있다), 분열적 환자의 신뢰를 얻는 것은 극히 어렵다. 이러한 내적 분열과 동시에 치료자도 좋은 대상과 나쁜 대상으로 분열되고, 전이 관계가 끊임없이 변화하며, 오랫 동안 불안정하고 파편화된다. 매일 변화할 뿐만 아니라 회기에서 분 단위로 변화한다.

내가 병원에서 치료했던 한 젊은 정신분열증 환자는 나 없이는 그녀가 아무것도 할 수 없는 대상 —그녀가 분리할 수 없으며, 항상 집착하는 대상— 으로 [나를] 지각할 때도 있었고, 너무나 격렬하게 공격해서 내가 완력으로 나 자신을 지켜야만 했던 [적대적] 대상으로 [나를] 지각하기도 했다. 어느 날 그녀는 신경증적 전이로부터 정신병적 전이로 눈에 띄게 옮겨 갔다. 그녀는 납득할 만한 방식으로, 그리고 현실과의 접촉을 유지하면서 자신의 가정생활에 대해 이야기했다. 그러다가 갑자기 놀라울 정도로 신속하고 급하게 그녀는 문으로 가서 눈을 찌르고 떨리는 목소리로 말했다. "여기 내 앞에 앉아요. 내 말 들어요. 당신은 당신이 어떻게 수년 동안 나와 엄마를 학대했는지 알고 있어요. 당신은 잔인했고 우리를 괴롭혔어요. 당신이 새벽 세 시에 내 방에 왔을 때 등등…"

외부 현실은 사라졌고 단지 심리적 현실만 남았다. 아버지와 나의 이미지는 하나가 되었다. 투사적 동일화에 의해 나는 그녀의 아버지가 되었다. 아버지의 성격은 일부는 실제와 부합했고, 일부는 그녀가 투사적 동일화를 통해 부여한 것이었다. 5세기만큼이나 길게 느껴졌던 5분이 지난 후, 도대체 무슨 일이 벌어진 것일까 생각하고 있을 때 그녀는 잠잠해졌고, 다소간 정상적인 대화를 다시 시작했다. 그러나 그녀는 불신에 가득 차 있었고, 그녀가 '그것들'이라고 부르는 '무서운 것들'이 다시 와서 그녀를 지옥 같은 운명으로 이끌어갈 것을 마치 예상이라도 한 것처럼 문 근처에 머물러 있었다. '그것들'이 화가 나서 그녀를 처벌할 것이기 때문에 그녀는 나와 친구가 될 수 없었다. '그것들'을 자극하지 않는 것이 최선이었다. 그녀는 자신이 나를 사랑하지 않는다는 것을 '그것들'에게 확신시키기 위해 나를 죽여도 될지 물어보았다. 다른 한편으로 그녀는 나를 잃어버린다는 생각을 견딜 수 없었다. 내가 사고를 당해 죽게 하기 위해 그녀는 내 자동차 타이어의 바람을 빠지게 한 후 숨어서 나를 지켜 보았고, 내가 차를 타고 가면 커다란 위험에 빠질 것이라고 경고하기 위해 나를 따라왔다. 그러나 왜 경고했는지 그 이유는 말하지 않았다.

인간의 지성으로는 그것을 이해할 수 없을 정도로, 대상과의 분리의 두려움, 그리고 대상 속으로 침투해 그것과 융합하고 원초적으로 결합하려는 그녀의 욕망은 매우 강렬했다.

이 망상적이고 박해적인 환자는 수년 동안 끊임없이 분노와 절망에 가득 찬 독한 비난을 내게 행했다. 내가 그녀를 사랑하지 않는다는 이유로 말이다. 내가 해석을 통해 그녀를 유혹하고, 사랑받고 있다고 믿게 했다는 것이다. 그녀는 내가 그녀로 하여금 내 속으로 침투하고 나와 융합하도록 신체적으로 허락하지 않았다는 사실에서 내가 그녀를 괴롭히려는 소망을 갖고 있다는 증거를 발견했다. 이 문제와 관련해 그녀는 현실과의 모든 접촉을 상실했고, 그러한 융합이 가능하다고 주장했다. 내가 신체적 융합을 거절함으로써 분석을 거의 불가능하게 만들었다는 것에 대한 증거 중 하나는, 내가 그녀가 말하는 것에 동의하지 않았기 때문에 그녀가 가능한 한 자주 나를 비난했다는 것이었다. 이것[융합의 거절]이 한 사람이 아니라 두 사람을 만들어냈고, 나는 그녀가 그 순간에 증오했던 괴물에 지나지 않았다.

내가 방금 말한 것에 의하면, 분열적 환자들의 정체성이 핵심적인 문제라는 것이 분명해진다. 안정적인 자아를 획득하는 것이 엄청나게 어려운 것은 내사적 동일화에 결함이 있기 때문이다. 파괴적이고 시기심에 가득 찬, 만족을 모르는 충동자극(믿을 수 없을 정도로 폭력적이 될 수 있는)의 투사에 의해 창조된 대상에 대한 두려움과 박해적 느낌 때문에 내사적 동일화에 커다란 어려움이 생겨난다. 그들은 이성애자도 동성애자도 아니다. 그들은 심지어 양성애자도 아니다. 이는 다음 사실에 기인한다. 그들의 동일화가 [i]동화되지 않은 내적 대상과, [ii]그들이 살고 있는, 컨테이닝하는 외적 대상에 의존하고 있다는 사실 말이다. 따라서 이러한 정체성은 대상의 상태에 의존하며, 대상, 대상의 정체성, 그리고 대상의 행동과 함께 변화한다. 그들은 척추뼈가 아니라 단단한 껍질 또는 갑각을 갖고 있다. 그들은 자신이 빌려왔거나 훔친 듯한 껍질 속에서 기생물parasites로 살고 있으며, 이것이 불안정감을 생산한다.

극히 분열적인 한 젊은 남자는 밤이 되면 전형적인 런던의 사업가처럼 옷을 입곤 했다. 그는 치료를 받는 동안 붕괴를 겪었는데, 나를 제외한 모든 정신과 의사가 이를 전적으로 정신분열증이라고 진단했다. 그는 새벽 세 시에 부모의 침실로 들어가 그들을 깨우고 아버지에게 이렇게 말하곤 했다. “이제 나는 아버지가 원하는 사람인가요?” 전에 그는 수년 동안 어머니의 옷을 입었었다. 그래서 그는 심리치료를 받았고, 치료자들은 그로 하여금 주도권의 결여와 집을 떠나 일할 수 없는 무능력에 직면하도록 했다. 그래서 그는 남자가 되기로 결심했던 것이다.

어느 날 몇몇 노동자가 그의 집 앞에서 도로작업을 하고 있었다. 그는 병에 소변을 보고 경멸의 제스처로 그것을 대문 앞에 놓았다. 그리고 그는 거울을 보고 웰링턴 스타일로 머리를 빗었고, 군인처럼 마당에서 행진했고, 이웃 집과 그의 집 사이에 널려 있는 이웃의 빨래 몇 개를 이웃의 마당에 던졌다. 그는 일꾼들에게 누가 거기에서 일하도록 허락했느냐고 물어본 후 집으로 되돌아갔다. 그날은 노동자를 위한 특별한 날인 5월 1일이었기 때문에 그는 애국적인 반공산주의 노래를 불렀다. 그러고 난 후 그는 노동자들은 공산주의자이고 자신을 공격할 것이기 때문에 자신이 위험에 처해 있다고 확신했다. 또한 BBC 방송국이 자신에 대해 이야기하기 시작할 것이며, 아일랜드 반군들이 자신을 잡아갈 것이라고 확신했다. 그는 중요한 인물이 되었지만 박해받았고, 그의 동성애적 수동성과 여성적 동일화는 갈등에 빠졌다. 마침내, 자신을 분리시키고 부모와의 동일화를 해소하기 위해 그는 과민해졌고, 공격적이고 반항적인 사람이 되었다. 부모는 더 이상 그를 돌볼 수 없어 병원에 입원시켰다.

나와의 개인적 회기 동안 그는 복도에 앉아 있었다. 나에 대한 존경의 표시로서 그는 아기처럼 낮은 위치에서 나를 올려다보았다. 그러고 난 후 그는 자기가 바닥에 눕거나 앉으면, 아기처럼 주변의 사물들과 관련해 방향을 상실하게 될 것이라고 말했다. 후에 그는 자신의 인성의 다중적mutiple 측면에 대해 몰두했다. 그러나 그는 자신이 부모의 어떤 부분으로 이루어졌는지 더 이상 알지 못했다. 각 조각piece이 국적을 갖고 있었다. 아버지는 영국인이다. 그리고 어머니는 독일/폴란드인인데 지금은 영국에서 살고 있다. 각 '조각'은 특별했고 개별적인 특징을 갖고 있었다. 그의 아버지는 교수이며, 추가적으로는 가족 전통에 따라 군인이지만, 동시에 평화주의자이다. 그는 상류계급인 동시에 하층계급에 속하며, 보수적이며 사회주의자이다 등등. 그는 자신의 어머니가 유대인이라고 믿기 시작했다. 그는 이러한 '조각들' 각각에 국적을 부여했다. 그의 한 '조각'은 프로이센적이며 매우 경직되었고, 또 한 '조각'은 영국적, 또 다른 '조각'은 폴란드적이었다 등등. 그러고 난 후 그는 유대인이 되기를 원했지만 곧 유대인이기를 원치 않았다. 처음에 그는 유대인을 찬미했지만 이내 그들을 비판했다. 마침내 그는 왜 자신이 유대인이 되기를 원했는지 설명했다. 유대인들은 파편화되어 분산되었고, 박해받았고, 소유를 박탈당했고, 많은 언어와 국적이 존재하는 바벨탑에서 살아 왔다. 그러나 그들은 유대인이라는 사실에 의해 통일성과 정체성을 찾았으며, 이러한 사실이 이 모든 파편을 초월하고 그것들을 통합된 전체로 통일하도록 해줄 수 있다는 것이다.

대상의 통합적 기능에 대한 이 얼마나 놀라운 무의식적 기술인가! 이렇듯 그는 분열적 퇴행을 경험해야 했다. 요소들을 분리해내고 건물을 다시 짓기 위해, 집적된 부분들을 이러한 잘못된 방식으로 분해했던 것이다. 이 사례는 자아의 통합이 정신분열증적 인성 또는 분열적 인성에 제기하는 문제가 무엇인지 분명해 예시해준다.

정신분열적 붕괴

나는, 긴장성 분열증catatonia과 유사한 증상을 갖고 있는, 그리고 매우 흥미로운 의식儀式들 ―그녀의 팔다리나 얼굴의 제스처는 앞선 제스처에 반대되고, 이것을 통제하는 후속 제스처에 의해 항상 취소되었다― 을 행하는 한 젊은 정신분열증 환자를 치료할 기회가 있었다. 아버지의 사망 이후 그녀는 전형적으로 긴장증적인 자세를 취했고, 자신의 내부에 있는 아버지와 마찰이 일어날까 봐 움직일 수 없다고 말했다.

후에 다른 환자들을 통해 나는 간질 발작 같은 발작적 동작이

[긴장증 같은] 부동성의 반대물(the opposite of immobility)이라는 것을 이해할 수 있게 되었다. 간질 발작에서는 내부의 내용물들을 외부로 투사해 그곳에서 그것들을 공격하고 파괴한다. 그리고 나는 모든 내적, 외적 대상을 통제해야만 하는 분열적 환자의 극단적인 정신적 경직성을 이해할 수 있게 되었다. 자신의 박해적이고 파괴적인 성적 충동자극들에 대한 불안이 너무 커서 그는 대상에 어떤 자율성도 허용할 수 없다. 파편화에 대한 두려움은 파국에 이르게 한다.

이와 같은 이유로 한 분열적 환자는 자신의 삶 또는 자신의 태도에서 아무것도 변화시킬 수 없었다. 그는 자신의 집 외에는 다른 어떤 곳에서도 결코 살아갈 수 없었다고 말했다. 그가 집을 떠나야 한다면, 그는 가구 및 물건과 함께 방 전체를 함께 데리고 나가야 한다. 아무것도 변하지 않은 채 존재해야 하기 때문이라는 것이다.

변형, 표상, 그리고 상징화

분열적 환자에게서 고찰해야 할 두 번째 사실은, 감각적 또는 감각운동적 경험을 표상, 이미지, 상징과 기호, 기억 등으로 변형시키기 위해 필요한 정신 장치이다. 그러한 변형transformation은 [i]일상적인 인간관계의 유지와, [ii]사고하기를 위한 정상적인 정신 장치의 구성을 위해 필수적이다.

분열적 환자에서 사고의 요소들은 프로이트가 무의식 체계의 본질적 속성으로 기술한 바 있는 구체적 특징 −즉, 단어 표상이 아니라 사물 표상− 을 갖고 있다. 변형에서의 이러한 결함은 분열적 환자의 기본적인 결함인 것처럼 보인다. 그러나 동시에 우리는, 분열적 환자가 사람을 사물로 취급하고 이러한 방법을 통해 자신에게 위험하고 박해적인 정동들을 제거하지만, 많은 경우에 있어 그가 매우 지적이라는 것을 알고 있다. 분열적 유형의 인간관계와 고도로 발달한 지성의 공존은 자아 내에서의 분열을 통해서만 설명될 수 있다. 이러한 분열 때문에 자아는 피아제나 하르트만이 기술했듯이 한편으로는 지적이고 고도로 발달한 부분적 자아가 되며, 자아의 다른 부분은 분열적 단계에 사로잡혀 우울적 위치를 제대로 통과할 수 없게 되는 것이다.

분열적 환자를 심리치료할 때 치료에서의 진전은, 이러한 분열적 구조를 해소하고 기이한 대상과 감각적 경험을 상징화할 수 있는 가능성에 달려 있다. 달리 말하면 다른 의사소통 양식을 발달시킬 수 있는가에 달려 있다. 파국적 반응을 불러일으키지 않은 채, 달리 말하면 자아의 응집적인 부분들이 분해되지 않고서도 이러한 목표를 달성하는 것은 때때로 가능하다. 이것이 불가능한 경우도 있는데, 이럴 때 환자는 노골적으로 정신분열적인 경험을 하게 된다. 몇몇에게는 이것이 좋은 일일 수 있다. 정상적 발달과 비정상적 발달 사이의 분기점 –이 분기점에서 이전에 이미 예속되고 엄격하게 통제되었던 마비된 정동의 성장이 다시 생겨날 수 있다– 으로 되돌아가는 유일한 방법이기 때문이다. 아무도 환자가 만성적인 정신분열증 환자가 될지, 아니면 새로운 지평을 향해 나아갈지는 아무도 예측할 수 없다고 나는 생각한다.

임상적으로 명백히 정신분열증적 상태에 있는 정신분열증 환자도 마찬가지다. 그는 자신의 발전을 다시 시작할 수 있는 가능성을 갖고 있는가 그렇지 않은가? 이는 상징적 변형을 할 수 있는 능력을 정신 장치가 갖고 있는가에 [주로 달려 있다], 그리고 우울적 위치와 관련해 그가 도달한 단계에 주로 달려 있다. 실제로, 분열적 상태가 퇴행인 [환자 집단], 그리고 [분열적 상태가] 방어 −우울적 위치에서의 고통에 대한 방어− 를 구성하는 환자 집단이 있다. 이러한 환자들은 진정한 정신분열증 환자보다, 그리고 우울적 위치에 결코 도달한 적이 없는 정신분열증 환자보다 전망이 더 좋다. 임상적으로 환자가 정신분열증과 우울증 상태 사이에서 동요하는 '분열정동적' 상태 또한 잘 알려져 있으며, 이러한 사례들은 심리치료가 더 잘 진행될 수 있는 전망을 갖고 있다. 또한 우리는 치료를 받지 않아도 시간이 경과함에 따라 정신분열증에서 우울적 위치로 변화하는, 또는 그 반대로 변화하는 사례들을 알고 있다.

변형과 표상의 기능에 대해 연구한 사람들 중 비온(1965)의 작업이 특히 중요하다. 나는 결함 있는 변형의 사례를 제시하고자 한다. 비온은 이렇게 말한다. "정신분석 이론들에 따르면 환자 또는 분석가가 한 말은 감정적 경험의 표상이다. 우리가 표상의 과정을 이해할 수 있다면, 이는 우리로 하여금 표상과 표상된 것을 이해할 수 있도록 도와줄 것이다."

한 환자가 내게 다음 꿈을 이야기했다.

> 나는 친구들과 저녁 식사를 하다가 테이블에서 일어났어요. 목이 말라서 물을 마시기 시작했지요. 입에 물고 있던 병이 우유병처럼 생긴 목이 있다는 것을 깨달았어요. 꼭지는 없었지만 꼭지를 지탱해주는 테두리를 느낄 수 있다고 생각했어요. 이것에 대해 생각하는 동안 나는 병을 더 명확하게 볼 수 있었어요. 나는

> 얼굴 앞에서 그것을 쥐고 있었는데, 그것은 우유병의 모양처럼 보였어요. 병 속에서 물을 보았어요. 물의 높이가 낮아졌고 기포가 액체를 통해 나왔어요. 그리고 이 때문에 나는 물의 일부가 나의 부분이 되었다는 것을 알게 되었어요. 그렇지만 나의 일부가 된 이것을 느낄 수는 없었어요. 나와 분리된 상태에서 나의 내밀한 부분으로 변해가는 물을 느끼거나 이해할 수 없었기 때문에 나는 불안해졌죠. 이런 생각을 하는 동안 병이 점점 커졌어요. 그 순간 나는 내 앞에 있는 병 안쪽의 표면에 단어들이 볼록하게 새겨져 있는 것을 보았어요. 그 볼록한 글자들은 내가 어떻게 어린아이의 젖을 떼게 할 수 있는지를 알려주는 지침이었어요.

이 꿈에서 주체는 외부에서 내부로 향하는 물의 움직임의 경험을, 표상과 기억의 형태를 갖는 좋은 경험으로 변형시키는 데 실패했다. 그는 경험에 참여하지 않았다. 그는 무슨 일이 벌어졌는지 이해하지 못했다. 그는 자신의 변화를 경험하지 못했다고 우리에게 말한다. 그것은 단지, 물의 존재가 감각, 즉 변형 작업을 가능케 하기 위해 필요한 감각을 낳는 입에서의 경험일 뿐이었다. 경험의 한 부분이 빠져 있다. 마치 그는 관tube을 통해 먹는 것 같았다. 그러나 그는 무엇이 빠져 있었는지 우리에게 말한다. 그것은 젖꼭지였고, 젖떼기의 경험, 그리고 엄마로부터 젖을 빠는 경험이었다. 그는 병을 스스로 집어 들고 물을 마셨다. 의심의 여지 없이 꼭지는 엄마의 가슴, 그리고 엄마 – 엄마의 현존과 신체적 접촉은 경험의 인식과 기록을 위해 필수적이다 – 를 표상한다.

좋은 대상이 부재할 때 동화 작업은 발생하지 않는다.

회복

분열적 단계의 구조적 메커니즘과 방어 메커니즘에 덧붙여 나는 분열적 정신 상태에 대해 고찰하고자 한다. 그것은 탈리온의 법이며, 분열적 환자의 행동 전체를 지배하는, 회복 능력의 부재이다. 곡예를 하는 듯한 정신적 구조뿐만 아니라 인간성 부재의 근저에 놓여 있는 것은, 분열증 환자의 믿을 수 없을 정도로 강력한 복수의 법칙이다. 탈리온의 법은 '눈에는 눈, 이에는 이'를 의미한다. '처벌이 범죄에 상응하도록 하라' '도둑질을 하면 손을 잘라라' '죄를 지었으면 처벌받아야 한다' 등등. 용서나 동정, 회복은 존재하지 않는다. 구약성경의 예언자들이 설교한, 여호와의 무서운 복수와 분노만이 존재할 뿐이다.

분열적 상태에서의 회복도, 역전된 탈리온의 법을 따른다. 내가 서술했던 모든 것처럼 이는 구체적이어야 한다. 나는 이것을 회복reparation과 구분하기 위해 수선repair이라고 부를 것이다. 아마도 우리는 그것을 회복과 반대로 재건설reconstruction이라고 부를 수 있을 것이다. 이러한 재건설은 프로이트가 관심을 가졌던 배상restitution과 일맥상통한다. 그러나 회복은 프로이트가 알지 못했던 개념이며, 멜라니 클라인의 작업에서 근본적 역할을 행한다. 심지어 배상에 관한 프로이트의 관념도 개략적이고 결코 완전하지 않다. 분열과 부인에 대한 그의 관념이 그렇듯이 말이다. 거의 모든 분석가가 1920년 이후의 그의 작업에 등장한 새로운 주제들을 근본적으로 거절했다. 보수적 힘으로서의 삶충동이 분해 충동으로서의 죽음충동과 대조를 이룬다는 것을 이야기한 그의 새로운 작업 말이다. 사람들은 말싸움에 몰두했으며, 분석은 관찰에 근거한다는 것을 잊어버렸다. 분열적 인성 구조에 대한 연구는 우리로 하여금 분열, 투사, 부인 등에 관한 대가[프로이트]의 관찰 – 극히 보수적인 그의 제자들이 파묻어버렸던 – 로 되돌아갈 수 있도록 해주었다. 재건설 또는 수선 속에서는 유아적 전능성이 유지되며, 해를 입은 사람을 재건설하려는 시도가 행해진다. 반대로 회복은 전능한 행위가 아니며 전능한 행위일 수도 없다.

조적 방어

이제 나는 조적 상태에 대해 고찰할 것이다. 그것의 역할은 한편으로 분해와 분열적 박해의 불안에 대한 방어이고, 다른 한편으로는 우울적 상태의 고통에 대한 방어이다. 우리는 정신의학적 관점에서 경조증hypomania이라는 임상적 증후를 통해 이를 관찰할 수 있고, 또한 심리치료가 이루어지는 동안 발생하는 잠재적인 심리 역동으로서 이를 관찰할 수 있다. 우리는 조적 상태가 성숙과 회복이라는 정상적 단계가 과장되어 등장한다는 것을 의미할 수 있다는 것을 잊지 말아야 한다. 조적 상태에서 또는 조적 방어에서 사람들은 어머니의 가슴이 아니라 남근에 관심을 갖는다. 모든 우울적 상태에서 주체가 관계를 맺고 있는 대상은, 부분대상으로서의 어머니의 가슴 – 파괴되고 비워졌으며 독살당한, 따라서 우울한 상태에 있는 어머니의 가슴 – 을 컨테인하거나 상징적으로 표상한다고 나는 믿는다. 주체는 어머니가 그렇게 된 이유가 자신의 잘못 때문이라고 생각하며, 이 우울한 대상과 동일화하고, 따라서 자신을 우울하게 만든다.

조적 상태의 대상은, 회복의 과업을 위해 주체가 필요로 하는 남근이다. 그것을 통해 주체는 파괴된 대상을 다시 획득한다. 동일화를 통한 직접적 대체물로써, 또는 어머니의 내용물을 재창조함으로써, 즉 그녀의 텅 빈 가슴을 채워 그녀를 임신시킴으로써(등등) 말이다. 엄마라는 대상이 주체의 공격으로 더 많이 파괴되면 될수록 남근은 더 전능해지며, 주체도 마찬가지로 동일화를 통해 점점 더 전능해진다. 이러한 방식으로, 대상의 파괴된 상태는 부인된다. 고유한 의미의 회복은 존재하지 않으며, 조적 단계 이후에 환자는 그의 우울증으로, 또는 그가 전에 도달한 적이 있는 성숙 차원에서의 자신의 분열정동적schizoaffective 상태로 되돌아간다.

매우 분열적인 한 환자가 꿈을 꾸었다. 그는 코 위에 아주 긴 막대기를 세워 거의 하늘까지 닿게 하고, 그 끝에 놓여 있는 아기를 통해 그 막대기의 균형을 유지하며 쓰러지지 않게 세우고 있었다. 그가 잠에서 깼을 때 그는 이렇게 혼잣말을 했다. "이 빌어먹을 남근은 아무 쓸 데가 없어. 너무 커서 쓸모 없어." 카우치에서 그 환자는 자신의 몸 전체를 남근과 동일화했고, 자신이 신체적으로 커지고 과대망상증의 침입을 받는다고 느꼈다.

조적 상태에서 우리는 아무것도 회복시킬 수 없는 유사 남근을 갖고 있다. 그것은 파괴된 대상들의 현실성을 부인하는 데 봉사하며, 자신을 보편적 대체물로 제시한다. 그리고 이를 통해 거짓 자기가 형성된다. 다른 한편 공격적 충동자극들은 계속해서 대상을 파괴한다.

조적 반응은 정상적 발달 단계가 병리적으로 이탈되었음을 의미한다. 자아의 분리된 파편들이 모자이크 상태로든 융합 상태로든 다시 결합될 때, 이러한 결합은 남근의 환상화된 작용의 도움으로 발생한다고 나는 믿는다. 한편으로 이는 남근과의 동일화를 통해 달성된다. 이러한 동일화를 통해 남근의 성질과 기능을 채용하는 동일화 말이다. 이것이 남근과의 동일화를 통해 달성되는 이유는 다른 한편으로, 우리가 설명했듯이 남근이 전체대상(즉, 아버지의 표상)으로 기능하고 엄마의 가슴 —엄마를 표상하는 부분대상— 과 관계를 맺게 되기 때문이다. 여기에서 우리는 양성two sexes의 성적 정체성의 원형, 그리고 그들의 관계의 원형을 본다. 재생산을 통해 통합하고 회복하는 창조자로서의 남근의 역할이 이 모델에서 분명하게 드러난다.

다른 한편으로 조적 상태에는, 발기한 남근의 엄청나게 과대적인 측면과의 부분적 동일화가 존재한다. 이러한 측면은 전능적이고 경멸적이며, 동시에 박해적이다. 이는 분열적 환자 속에 항상 잠재하고 있다. 임상적으로 그것은 망상 상태에서 과대망상으로, 또는 조울적 상태라는 우울증의 특징으로 등장한다. 이는 이러한 상황에서 관찰되는 과대망상증에서의 남근의 역할을 예시해준다.

앞서 언급한 바 있는 환자는 자신의 신체적·정신적 크기가 모두 변화하고 있다고 느꼈다. 그는 항문에서 입까지 연결되어 있는 딱딱한 막대기 —그는 이것이 모든 공격을 막아낼 수 있다고 느꼈다— 가 자신의 내부에 존재한다는 것을 경험했을 때 처음으로 항구적인 인성을 갖고 있음을 느꼈다고 설명했다. 후에 과대망상적 상태에서 그는 예수 그리스도와 동일화했고, 수염을 길렀고, 목수가 되어 종교적 주제들을 디자인했으며, 교회에서 설교하고 싶어 했다.

우울적 위치

여기에서 우울적 위치를 발달시키는 메커니즘에 대해 길게 논의하는 것은 불가능할 것이다. 이것이 치료에서의 본질적 단계를 구성하지만 말이다. 이에 관련된 많은 글이 존재하기 때문에 나는 분열적 상태에 대해 집중적으로 논의하고자 한다. 우울적 위치에서 파괴적 충동자극이 강렬함을 상실하고 사랑의 충동자극이 근본적 역할을 수행한다는 점을 우리가 기억하는 것으로 충분할 것이다. 자아와 대상의 좋은 부분과 나쁜 부분은 점차적으로 통합되고, 탈리온의 법칙의 유해성을 상실한다. 원초적인 동정심이, 생의 초기를 특징짓는 전적인 자아중심성으로부터 벗어나기 시작한다. 대상은 자신의 삶을 성취하고, 주체는 다른 모든 대상과 관계를 맺는다.

분열적 상태에서 정신분열증으로의 변화

이 발달 단계는 전언어적 단계에 속한다. 이상(二相, 두 단계, biphasic)의 발달 대신에 프로이트는 여기에서 삼단계의 발달을 이해해야 한다고 제안한다. [첫째] 태곳적인 전언어적 단계와 [둘째] 태곳적인 언어적 단계가 있다. 이러한 구분은 계통 발생을 반복하는 개체 발생의 예라고 할 수 있다. 그리고 [셋째] 6세, 7세 또는 8세 이후에 외적 현실이 지배하는 단계가 있다. 나는 비언어적 도식들이 언어적 사고에 구조를 부여한다(그리고 역으로 언어적 사고가, 선재하는 비언어적 도식들에 영향을 미친다)는 견해를 취한다. 이러한 상호관계는 분열적 개인이 정신분열증 환자가 될 때 등장하는 언어적 사고의 장애에 빛을 던져준다. 분열적 환자에서 정신분열증적 상태로의 변화가 발생할 때 어떤 일이 일어나는지를 정의하는 과제는 쉽지 않다. 분열적 환자의 언어와 구조를 더 많이 이해하면 할수록 양자를 구분하는 것이 더 어려워진다고 나는 느낀다.

고전적 정신의학의 관점에서 그것은 아주 간단하다. 망상이나 환각이 존재하는가? 만약 존재한다면 그것은 정신분열증이고, 그렇지 않다면 정신분열증이 아니다. 그러나 실제로는 그렇지 않다. 우리가 단지 수직적으로뿐만 아니라, 정신분석가들이 하는 것처럼 동시에 심층적으로 작업할 때 상황은 아주 달라진다. 분열적 환자들로부터 나온 재료와 정신분열증 환자의 망상적 관념을 비교한다면 이를 알 수 있다.

극단적인 사례, 즉 각각 상이한 임상적 상황을 보여주는 네 번의 붕괴를 겪은 환자의 예를 들어보자. 우주와 별들에 대한 강렬한 관심과 함께 시작되었던 파과증적hebephrenic-긴장증적 상태에서 그는 외계인과 의사소통하고 있다고 느꼈다. 이에 대한 증거로서 그는 서류가방에서 타원형의 작은 상아색 종이 몇 장을 꺼냈고, 이것의 출처가 외계인이라는 것이 명백하다고 내게 확언했다. 한참 후에 그는, 처음에는 이를 확고하게 믿었지만 나중에는 자신이 어디에선가 이 종이들을 수집했다는 것을 깨달았고, 이를 인정했다.

여기에서 우리는 다수의 분열적 메커니즘의 상호작용을 본다. 첫째, 그는 우주에 참여하기 위해 전능하고자 하는 매우 강력한 소망을 갖고 있었다. 정신병 환자가 되지 않으면서 이러한 소망을 성취하기 위해 그는 외부 세계를 파괴하기를 회피해야 했고, 그 대신 그것을 변형시키기 위해 애썼다. 외적인 물리적 증거로써 그는 자신의 소망이라는 내적인 심리적 현실을 강화할 수 있었다. 이를 위해 그는 투사적 동일화의 환상을 통해 종이를 변형시켰고, 이러한 방식으로 자신의 경험에 대한 형식적 증거를 획득했다. 따라서 그는 외부 세계를 완전히 버릴 필요는 없었고, 전능한 소망과 투사적 창조를 통해 그것을 심하게 변형시켜야만 했다.

몇몇 분열적 환자는 과거에, 자신의 투사에 아주 적합한 대상들을 선택함에 있어 탁월한 솜씨를 가진 대가였다. 자신의 투사와 아주 유사한 특징을 갖고 있기 때문에 대상과 투사된 환상을 구별하는 것이 극히 어려운 대상들을 선택하는 솜씨 말이다.

정신분열증 환자는 이에서 더 나아가 외부 현실의 존재에 관심을 갖지 않으며, 그가 원하는 모든 것을 선언하고 망상적으로 믿는 것 같다. 그는 매우 원초적인 유아적 단계로, 즉 심리적 현실과 외부 현실의 구분이 거의 존재하지 않으며 이러한 구분이 그와 아무런 상관도 없는 유아적 단계로 퇴행하는 듯하다. 오직 하나의 현실, 내적 환상 세계의 현실만이 존재한다. 분열적 환자에게서 우리는 내가 방금 기술한 유형의 병적 과정을 갖는 다양한 정도의 병리성을 발견한다.

경계성 장애에서의 공간-시간 연속성과 장소 이동

이제 나는 공간과 시간의 조직화라는 관점에서, 지금까지 기술한 임상적 관찰을 검토해볼 것이다. 나는 피아제의 관찰, 개념, 구성물 등을 명시적 또는 암시적으로 광범위하게 활용했다. 물론 그것들만을 활용한 것은 아니다. 내 작업의 주요 원천은 치료에서 행했던 임상적 관찰, 정신분석적 슈퍼비전, 자료의 해석 등이다. 내가 피아제를 활용한 것은 단지, 외부 현실, 공간, 전치, 시간 등의 구조에 대해 피아제와 그의 제자들처럼 정신분석이 연구하지 않았기 때문이다.

환자들, 특히 폐소공포증과 광장공포증 환자들을 치료하는 동안, 관찰된 행동 양태들의 근저에 공간 속의 대상들 —환자 자신을 포함—의 근본적 조직화가 놓여 있다는 것이 내게 점점 더 분명해졌다. 폐소공포증과 광장공포증 환자가 경험하는 모든 종류의 물리적·정신적 상황은 원초적 상황을 지시한다. 모든 다른 이차적 상황은 이 원초적 상황의 대체물이며, 그것을 상징한다.

폐소공포증이 있는 사람들은 닫힌 '상황situation'에 있기를 두려워한다. 그들은 극단적인 불안이나 공황을 발달시키고, 밖으로 나가기를 원한다. 그 '상황'은 방, 교통 체증, 결혼일 수 있다. 그들은 컨테인되어 있지 않을 때는 광장공포증적이 되어 불안이나 공황을 발달시킨다. 그리하여 그들은 집에만 머무르거나, 또는 밖으로 나갈 때도 안전한 장소까지만 가고 더 멀리 가지 못하거나, 누군가가 그를 동행해야만 한다. 이러한 상황은 잘 알려져 있다. 그러나 이러한 것이 분열적 상태나 정신분열증에서 근본적인 상황이라는 사실을 관찰했을 때 나는 그것이 매우 중요한 의미를 갖고 있다는 것을 깨달았다. 근본적 상황이란 다음을 의미한다. 역동적인 치료 회기 동안 분열적 환자와 정신분열증 환자를 관찰하면, 그들은 순수하게 현상학적인 정신의학적 관점에서 평가할 때 명백히 광장공포증적인 기본적 공포를 드러낸다. 분열적 상태의 정신적·감정적 동요는, 개체발생적으로 말하면 인간 존재의 초기의 원초적·근본적 조직화의 동요이다. 피아제는 공간의 초기 구조화의 중요성을 강조했으며, 이는 나로 하여금 공간, 운동, 시간 등의 초기 조직화의 관점에서 분열적 환자의 삶의 방식에 대한 설명을 시도하도록 이끌었다.

유아와 그의 세계의 공간적 발달

태아는 자궁 속에 우선 컨테인되어 있으며, 자궁 자체는 엄마의 몸속에 컨테인되어 있다. 일정 정도의 운동이 가능하기는 하지만 태아는 운동, 장소 이동displacement의 자유를 상대적으로 박탈당한 상태에 있다. 다른 한편으로 태아는 엄마와 함께 운동한다. 출생 후 엄마는 양육과 섭식, 따뜻함 등을 통해 아기에게 자궁의 상태를 부분적으로 재창조해준다. 제한되어 있기는 하지만 아기의 개인적 공간은 자궁 속에 있을 때보다 더 많은 자유를 그에게 제공한다. 그것을 육아낭 공간marsupial space이라고 부를 수 있을 것이다. 아기는 엄마의 공간 속에서, 그러나 아기의 개인적 공간이기도 한 엄마의 공간의 부분 속에서 움직인다. 성장함에 따라 아기의 개인적 공간은 커지고 마침내 엄마의 공간과 일치한다. 그리고 엄마가 정상인이라면, 예를 들면 폐소공포증적-광장공포증적이지 않다면 그 공간은 주체가 대상들과 대면하는 대상이 되는 곳인 일반적 공간과 일치할 것이다. 이러한 과정과 동시에, 심리적인 내적 대상들이 심리내적 관계 속에서 살아가는 곳인 주체 내부의 공간이 형성된다. 이러한 심리내적 관계는 처음에는 매우 구체적으로 경험된다. 예를 들면 감각 또는 정교화된 지각으로,

그리고 후에는 매우 복잡한 성격을 갖고 있는 표상으로 더욱 정교화되어 경험되는 것이다.

모든 사람은 지속하는 (비교행동학의 영역 개념과 유사한) 외적 공간을 갖고 있다. 이 공간에서의 대상관계는 우주적 공간에서의 대상관계와 상당히 다르다. 그러나 피아제가 지적하고 아주 명확히 기술했듯이 공간은 뉴턴적 절대공간이 아니며, 시간도 절대적 시간이 아니다. 시간과 공간은 구성물이다. 유아와 어린아이는 자신의 대상과 공간을 구성해야 한다. 공간은 아인슈타인 모델에서처럼 대상들의 상대적 위치이다.

그렇다면 관념이란 그러한 초기의 구성물들의 몇몇 측면과 단계를 보는 것을 의미한다. 그리고 관념은, 어떻게 초기의 구성물들이 분열적 존재 양태의 근저에 놓여 있는 구조로서 미발달의 상태로, 또는 왜곡되어 등장하는가라는 문제와 관련되어 있다. 그러나 순수하게 피아제적으로 접근하는 것은 불만족스럽다. 피아제적인 접근은 감정, 정동, 충동 등을 인지적 구조의 본질적인 부분들로 인정하지만, 그것들을 직접적으로 언급하지 않기 때문이다. 따라서 나는 나 자신의 정신분석적 접근, 그리고 피아제를 통해 영감을 얻은 견해를 제시하고자 한다.

성인이 친숙하게 바라보고 개별적 전체대상으로 다루는 대상들이 아이에게 동일한 방식으로 경험되지 않는다는 것은 분명하다. 피아제가 기술한 행동 도식을 통해, 즉 대상에 대한 주체의 내면화된 행동을 통해 대상의 부분들을 연결시킴으로써 아이는 대상을 '구성'해야 한다. 아이는 실천적인 도식 – 일종의 감각운동적 전개념preconcept – 의 형태로 행동을 조정한다co-ordinate. 이러한 조정은 동일한 대상이 현존할 때 동일한 행동을 반복할 가능성, 또는 다른 비슷한 대상들이 존재할 때 그 동일한 행동을 일반화할 가능성을 보유한다는 특징을 갖고 있다.

피아제에 있어 더 복잡한 도식들은 단지, 사전에 구분되었던 요소들의 종합 또는 연합이 아니다. 그렇기 때문에 그는 감각운동 도식에 대해 "그것은 운동과 지각들의 특정한, 그리고 닫힌 체계가 아니다"라고 말한다. "도식은 구조화된 존재(즉, 지각 또는 이해의 장을 스스로 구조지음)라는, 그리고 자신을 사전에 전체로 구성한다(이 전체는 사전에 이미 구분된 요소들 사이의 연합 또는 종합으로부터 생겨나지 않는다)는 이중적 성격을 갖고 있다"(Battro 1973). 피아제에 있어 "감각운동적 도식은 단지 우리가 때때로 패턴이라고 부르는 것이 아니다. 즉, 그것은 일반화하고 동화할 수 있는, 더 심층적인 능력을 보유하고 있다"(Battro 1973).

그는 사람과 관련된 도식들에 대해 이렇게 말한다. "그것들은 인지적이며 동시에 정동적이다. 정동적 요소가 사람의 영역에서 더 중요하고 인지적 요소는 사물의 영역에서 더 중요하지만, 이는 단지 정도의 문제이다." 따라서 그는 '정동적 도식'은 도식의 정동적 측면(또한 지적 측면을 갖고 있는)을 의미할 뿐이라고 말한다.

요약해보자. 피아제에 따르면 처음에는 행동이 삶의 모든 표출의 원천이다. 그것은 사고에 선행하며 지각과 감각을 통제한다. 그리고 대상에 대한 주체의 행동의 결합 과정 —이러한 행동 도식의 내면화가 주체의 행동에 뒤따라 발생한다— 을 통해 사고의 모체precursors of thought가 산출된다. 유아는 엄지손가락을 입에 넣는 행동을 다른 대상으로 확대한다. 그리고 막대기나 그 비슷한 대상을 사용해 행동을 정교화함으로써 자신의 팔이 닿을 수 있는 범위를 넓히고, 입에 넣고 싶은 또는 접촉하고 싶은 대상에 도달한다.

프로이트의 구조적 이론 그 자체를 제외한다면, 그가 자신의 저작들에서 사고했던 방식으로 [방금 논의한 문제에 관한] 연구를 진행한 적이 있었는지 나는 알지 못한다. 그러나 예를 들면, 『쥐인간 사례』에서 프로이트가 심리 구조에 대해 계속 언급한다는 사실을 주목하는 것은 흥미로운 일이다. 실제로, 2부에는 「강박적 구조들의 몇몇 일반적 특징」이라는 제목이 달려 있다(Freud 1909). 그는 "강박적 구조는 모든 종류의 심리적 행위에 상응할 수 있다"고 언급한다. 그는 이렇게 말한다.

> 이 장애(강박증)의 경우, 억압은 망각이 아닌 정동의 철회로 야기되는 인과적 연결들의 엄격성에 의해 촉발되었다. 이러한 억압된 연결들은 일종의 그림자 형태 ―나는 다른 곳에서 이를 심리내적 지각에 비유한 바 있다― 로서 존속되고 있는 듯하며, 따라서 투사 과정에 의해 외부 세계로 전이된다(transfered).

이것이 모든 구조주의자가 소망할 수 있는, 정신 구조에 대한 매우 좋은 정의이다.

따라서 대상관계 정신분석가에 따르면 성인의 행동 속에는 정상적인 또는 비정상적인 원초적 대상관계 또는 도식이 존재한다. 이 원초적인 내면화된 대상관계의 몇몇은 통합되지 않은 채 남아 있을 것이며, 자율적으로 작동한다. 부분대상 심리학, 또는 부분대상, 부분주체, 부분상태 등의 심리학은 대상관계의 발생적 발달의 측면에 대한 연구와 관련 있다.

만족을 향한 욕망으로 표현되는 유아의 욕구로부터 논의를 시작해보자. 유아가 자신의 내생적endogenous 공간, 즉 자기의 모체(precursor of the self) －생존과 성장에 필요한 만족을 주는 대상－ 에 참여하기를 원한다는 것은 의심의 여지가 없다. 자신의 공간(초기 자아 또는 자기)에서 대상이 출현하고 사라진다는 것을 아이가 발견하는데, 이는 좋은 대상을 자신의 부분으로, 또는 자신의 좋은 공간의 부분으로 욕망하도록 아이를 이끈다(이는 이 시기의 유아가 할 수 있는 유일한 행동 방식이다). 대상을 자신의 공간(내적·개인적 공간) 내에 항상 보유할 수 없다는 좌절감은 대상을 소유하고 싶다는 욕망을 증가시킨다. 이러한 욕망이 커지고 대상을 확보하려는 욕구가 매우 강렬해지면 그것은 탐욕이 된다. 자신을 만족시키는 대상을 소유할 수 없기 때문에 생겨나는 좌절, 분노, 불안은, 그러한 대상을 컨테인하고 있는 다른 공간으로부터 대상을 박탈하고자 하는 소망을 산출한다. 대상을 컨테인하고 있는 다른 공간이 이제는 고통의 부재 또는 쾌락의 상태, 즉 유아가 전에 경험했던 상태에 있기 때문이다. 이는 자신이 박탈당했기 때문에, 대상을 소유할 뿐만 아니라 다른 공간을 박탈하고자 하는 소망이다.

더 나아가, 만족을 주는 대상을 기다리면서 자기 공간self-space 속에 남겨진 유아는 자기 공간의 대상들을 예를 들면 자신의 몸의 부분 또는 장난감 등으로 채우려 한다. 그리하여 그는 자신의 공간의 일부로서 엄마의 가슴 대신에 엄지손가락, 배변, 또는 남근을 갖게 된다. 그것들은 외적인 엄마의 가슴을 기다리는 데 도움이 될 것이며, 따라서 만족의 결핍에 뒤따르는 불안이나 좌절을 일시적으로 경감해줄 것이다. 그러나 만족의 결핍은 좌절을 야기하는 대상 –예컨대 배변– 을 비자기 공간nonself space 속에 집어넣고 이를 통해 좋은 대상을 대체하거나 그것을 나쁜 대상으로 변형시킴으로써 이 비자기 공간을 처벌할 수 있다. 그러나 비자기 공간 속으로 넣어진 자기 공간의 그러한 부분들은 여전히 자기 공간의 일부로 느껴지며, 자기 공간과 비자기 공간 사이에 특수한 결속이 형성된다. 이러한 결속이 초기 대상관계에 소유욕이라는 속성을 부여하고 대상들 간의 동일화를 가능케 한다. 바로 이것이 내사적 동일화와 투사적 동일화의 뿌리에 놓여 있는 것이다. 이러한 과정은 대상의 자리 이동displacement을 욕구 만족과 의사소통이라는 목표와 관련지어 생각할 때 결코 비정상적인 것은 아니다.

그러나 이러한 과정이 지속되고 왜곡된다면 분열적 방식으로 경험을 구조 짓는 일이 광범위하게 생겨날 것이다. 그것은 대상 속에서 살고 있다는 느낌을 만들어낸다. 자신의 일부가 대상 속에 있기 때문이다. 그것은 대상을 결코 자유롭게 놓아둬서는 안 된다는 욕구를 만들어낸다. 그것은 대상이 상실되면 자기의 일부를 상실할 수 있다는 절박한 느낌을 만들어낸다. 그리하여 그것은 박해감을 낳는다. 자기의 투사된 부분 또는 자리를 이동한 부분이 시기심에 가득 찬, 탐욕스럽고 파괴적인 충동자극을 갖고 있다고 느껴지면서 말이다. 이러한 과정이 무수히 많은 분열적 표출(schizoid manifestations)을 설명해준다.

이제 우리는 시공간 모델의 관점에서 분열적 표출을 체계적으로 검토하고, 또한 사례를 통해 예증하고자 한다. 우선 나는 어떻게 사람들이 특수한 징후에서 근본적이고 보편적인 인성 조직화로 폐소공포증적-광장공포증적 징후를 확대하는지 보여줄 것이다. 폐소공포증이 있는 여성 환자가 심리 진단을 받으러 왔다. 그녀는 자신이 외출하면 무언가 무서운 일이 발생할 것 같은 두려움이 있다고 말한다. 그녀는 그것이 무엇인지 모른다고 한다. 나는 두 가지 가능성이 있다고, 즉 그것은 그녀가 다른 사람들에게 행할지도 모르는 일이거나 다른 사람들이 그녀에게 행할지도 모르는 일이라고 지적했다. 그녀는 상당히 주저한 후에 "나는 내가 어떤 미친 짓을 할까 봐 두렵다"고 말했다. 나는 "고함지르기는 당신에게서 나오는 무엇입니다. 그렇지 않다면 무엇이 당신에게서 나오겠어요?"라고 말했다. 그녀는 극히 긴장했고 초조해했으며, 조금 시간이 흐른 후에 가도 되겠느냐고 물어보았다. 나는 물론 원한다면 가도 좋다고 말했지만, 다른 한편으로 만약 무엇 때문에 불편해져서 가고 싶어 하는지 말할 수 있는 용기를 낸다면, 치료와 고통의 기간을 몇 개월 단축할 수 있다고 그녀에게 말했다. 그녀는 용기를 내서 "소변과 대변"이라고 말했다. 면담의 나머지 부분에 대해서는 여기에서 서술하지 않겠다. 이것이 다양한 형태로 통상적으로 일어나는 일이다. 나의 환자들, 그리고 다른 사람들이 치료한 환자들에 대한 수년간의 연구를 통해 나는 내가 곧 체계적 형태로 제시하고자 하는 다음 사실을 알게 되었다.

환자는 자신이 위협적이라고 느끼는 대상과의 접촉이 일어나는 공간으로부터 벗어나기를 원했다는 점에 주목할 수 있다. 그녀는 진료실을 떠나기를 원했다. 그러나 우리는 공포증 환자들이 어떤 상황들, 예를 들면 외식하기를 회피한다는 것을 또한 알고 있다. 그들은 식당이나 극장, 상점에 가지 않는다. 그들은 자신의 외부 공간을 제한하고 마침내 집에만 머무르려 한다. 그들이 퇴각한 궁극적 공간이 무의식에서 무엇에 상응하는지 이해하는 것이 중요하다.

이 사례에서 외부 세계 또는 외적 공간은 투사적 동일화에 의해 (엄마의 내적 공간과 동일화된) 몸 또는 주체의 내적 공간으로 변형되었고, 따라서 방에 들어가고 나오는 것은 방이 상징하는 것, 즉 궁극적으로 엄마의 몸으로부터 나온다는 것을 의미한다. 각인된 출생 경험의 원초적 상태가 층위를 이루면서 변형되고 표상되어 환자에게 존속한다. 정신 속에 고착된 것이 반드시 출생의 원초적 경험인 것은 아니다. 그것은 앞서 기술한 바 있는 육아낭 공간 같은 공간 구성물들의 각 층위에 속하는, 다양하고 유사한 원초적 경험일 수 있다. 몸에서 무언가가 나올 때, 예를 들면 고함, 소변, 대변, 정액, 타액, 구토물 등이 나올 때, 그것은 '~로부터 나오기'라는 체계를 활성화시키고 애착 정동을 생산한다. 여기에서 작동하고 있는 메커니즘은 자신의 몸의 내용물들에 대한 주체의 (투사적) 동일화, 그리고 어머니의 몸과의 동일화이다. 이러한 방식으로 그는 자신이 어머니로부터 나온다고 경험한다.

내가 언급했듯이 원초적인 감정적 경험, 즉 정동은 자기 공간과 비자기 공간의 구조화에서 지배적 역할을 행한다. 주체 자신을 포함해 모든 종류의 대상의 자리 이동, 자기 공간에서 비자기 공간으로의, 또는 그 역방향의 자리 이동이 원초적 방식으로 경험된다. 어떤 상황에서 공간은 과거에 인성의 한 부분에서 경험되었던 방식으로 경험된다. 즉, 공간은 [인성의] 나머지 부분으로부터 분열되며, 이러한 방식의 공간 경험이 계속 진행된다. 이러한 상태 때문에 생겨나는 공황, 그리고 신체적인 고통과 감각은 자아가 주로 신체 자아였을 때 가졌던 경험의 지속이다. 성인의 자기 안에 있는, 분열된 초기의 부분이 지배적으로 활동하게 되면 성인의 자아는 더욱 마비되며, 따라서 위험에 대응하는 성숙한 방식을 더는 활용할 수 없게 된다.

그러나 정신분열증 환자의 근본적 상태로서 앞서 서술한 내용과 동일한 경험을 했을 때 나는 그 모든 것의 근저에 놓여 있는 근본적 구조를 파악할 수 있었다. 예를 들면 그들은 카우치와 병합되거나 그 속으로 사라질지도 모른다는 두려움 때문에, 또는 어머니에 대한 동일한 두려움을 표현하는 카우치의 파란색 때문에 그 위에 눕는 데 어려움을 겪는다. 또는 그들은 문이나 창문 근처에 있을 수 없으면 나와 함께 진료실에 머무르기를 어려워한다. 심지어 술집에서도 마찬가지다. 또는 1만 피트 상공에 있는 비행기 안에서도 문 옆에 있지 않으면 공황이 발생하는 사람의 사례도 있다. 물론 이미 언급했듯이 어머니뿐만 아니라, 어머니의 내적 공간을 대체하는 초기의 공간적 구조들도 원초적인 감정적 경험들로 채워져 있다.

이러한 공간들은 대상들과 그것들의 자리 이동에 의해 구조 지어져 있기 때문에, 이러한 공간에 있는 대상들은 만족을 줄 수도 있고 그렇지 않을 수 있다. 그것들은 박해적이거나 보호를 제공하고, 좋거나 나쁘다. 두 명의 분열적 환자가 꾼 두 개의 꿈이 있다. 한 사람은 어머니의 몸 속에서 매우 행복을 느끼는 꿈을 꾸었다. 그리고 난 후 그는 바깥에서 무언가를 찾고 싶다고 느꼈다. 그는 밖으로 나와 성적으로 즐기기 시작했고, 또한 공격적인 일들을 하고 있었다. 그 후 그는 사람들이 자기에게 화를 낼 것이며, 자신이 바깥에 있고 보호받지 못하고 있다고 느꼈기 때문에 불안해졌다. 그래서 그는 어머니의 몸 속으로 되돌아갔다. 그러나 불행히도, 내부에서 어머니를 위험에 빠뜨릴 수 있는 동일한 일을 그녀에게 행할 수 있기 때문에 그는 그곳이 그다지 더 안전하지 않다는 것을 깨달았다.

다른 젊은 분열적 환자는, 일종의 터널 같은 건물에서 살고 있으며 전차 같은 것을 타고 터널을 지나는 꿈을 꾸었다. 간헐적으로 그는 구멍들을 보았고, 이를 통해 바깥세상을 볼 수 있었다. 때때로 전차는 멈추어 섰고, 그는 이 바깥세상과 융합하기 위해, 특히 성적인 목적을 위해 전차에서 내렸다. 그러고 난 후 그는 돌아와서 내부에서의 삶을 다시 시작했다. 그러나 어느 날 그는 터널이 폐쇄되어 영원히 갇힐지도 모른다는 생각 때문에 공황에 사로잡혔고, 필사적으로 나가려 했다. 폐소공포증-광장공포증 환자가 갈 수 있는 곳은 아무데도 없다.

다음 환자는 컨테인하는 공간으로부터 나오는 경험, 몸에서 무언가가 나오고 그것이 몸과 연결되어 있는 경험에 대해 이야기한다. 그는 내가 만난 가장 심각한 폐소공포증–광장공포증적 환자였다. 그는 길이가 몇백 마일 되는 의자의 옆을 지나고 있는데, 그것이 여전히 그의 항문에 붙어 있는 꿈을 꾸었다. 우리는 회기를 계속 진행했고, 회기가 끝나갈 무렵 그는 극단적인 공포심을 느끼며 카우치에 앉아 있었다. 그리고 이렇게 말했다. "도와주세요, 도와주세요. 치료실에서 밖으로 나가면 나는 액화된 배변 덩어리에 불과해요."

여기에서 우리는 그가 치료실에서 나오는 행위가 그에게서 나오는 배변과 관련 있음을 알 수 있다. 그가 자신은 배변에 지나지 않는다고 느꼈듯이 배변과의 동일화는 완전했다. 더 나아가 그는 꿈에서 배변이 자신으로부터 분리되는 것을 허락하지 않았다. 배변과 동일화했기 때문에 그는 치료실에서 나온 후 개방되고 보호받지 못하는 공간에 있기를 두려워했다. 이 환자는 자신이 화장실에 있다는 것을 누군가가 알게 되면, 그는 변기로 가서 대변을 볼 수밖에 없었다. 또한 그는 자신의 한 부분이 나머지 것들로부터 분리되면 파편화의 두려움을 드러냈고, 다른 대상 –예를 들면 배변– 과 동일화되면 자기가 분해될지도 모른다는 두려움을 드러냈다.

정체성의 문제는 –예를 들면 아동이든 성인이든, 남자든 여자든– 지금까지 언급했듯이 대상들과의 일시적 동일화라는 기초 위에서 이해될 수 있다. 요구가 많음, 통제적인 충동자극, 소유욕 등은 모두, 비자기 공간 속으로 또는 역방향으로 넣어진 자기 공간의 부분들이 분리되지 못하고, 자기의 부분들의 상실이라는 재난을 막기 위해 그러한 행동을 지시한다는 사실과 관련 있다. 자기의 상실을 막기 위해서는 대상을 멀리(또는 역방향으로) 떨어뜨려 놓아야 한다. 그리하여 한 젊은 분열적 환자는 이러한 문제를 해결하기 위해 자신의 방에 머물러 있으면서, 창문에서 아이들이 노는 것을 봄으로써 타인들과 소통하거나, 전화로 멀리서 타인들과 의사소통했다. 한 여자는 나의 집 근처에서 항상 산책함으로써 나의 개인적 공간 속에서 살아가려고 시도했다. 또는 전화를 사용함으로써 나의 아파트로 침투하려고 했다. 분열적 인격은 고통, 불안, 우울을 회피하기 위해 자신의 부분들을 분열시켜 그것들을 투사하고, 그것들의 존재를 부인한다. 상실과 파편화의 두려움 때문에 접촉을 다시 시도하지만 악순환이 반복된다.

내적 공간과 개인적 공간은 같지 않다. 개인적 공간의 대상은 보편적 공간과 내적 공간 사이에서 변화한다. 볼테르는 자신이 무신론자인지 아닌지 논쟁하는 사람들을 당황케 하기 위해 무덤의 반은 교회 내에, 반은 교회 바깥에 만들었다는 이야기가 있다. 공간에서 대상들의 상대적 위치는 때때로 우리를 놀랍게 한다. 우리는 강박증 환자들이 대상들이 서로 접촉하지 않도록 하기 위해, 그리고 대칭을 유지하도록 하기 위해 노력한다는 것을 알고 있다. 그러나 때때로 대상들의 위치는 매우 구체적인 의미를 갖는다. 매우 분열적인 한 소녀는 대상들이 서로 포개어져 있을 때, 예를 들면 새가 그녀의 머리 위에서 날고 있을 때, 그것이 성교를 의미하는지 궁금해했다. 아버지가 죽은 후 그녀는 움직일 수 없었다. 어떤 움직임도 그녀 내부에 있는 아버지를 다치게 하거나, 또는 성적 함의를 가질 것이기 때문이다. 대상들의 상대적 위치는 그녀에게 극히 의미심장했다. 그녀는 오른발을 왼발 위에 놓은 후 짧고 급격히 두드리는 동작을 했다. 이는 성적인 것이었으며, 오른발을 앞에서 뒤로 향하게 함으로써 그 행위를 취소했으며, 그러고 난 후 발을 두드리는 대신에 반대 방향으로 크게 움직였다.

이제 나는 공간 개념과 동일한 방식으로 작동되는 비성숙한 시간 '개념'에 대해 살펴보려고 한다. 매일 같은 시간에 회기에 오기를 원했던(나는 같은 시간에 회기를 시작할 수 없었다) 한 자폐아는 내 시계를 달라고 해서 자신이 원하는 시간에 맞추었다. 시간은 시계(매우 특별한 공간적 장치)의 면이 지시하는 시간이다. 우리는 기차를 타고 런던에서 브리튼으로 갔다가 다시 돌아오는 놀이를 해야 했다. 우리는 매 정거장을 거쳐 갔고, 다시 각 정거장을 통과해 되돌아오는 놀이를 계속 반복했다. 내가 조금이라고 실수를 하면 처음부터 다시 시작해야 했다. 아이는 피아제가 보여주었던 것처럼 공간을 연속적으로 배열했지만, 그것으로부터 이탈할 수 없었다. 그는 A에서 B로, 그리고 C, D로 갈 수 있었지만, D에서 A로 직접 되돌아갈 수 없었다. 그는 아킬레스와 거북이, 또는 제논의 화살처럼 각 위치에서 다음 위치로 움직여야 했다. 이 예들은 시간의 변화displacement와 운동의 요소들이 무엇인지 검토하도록 우리를 이끌어 간다.

피아제는 다양한 연령의 아동들과 단순한 실험을 했다. 두 개의 터널이 있는데, 하나는 다른 것보다 명백히 더 길다. 그리고 인형 두 개를 이 분리된 터널에 놓고 일정한 속도로 움직이게 한 후 정확히 동시에 터널 끝에서 등장하도록 만든다. 어떤 나이의 아이들은 한 터널이 다른 터널보다 길다는 것을 인정하지만, 두 인형이 같은 속도로 움직였다고 반복적으로 말한다. 터널을 치우고 같은 실험을 반복한다. 이번에는 그 동일한 아이들이 다른 인형을 추월한 인형이 더 빨리 움직였다고 말한다. 그러나 다시 터널 속으로 인형을 움직이게 하면 그들은 인형이 같은 속도로 움직였다고 말한다. 그들은 터널의 길이와 시간에 상관없이 인형의 상대적 위치에 따라 판단한다는 것이 명백하다. 이러한 방식으로 단순한 실험을 더 많이 실행함으로써, 성장하고 있는 아이들이 공간, 시간, 속도 등에 대해 더 성숙한 개념을 갖기 위해 거쳐 가는 단계들을 재구성하는 것이 가능하다. 이 단계들에는 적어도 시간과 관계있는 관념, 즉 시간 속에서의 사건들의 연속 또는 순서가 포함되어 있다. 예를 들면 B는 A 다음에 오고, C는 B 다음에 온다는 것이 그것이다. 그리고 집합의 포함 관계가 있다. 예를 들면 B가 A 다음에 오고, C가 B 다음 온다면 A-C는 A-B보다 크다는 것, 또는 전체집합은 부분집합보다 크다는 것 등이다. 끝으로 시간의 척도가 있다.

이와 유사하게 인과성의 개념도 단계적으로 발달하는데, 이는 항구적인 대상, 시간과 공간 개념에 의존한다. 이를 통해 아이들은 인과성에 관한 마법적-현상적 견해 대신 객관적 견해를 갖게 된다.

매우 지적인 한 여자는 나에게, 나와 결혼해서 나의 고국에서 살게 될 것이라는 것을 알고 있다고 진지하게 말했다. 그녀는 결혼 후 영국에서 남편과 함께 살 것이며, 동시에 다른 많은 남자와도 그렇게 하게 될 것이라 —그리고 이는 모두 동시에 일어날 것이며, 이에는 아무런 모순도 없다— 는 것을 자신이 알고 있다고 말했다. 그녀는 이 계획을 실현하는 데 어려움이 있을 것이라는 나의 말에 화를 냈다.

지나간 시간은 현재 시간인 미래의 시간이라고 T. S. 엘리엇은 말한다. 그러나 이는 명백히 일관적이지 못한 시간이다. 연속적 과정으로서의 시간은 시간을 뒤로 돌리는 것을 불가능한 것으로 만든다. 수년 후 동일한 장소에 있는 것은 이전에 동일한 장소에 있는 것과 같지 않다. 분열적 환자에게 자리바꿈displacement과 운동은 위험할 수 있다. 그것은 자신의 일부를 떼어내 파편화시키거나 비우고 상실된 것으로 만들 수 있기 때문이다. 따라서 자신의 내적 공간 속에 아버지를 갖고 있는 소녀의 사례에서처럼 운동은 매우 느리게 일어나거나, 비운동성immobility이 시작된다. 운동은 분리와 상실을 가져오며, 이것이 신속히 진행될 때 재난, 즉 경직성, 고정성, 불감증, 성불능이 생겨난다. 이것들은 모두 분리와 상실에 대한 방어다.

피아제는 이렇게 말한다. "심리적 시간은 성취된 일과 활동성(힘과 행위의 신속성) 간의 연결이다. 또는 시간은 변형될 수 있다(Time is plastic). 그것은 행위의 감속에 따라 확장되거나 행위의 가속에 따라 수축한다… 또는 시간은 간략히 말하면 주체의 활동성 안에서 기대, 노력, 만족 등의 태도에 내재한 심리적 지속duration의 인상과 함께, (시간의) 출발 지점에서 주어진다." 자신의 활동성이 마비되고 대상에 대해 행위하지 못하는 분열적 환자는 관계에서의 지속을 철저하게 비정상적인 방식으로 경험할 수밖에 없다.

이 지점에서 [i] 대상의 위치 짓기localization와 [ii] 주체의 항구성이라는 가장 중요한 개념 간의 관계로 되돌아갈 필요가 있다. 피아제는, 초기 6개월 동안 유아는 대상이 손수건으로 덮여 있을 때 집으려던 손을 멈춘다는 것을 보여주는 작은 실험에 대해 종종 기술했다. 나중 단계에서 유아는 손수건을 치우고, 그 대상이 감추어져 있는 장소 A에 있는 대상을 찾는다. 그러나 피아제는 A에 놓여 있던 대상이 B로 옮겨지게 되면(아이는 앞에서 이를 보고 있다), 아이가 종종 A－이전에 아이는 이 장소에서 그 대상을 발견하는 데 성공한 경험이 있다－에서 그 대상을 찾는다는 것을 관찰했다. 주저하지 않고 아이가 대상이 옮겨진 장소에서 그 대상을 찾는 것은 한 살이 되어갈 무렵에야 겨우 가능하다. 그 전에는 아이는 장소이동에 대해 알지 못하며 대상에 대한 자신의 [과

거의] 행동에 고착되어 있다. 따라서 피아제는 대상의 항구성은 공간 속에서 위치 짓기와 밀접하게 결합되어 있다고 말한다.

피아제의 대상 개념과 정신분석의 리비도적 대상 개념을 구분하는 것이 여기에서 절대적으로 중요하다. 피아제는 감각운동이 완성될 무렵의, 즉 18개월 때의 대상을 항구적 대상으로 기술한다. 주체 자체는 대상들 중 하나이며, 따라서 이 개념은 모든 대상에 적용된다. 그러나 피아제는 어떤 대상을 아이에게 의미심장하고 특별한 것으로 만들어주는 리비도 점령의 문제에 대해서는 결코 고찰하지 않는다. 리비도적 대상은 감각운동적 대상이 완성되기 오래 전에 중요한 의미를 가진다. 피아제가 기술한 대상 형성의 단계들은 분열적 환자의 자기와 대상의 왜곡을 이해하기 위해 매우 중요하다. 그들은 방어의 분열적 메커니즘에서 동일화라는 목적을 위해 물리적 세계의 대상들을 특수한 방식으로 사용하기 때문이다.

개인은 공간 속에서 자신의 신체 이미지를 다른 신체들의 이미지로 또한 구성하고, 자신의 정체성의 항구성이라는 감각에 점차적으로 도달해야 하므로 비슷한 논의가 여기에 적용된다. 예를 들면 마르셀 프루스트가 『스완의 길』에서 스완으로 하여금 말하게 했듯이, 사람은 어두운 밤에 잠에서 깨어나 시간과 자신이 있는 장소가 어디인지 알지 못하면, 자신이 누구인지 알지 못한다. 피아제가 사랑스러운 단순하고 작은 실험을 통해, 물질의 정체성 개념은 특정한 단계들에서 생겨나며, 정체성의 개념이 (예를 들면) 양量의 보존이라는 개념 이전에 등장한다는 것을 보여준 것은 매우 흥미로운 일이다. 여러 다른 용기에 담긴 동일한 대상, 예컨대 물의 변화하는 형태를 보여줌으로써, 피아제는 아이들이 그것이 동일한 물이라는 것을 말하기까지는 시간이 걸린다는 것을 알게 해주었다. 아이들이 공간적 결합으로부터 벗어나기까지는 시간이 더 많이 걸린다. 예컨대 아이들은 처음에는 길고 가는 튜브 속에 물이 더 많이 있다고 믿는다는 것이다. 두 개의 독립된 변수를 동시에 고려할 수 있게 될 때 그들은 올바른 대답에 도달한다.

이제 우리는, 분열적 환자가 불안정성, 정체성의 혼란, 신체 이미지의 혼동, 일시성에 대한 공포 등을 느낄 때 그가 사용하는 정신적 작용의 조직화의 차원이 무엇인지 이해할 수 있게 되었다. 그는 상이한 장소에서, 상이한 상황에서 대상을 다르게 경험한다는 것이다.

공간은 실존existence 및 [정체성의] 존속과 너무나도 밀접하게 연결되어 있기 때문에 분열적 환자가 공간 외부에 존재하는 것은 매우 어렵다. 그리하여 한 젊은 남자는 주행하는 자동차의 뒤를 따라 오토바이를 몰거나 엔진이 가동되고 있을 때에만 존재한다는 느낌을 가질 수 있었다. 자동차를 추월하거나 엔진이 멈추면 그는 탈인격화되는 느낌을 갖는다. 분석 회기 동안 커다란 변화가 있었지만, 한 젊은 여자는 어머니 머릿속에 있을 때에만 인격체로서 존재할 수 있었다. 상당한 기간 동안 기숙사의 방에서 종종 혼자 살았던 한 젊은 남자는 치료의 진전이 있었고 학업을 시작했지만, 공부하기 위해서는 자신의 방 밖으로 나가야 했다. 주변에 사람들이 없이 혼자 있는 것을 견딜 수 없었기 때문이다. 그리하여 그는 바bar나 카페 같은 여러 공공장소에 앉아 있었다. 그러고 난 후 그는 장소가 그 자신과 함께 움직여야 하는 단계를 거쳤다. 그래서 그는 버스를 탔고, 공부하면서 모든 곳을 돌아다녔다. 그는 어머니에 의해 모든 곳으로 이동되는 것일까? 실제로 이러한 행동을 보인 지 몇 개월이 지난 후 그는 버스 안에서 좀 괴물처럼 생긴 아기 – 그의 아기 – 를 안고 서 있는 꿈을 꾸었다. 그러고 난 후 아기는 성장했고 정상적인 것처럼 보였지만, 그는 아기를 잃어버렸다. 연상 과정에서 그는 아기는 또한 자신이었다고 말했다. 몇몇 공포증 환자, 아마도 대부분의 공포증 환자는 누군가 동행하지 않으면 어디에도 가지 못하는데, 몇몇 환자에게는 이것이 극단적인 형태로 나타난다.

이 논문에서 나는 원초적인 인간 행동의 근본 요소로서 공간, 운동, 그리고 시간의 개념을 도입했다. 원초적 사고는 유아가 공간을 구조 짓기 위해 취하는 최초의 운동에 기반한다. 이는 대상에 대한 주체의 행위 또는 그 역에 의해 행해진다. 그런 후 시간에 관한 원초적 개념들이 생겨난다. 모든 단계에서 발생하는 행동 패턴들은 항구적으로 존속할 수 있고, 후에 언제든 활성화될 수 있다.

참고문헌

Battro, M. (1973) *Piaget Dictionary of Terms*, E. Ritschverimann and S. F. Campbell (eds). Oxford: Pergamon.

Bion, W. (1965) Transformations, London: Heinemann; paperback Maresfield Reprints, London: H. Karnac Books (1984); and in *Seven Servants: Four Works* by Wilfred Bion, New York: Jason Aronson (1977).

Freud, S, (1909) 'Notes upon a case of obsessional neurosis', *SE* 10, 153-310.

Guntrip, H. (1968) *Schizoid Phenomena: Object Relations and the Self*, London: Hogarth Press.

Laplanche, J. and Pontalis, J.B. (1967) *The Language of Psycho-analysis*, tr. Donald Nicholson-Smith, New York: W. W. Norton (1973).

2장

공포, 박해, 두려움 : 망상적 불안의 해부

도날드 멜처Donald Meltzer

이 논문은 1967년 7월 코펜하겐에서 열린 25차 국제정신분석학회에서 읽은 논문으로, 『국제정신분석학회지』 49권에 처음 출간되었다.

이 짧은 논문은 멜라니 클라인이 정의한 바 있는, 대상 관계에서의 망상분열적 위치에 대한 연구에 기여하기 위한 것이다. 이는 심리구조 형성에서의 분열 과정[의 역할]과 대상관계 역동에서의 투사적 동일화의 역할에 대한 클라인의 발견을 통해 가능해진, 인성에 관한 더 깊은 이해를 활용한 분석 작업의 결과이다.

심리적 고통의 범위spectrum는 망상적 불안이라는 범주 아래에 포섭된다. 이에 대한 상세한 연구는 다른 저자들에 의해 시작되었다. 예를 들면 로젠펠드는 혼동[상태], 시걸과 비온은 재난적 불안, 그리고 비온은 이름 없는 공포에 대해 연구했다. 희망 없음·절망·무력감 같은, 상대적으로 덜 명확하게 정의된 용어도 다루어야 하지만, 이 논문은 공포(폭력, terror)·박해·두려움dread이라는 세 용어만을 다룬다. 나는 그것들을 메타심리학적으로 정의하고, 분석 과정에서의 그것들의 위치와 상호작용에 대해 논의하고자 한다. 그것들이 작용하고 있다는 것, 그리고 그것들의 상호관계를 보여주기 위해 다음의 사례 연구를 제시한다.

사례

교양 있고 지적인 30대 후반의 이 남자는 신체적 증상들 때문에 분석을 시작했지만, 곧 광범위한 성격 장애가 드러났다. 분석 초기에 다음 꿈에서처럼 나르시시즘적 구조가 명확하게 표현되었다. 그는 숲 지대 언덕의 오솔길을 혼자 걸어 올라가고 있었고, 그와 나이가 비슷하고 매우 망상적인 성향이 있는, 과거에 그의 고객이었던 다른 남자를 보았다. 갈림길이 있었기 때문에 그는 원래 가려던 대로 가지 않고 그 남자를 따라 해변으로 내려갔다. 그는 그곳이 자신이 태어난 마을에 속한다는 것을 깨달았다(그는 생후 6개월 때 부모의 이주로 그곳을 떠났다). 해변에서 그는 그 사람이 자신의 수입과 중요성에 대해 길게 열변을 토하는 것, 그리고 어떻게 휴일에 자신의 사무실과 항상 접촉해야만 했는지(그의 조언이 없으면 사무실 사람들이 아무것도 할 수 없기 때문에)에 대해 말하는 것을 감탄하며 들었다.

우리는 그의 유아적 구조의 이러한 부분이 (어린 시절에 그림 동화책에서 보았던 여우로 여러 차례 꿈속에서 등장했기 때문에) 그의 '여우 같은' 부분이며, 그의 정신적 내용과 현상의 다양한 유형의 원천임을 알게 되었다. 그의 여우 같은 부분은 (분석적 해석을 포함해) 다른 사람들의 말에 대해 끊임없이 농담을 던졌고 그것을 캐리커처했다. 그는 기발하게 치장된 음란한 말을 했고, 냉소적이고 속물적인 일련의 무자비한 논변을 전개했으며, 자신이 의식하지 못하는 환경에 대해 시각적·청각적으로 꼼꼼히 검토했다. 이를 통해 전이 속에서 일련의 꿈이 등장했다. 이는 그가 분석가의 테크닉과 생활방식를 매우 무자비하게 감시한다는 것을 보여주었다. 예를 들면 그는 그가 분석받기 위해 정기적으로 운전하는 도로변에 내 동료가 살고 있다는 것을 알고 있었다. 동료의 차를 빌린 날 밤에 나는 주의 깊게 동료의 집 모퉁이에 주차했는데, 환자는 그 집 앞의 도로에 자동차 크기 정도 되는 구멍이 있는 꿈을 꾸었다. 그러나 환자는 의식적으로, 내가 빌린 차를 보지도 않았고, 내 차가 없다는 것도, 그 집 앞에 차가 없다는 것도 주목하지 않았다.

그러나 이 '여우 같은' 부분의 전지적 성격, 그리고 다른 유아적 구조에 대한 그것의 지배는 분석적 탐구에 조금도 굴복하지 않았다. 역설적으로 그것은 드러난 두 가지 사실 – 이는 환자가 인정하기 전에 꿈으로부터 재구성된 사실이었다 – 때문에 자신의 지배를 더 강화한 것처럼 보였다. 첫 번째는 은밀한 사도마조히즘적인 자위 도착증이었고, 두 번째는 불에 대한 공포terror였다. 이러한 역설적인 증상 강화는 특히 도전적인 속성defiant quality을 갖고 있었다. 그는 자신의 도착증이 자신의 삶에서 유일한 쾌락이며 자살을 막아준다고 주장했다. 불에 대한 공포에 대해서는 한편으로 전적으로 합리적이라고 주장했으며, 다른 한편으로는 전쟁 동안의 트라우마 때문에 생겨난 것이라고 했다. 그는 이 두 가지 주장이 상호 배타적이라는 점을 결코 인정하지 않았다.

탐구에 저항하는 정신병리학의 또 다른 영역은 늙어가는 어머니와의 관계였다. 어머니에게 만성적 질병이 생긴 후 곧 그의 신체적 증상이 발생했고, 이 때문에 그는 분석을 받으러 왔다. 어머니에 대한 그의 관계는 사춘기 후반부터 냉담했고 심지어 경멸적이었지만, 그녀의 병은 그에게 엄청난 박해감을 불러일으켰다. 그는 노예적이고 후견적인 방식으로 자신의 형제자매를 통해 어머니의 건강, 금전적 문제, 가사일에 대해 감독했다. 마치 오래전에 사망한 아버지로부터 어머니를 돌보라는 위탁을 받았다는 듯이, 아버지 대한 헌신이 어머니를 돌봐야 한다는 의식적 동기로 작용했다. 박해적 요소는 도착증과 관련 있었다. 이의 은밀한 쾌락은, 스스로 쾌락을 누릴 수 없게 된 병든 어머니가 악의적으로 그에게 부과한 결핍의 사막에서 오아시스처럼 느껴졌다. 이러한 것들은, [사별 후] 여러 해가 지났지만 어머니가 재혼하려 하지 않는다는 것이 분명해졌을 때 서서히 생겨났다. 그것은 어머니에 대한 전제적이고 소유심에 가득 찬 질투적 행동을 대체했다(이는 아버지의 사망 직후 여러 해 동안 나타난 특징적인 증상이었다). 폭격 때문에 어머니의 집이 (수선할 수 없는 정도는 아니었지만) 상당히 망가졌던 사건이 발생했을 때 전환점이 생겨났다. 당시 그는 용기 있게 불과 싸울 수 있었지만 그 후 곧 불에 대한 공포심이 생겨났으며, 공습이 있을 것 같은 조짐이 조금만 있어도 근처의 참호에서 잠을 잤고, 파괴되지 않은 방에 어머니를 혼자 내버려 두었다.

그 후 몇 년에 걸쳐 그의 도착증은 고정된 패턴을 형성했다. 그는 운전사 복장으로 자동차 타이어 튜브에 앉아 위스키 한 잔을 들고 성기적으로 그리고 항문적으로 자위행위를 했다. 오르가슴의 폭발적 의미는 한 꿈을 통해 드러났다. 꿈에서 그는 우물 위의 튜브에 앉아 대변을 보았고, 그러고 난 후 옷을 우물 속으로 던졌다. 도착증의 전사前史는 흥미로웠는데, 그것은 가족 소풍 때 아버지가 (여분의 타이어가 없었기 때문에) 펑크 난 차의 타이어를 분리하여 수선하고, 바람을 넣어 다시 끼어야 했던 사건으로 정확히 거슬러 올라간다. 어린 소년은 아버지를 바라보는 동안 성적 흥분에 압도되었고, 후에 여러 증상과 은밀한 행동을 발전시켰다. 더러운 자전거 바퀴를 빠는 습관이 그중 하나였다. 또 다른 증상은, 자전거 바퀴에서 바람을 빼고 경찰이 올 때까지 기다린 후, 경찰이 보는 앞에서 바퀴에 바람을 불어넣는 것이었다. 그러나 엄격하게 관리되는 가족 자동차를 타는 것을 두려워하는 증상도 생겨났다.

분석을 통해 도착증, 그리고 성격 장애의 근저에 놓여 있음이 발견된 불안을 이해하기 위해서는 다른 요인에도 주목해야 한다. 마찬가지로 이것도 트라우마와 운명의 혼합물이다. 초기 아동기의 특별한 외상적 사건은 은폐 기억screen memory의 기능을 행한다. 환자가 아주 어렸을 때의 일이다. 아마도 다섯 살 때(미래의 가족 계획을 송두리째 변화시킨 어머니의 질병이 오래 지속된 후 어머니와 다시 결합하고 나서) 그가 유모와 함께 산책하는 동안 그들은 울타리 아래에 버려진 사망한 유아를 보았다. 이 사건은 그의 정신에 강하게 고착되었고, 나쁜 행실이 생겨났다. 정원에서 점심 식사를 할 때 그는 몰래 울타리 속으로 싫어하는 차가운 기름진 고기를 버렸다. 앞으로 살펴보겠지만 그것은 '죽은 아기' 재료의 핵을 형성했다.

대규모의 투사적 동일화와 '거짓pseudo 성숙'[1)]으로의 경향에 대한 분석에 주로 몰두했던, 처음 3년의 분석 기간에 도착증, 성격 장애, 그리고 증상들에 대한 분석은 행동화－이를 통해 그의 '여우 같은' 부분은 분열되어, 자신을 지배한다고 그가 느끼는 친밀한 사업 동료 속으로 들어갔다－때문에 이루어지지 않았다. 대규모의 투사적 동일화와 '거짓 성숙'으로의 경향이 감소하고, 그의 '여우 같은 속성'이 더 의식화되어 전이 속에서 명확히 표출됨에 따라 두 가지 일이 일어났다. 첫째, 분석을 통해 그의 제한된 삶으로부터 해방될 수 있다는 가능성에 대한 새로운 희망이 생겨났다. 따라서 그가 분석 과정에 어느 정도 의존하게 됨에 따라 그의 의식적인 협력 속에는 이제 숨기는 것이 없어지게 되었다. 둘째, 정신적 고통에 대한 그의 태도가 변화했다. 따라서 냉소

---

1) D. Meltzer, 「항문 자위와 투사적 동일화의 관계」, in *International Journal of Psycho-Analysis*, 1966, vol. 47, 335-42(『클라인 투데이 1』에 수록 예정), 그리고 in D. Melzer, *Psychoanalytical Process*(London: Heinemann, 1967).

적인 이기심과 속물적 근성을 통해 방어했던 그의 소심함이 분석적 탐구의 중심적 위치를 차지하게 되었다.

4년 차와 5년 차의 분석 기간에 나온 재료들은 박해적 불안의 해부를 가능하게 해주었다. 이에 따라 더 깊은 유아적 의존 – 내사적 대상인 분석적 가슴에 대한 의존 – 을 향한 진전이 시작될 수 있었고, 마침내 분석 과정에서 우울적 위치의 문턱에 도달했다.

다섯 번째 크리스마스 휴가 이전의 두 달 간의, 그리고 휴가 이후 한 달 간의 작업이 매우 중요하고 분명했기 때문에 나는 그것에 대해 어느 정도 자세히 기술하려고 한다.

도착증을 버리려는 그의 노력은 분석과 분석적 부모를 신뢰하기 위한 노력이라고 볼 수 있다. 그는 학교에서 라틴어 시험을 보는 꿈을 꾸었다. 그는 속임수가 있는 문제라고 생각했지만 '멘자Mensa' – 이는 '멜처'에 대한 언어유희였다 – 라는 명사의 격을 변화시키기로 결심했다. 또한 그는 옛 학교를 방문했고, 운전사 및 소년들과 함께 드라이브를 할지, 아니면 유쾌한 여선생과 함께 드라이브를 할지 결정해야 하는 꿈을 꾸었다(이는 '여우 같은' 부분과 분석 중에서 어떤 것을 선택해야 하는가라는 문제였다).

이러한 불확실성은 분석적 부모의 강함strength – 선함이나 진정성이 아니라 – 에 대한 의심과 관련 있는 듯했다. 내가 한쪽 눈에 작은 상처를 입은 그날 밤, 환자는 이를 의식적으로 인지하지 못했지만 다음 꿈을 꾸었다. 환자는 자신이 비행기 사고에서 입은 한쪽 눈 위의 상처에 대해 분석가에게 불평했으며, 조종사의 부주의 때문에 죽을 수도 있었다는 꿈이었다. [분석가에 대한] 의존감이 강하다는 것이 분명했다.

그러나 그의 신뢰감이 커짐에 따라 능력 있고 용감한 '아빠'에 대한 그의 동일화도 커졌다. 이는 꿈과 행동, 즉 이전에는 항상 두려워서 회피했던 상황과 (자신의 유아적 구조의 '여우 같은', 그리고 '심술궂은 암여우 같은') 사람들을 직면하는 꿈과 행동 속에서 드러났다. 한 꿈에서 그는 자신의 아들의 실험용 동물을 족제비로부터 보호했다. 다른 꿈에서 그는 노인을 공격하는 깡패를 쫓아냈다. 그러나 꿈에서 망상적 붕괴를 발전시켰던 옛 친구를 만났을 때 그가 할 수 있는 최선의 행위는 탁아소에 숨는 것이었다. 실제로, 이 사람이 예기치 않게 방문해, '영혼Spirit'에게 기이한 기도를 하는 데 동참하라고 요구했을 때 환자는 그를 달래지 않을 수 없었다. 우리는 이것이 불에 대한 공포, 그리고 그가 밝혔듯이 유령이나 영혼에 대한 공포와 밀접한 관계가 있다는 것을 알고 있다. 이미 그는 유령 등불에 불이 켜지는 많은 꿈을 꾸었다. 또한 그가 수영을 싫어하는 것도 사실은 깊은 물에 대한 공포, 즉 익사에 대한 공포가 아니라 물밑에서 그를 잡아당기는 괴물들에 대한 공포 때문이었다. 또한 분석 재료를 통해 우리는 이러한 상황이 그의 성불능과 여자의 생식기에 대한 혐오감에서 어떤 역할을 행하고 있다는 것을 알 수 있었다.

크리스마스가 아주 가까워진 때의 일이었다. '죽은 아기'라는 주제가 다시 한번 정착됨에 따라 그의 어머니가 [그의 정신 속에서] 무너지고, 좋은 대상들의 활력에 대한 그의 내적 신뢰가 붕괴하고 있는 것 같았다. 다시 한번 그는 계단에서 죽은 오징어, 잔디에서 으깨진 벌레, 또는 바위 밑에서 죽은 게crab에 관한 꿈을 꾸었다. 어느 날 아침에 그가 가스 불이 타고 있는 오븐에서 롤빵을 꺼내려 할 때 거기에서 밀가루가 떨어졌고, 그는 공포를 느꼈다. 어느 날에는 딸의 침실에서 들리는 소리를 TV가 폭발하는 소리라고 생각했고, 공포를 느끼며 마비되었다. 그 후에도 며칠 동안 밤마다 그는 미친 침입자가 낸다고 느껴졌던 소리 때문에 공포를 느꼈고 마비되었다. 그의 꿈에는 재발된 무희망hopelessness[2)]이 반영되었다. 나치가 영국을 반격 중이거나 브라이튼Brighton 시가 폭격당하고 있었다.

그러나 실제로는 휴일 동안 그는 좋아졌다고 느꼈고, 활력과 용기가 증가했다. 어머니가 죽고 유품들이 도난당했던 꿈에서 그는 매우 커다란 슬픔을 느꼈다. 그러나 도난당한 카우치는 분석 카우치였다. 그는 이제 분석과 어머니와 내적 대상이 얼마나 밀접하게 연결되어 있는지 스스로 이해했다. 그 후의 한 꿈에서 한 여자가, 변성 에탄올methylated spirit 램프가 있는 난로에 불을 붙였다는 이유로 그를 꾸짖었다. 그녀는 소방서에 전화했다고 말하면서 그에게 뒤로 물러나 있으라고 명령했다. 그리고 그러는 사이에 자동 분무기가 사태를 진정시켰다. 한 마디로, 내적 어머니가 그가 조적으로 상황을 회복하는 것

---

2) 비온처럼 멜처는 희망 없음hopelessness과 절망을 구분하는 듯하다. −역주

을 금지한 것이다. '아빠'가 도착할 때까지 그녀의 내적 남근만으로 충분하다고 말하면서 말이다.

이 무렵 세 가지 상이한 불안의 속성, 즉 박해, 두려움, 공포가 그의 의식적 경험에서 매우 뚜렷이 구분되었다. 물론 어느 정도 이는 불안의 경제에서의 변화에 연유한다. 즉, 그는 해를 입은 대상들에 의한 박해보다는 우울을 더 느꼈고, 자신의 나쁜 부분들과, 그것들을 컨테인하고 있는 두려운 사람들에 대해 덜 비겁해졌으며, 공포 상황이 심리적 현실 – 그는 이 심리적 현실을 이해하고 교정할 수 있었다 – 에 그 뿌리가 있음을 더 잘 인식하게 되었다는 것이다. 이제 분석 작업에서 어머니의 내적 아기들의 파괴와 복원의 문제[로 주의를 집중할 수 있었다], 그리고 분석가의 아이들 – 출판물과 해석, 즉 지적 아이들 – 과 관련된 전이 표현에 주의를 집중할 수 있었다. 이러한 작업에는 심리적 현실에 대한 더 큰 책임감으로 파괴적 공격 – 도착증에서 드러난 그의 자위 공격 – 을 방지하는 것도 포함되었다. 그리고 또한, 그의 조적인 회복 시도에서 기인하는 행동화 – 몸을 쓰는 일manual work에 대한 그의 속물적 경멸과 지적 추구의 이상화로 요약되는 – 를 포기함으로써 진정한 회복이 가능해졌다. 이에 대한 사례로 다음과 같은 것이 있다. 가족의 자동차에서 말벌을 쫓아내는 꿈을 꾼 후, 그는 배에 통증이 생겨났고 이는 며칠간 지속되었다. 통증은 아버지가 타이어 튜브를 수선하는 내용의 꿈을 꾼 후 사라졌다. 그는 토막난 못이 타이어 속에 남아 있을 거라고 절반쯤은 생각했지만 말이다. 그 후 몇 회기에 걸쳐 분석적 아버지에 대한 그의 비판적이고 경쟁적인 태도를 면밀하게 검토했다. 그 후에 그는 작은 테리어 강아지가 나타나기 전까지, 울타리의 틈새에서 나는 무서운 소리 때문에 공포심을 느끼는 꿈을 꾸었다. 그러나 그 강아지는 그보다 앞서 어머니의 집으로 달려가 아버지의 복서 개로 변한 것 같았다.

다음 해에 이 문제에 대해 작업하는 가운데, 자위와 행동화의 형태로 어머니의 내적 아기들을 공격하는 것과 관련된 많은 에피소드가 등장했으며, 이는 분리의 문제와 관련 있었다. 조적 회복의 다양한 형태가 감소되었고, 오이디푸스적 갈등의 해소가 시작되었다. 공포 발작이 사라졌고, 그때까지 남아 있었던, 도착증에 대한 집착도 마침내 포기되었다.

임상 재료에 대한 논의

재료들을 통해 우리는, 어떻게 전이에 대한 체계적 분석이 그의 불안들의 상이한 성격과, 방어 구조로서의 나르시시즘의 조직화를 볼 수 있게 해주는지 알 수 있다. 그는 '죽은 아기', '불-폭탄' 아기, '롤빵으로부터' 유령처럼 '떨어져 나오는 불타는 밀가루' 아기에 대해 공포심을 느꼈다. 그는 해를 입은 대상들 – 아버지, 상처 입은 어머니, 그리고 결함 있는 분석가 – 에 의해 박해감을 느꼈다. 이들 대상에 의해 그는 쾌락, 여가, 돈, 안락함을 박탈당했다고 느꼈다. 그는 그들을 위해 일하고 책임감을 느끼고 돈을 벌어야 했으며, 그들을 위해 전혀 관심이 없는 경제, 건강, 도덕, 정치에 관해 배워야 했다. 그는 자신의 '여우 같은' 부분의 독재 – 이것은 도착증이 그의 비밀스러운 쾌락의 오아시스이기를 멈춘 후에도 계속해서 도착증에 참여할 것을 요구했다 – 를 두려워했고, 그것에 복속했다. 이 파괴적인 부분이 그로 하여금 다른 사람들을 헐뜯게 함으로써 그들에 대해 감탄하거나 존경하는 것을 방해했다. 그것은 여자 생식기를 폄하함으로써 그를 성불능 상태에 머무르게 했으며, 다른 한편으로는 빨 수 있는 맛있는 젖꼭지로 남근을 제시하여 동성애적 욕망에 빠지도록 그를 위협했다. 그러나 무엇보다도 '여우 같은' 부분은 죽은 아기들에 대한 공포로부터 그를 보호해주었다(또는 그렇다고 그는 주장했다). 울타리에 있는 강아지에 관한 꿈에서처럼 오직 전이 속에서만 그는, 이 '여우 같은' 부분이 결코 자신을 보호해주지 않았다는 것, 그리고 사실 자신을 보호해준 것은 좋은 외적 대상, 근본적으로 어머니였다는 것을 깨닫게 되었다. 전이 속에서 그를 보호해준 것은 분석가, 정신분석, 그리고 분석적 가슴이었다. 차가운 고기를 울타리 속으로 몰래 던졌던 반항적인 어린 소년에게 어머니가 먹을 것을 주었던 것처럼, 환자의 내사 능력은 약화되었지만 회복할 수 있는 활력을 그의 내적 세계 속으로 투사할 능력이 있는 가슴 말이다.

살아 있는, 그리고 죽은 아기들 – 죽은 게, 죽은 오징어, 울타리의 공포스러운 틈 등 – 에 관한 일련의 꿈(예들 들면 족제비에 관한 꿈, 또는 노인을 공격하는 꿈)은 점차적으로 그에게 자신의 의존의 진정한 본성이 무엇인지 보여주었고, 그로 하여금 자신의 독재적인 '여우 같은' 부분에 반항할 수 있도록 해주었다. [이전까지는] '여우 같은' 부분과 도착증에 대한 복종으로 인해, 그는 심리적 현실에서 원초적인 좋은 대상에 대해 절대적으로 유아적 차원에 의존하지 않을 수 없었다.

그러나 이러한 방향으로 진전이 됨에 따라 꿈과 전이에서, 그리고 어머니와의 관계에서 해를 입은 대상들에 의한 박해가 감소되기 시작했고, 그 대상들에 대한 우울적 관심이 생겨났다. 절망despair이 희망 없음hopelessness에 굴복한 곳에서 이제 희망이 생겨났다.

이론적 논의와 요약

공포는 박해적 불안이다. 박해적 불안의 본질적 성질은 마비로서, 이는 행동을 위한 통로를 봉쇄한다. 공포의 대상, 무의식적 환상 속의 죽은 대상들로부터는 결코 도망칠 수 없다. 그러나 심리적 현실에서 대상의 생명력은 빼앗길 수도 있고, 심리적 현실로 되돌려질 수도 있다. 신학적 용어로 말하면 영혼이 육체로 되돌아가듯이 말이다. 이는 내적 부모와 그들의 창조적 성행위의 회복 능력에 의해서만 달성될 수 있다.

내적 대상들의 회복적 능력이 오이디푸스적 질투, 그리고/또는 파괴적 시기심에 의해 방해받을 때, 이러한 복원은 잠자는 동안 또는 꿈꾸는 동안 발생할 수 없다. 유아적 차원에서 엄마의 가슴이라는 전이적 의미를 갖고 있는, 외적 현실에 존재하는 대상만이 이 과제를 달성할 수 있다. 이러한 과제를 달성하기 위한 시도는 무수히 행해지지만 주체는 자신이 이러한 시도를 행하고 있음을 인정하지 않는다. 시기심에 가득 찬 폄하적인 활동, 또는 분리를 견딜 수 없는 완고함에 의해 유아적 의존이 봉쇄되기 때문이다.

좋은 내적 대상에 대한 의존이 파괴적인 자위적 공격에 의해 실현 불가능하게 될 때, 그리고 좋은 외적 대상을 의존할 수 없거나 이를 인정하지 않을 때, 자기의 나쁜 부분에 대한 중독적 관계, 독재에 대한 종속이 생겨난다. 파괴적인 부분의 전지성에 의해 안전감이라는 착각이 생겨나며, 그것은 도착적 또는 중독적 행위에 의해 발생된 전능감에 의해 항구적으로 존속하게 된다. 독재적이고 중독적인 나쁜 부분은 두려움의 대상이 된다. 우리는 다음 사실을 염두에 두는 것이 중요하다. 특히 환자가 반항할 것 같은 징후가 조금이라도 보인다면, 이 독재자는 박해자와 유사한 방식으로 행동할 수 있다. 그러나 자기의 종속적인 부분에 대한 본질적인 지배는 공포에 대한 보호의 상실에 대한 두려움으로부터 생겨난다. 나는 다음과 같은 결론에 도달했다. 우울적 불안을 견딜 수 없다는 것만이 독재자에 대한 종속이라는 중독적 상황을 생산하지 않는다. 그것은 해를 입은 대상에 의한 박해와 결합해[박해 때문에만] 생겨나는 것도 아니다. 독재자와의 중독적 관계를 상실하는 것에 대한 두려움이 심리 구조 속에서 발견되는 곳에는, 두려움과 종속의 배후에 있는 힘인 공포가 그 핵에 놓여 있음이 드러날 것이다.

이러한 나르시시즘적 조직화가 무장해제되고 나쁜 부분의 독재에 대한 반항이 증가하기 전까지는 우울적 위치의 문턱을 향한 진전은 불가능하다. 더 나아가, 이러한 일이 일어나기 전까지는 분리 또는 우울적 위치를 견딜 수 없음, 또는 박해에 직면했을 때 겁을 먹음 cowardice 같은 정신병리의 요인들을 정확히 평가할 수 없다. 독재자와의 관계에서 느껴지는 두려움은 근본적으로 공포에 대한 거짓 보호의 상실에 대한 두려움이며, 좋은 대상과 연합하여 반항하려고 할 때도 이따금 등장할 수 있다. 이 경우에 환자는 (분석 회기가 없는 주말의 경우처럼) 이 좋은 대상이 적절하지 않거나 도움이 되지 않는다고 느낀다.

3장

삶충동과 죽음충동에 관한 정신분석적 이론에의 임상적 접근: 나르시시즘의 공격적 측면에 대한 연구

허버트 로젠펠드Herbert Rosenfeld

이 논문은 1971년 빈에서 개최된 27차 국제정신분석학회에서 발표되었고, 『국제정신분석학회지』 52권에 처음 출간되었다.

프로이트가 1920년 삶충동과 죽음충동에 관한 이원론적 이론을 도입했을 때, 정신분석 발달의 새로운 시대가 시작되었다. 그것은 정신적 삶에서의 공격적 현상들에 대한 더 깊은 이해를 점차적으로 열어주었다. 많은 분석가가 죽음충동 이론에 대해 반대했고, 그것을 순수하게 사변적이고 이론적인 것으로 간주해버리고 싶은 유혹을 느꼈다. 그러나 다른 분석가들은 그 이론에 대한 근본적인 임상적 중요성을 곧 인식했다.

프로이트는 죽음충동이 개인으로 하여금 죽음을 향하도록 조용하게 추동하며, 이 죽음과 다름없는death-like 힘이 오직 삶충동의 행위를 통해서만 외부로 투사되어 외부 세계 속에 있는 대상들을 향하는 파괴적인 충동자극들로 등장한다는 사실을 강조했다. 일반적으로 삶충동과 죽음충동은 다양한 정도로 섞이거나 혼합된다. 프로이트는 충동들, 즉 삶충동과 죽음충동이 "'순수한 형태'로는 거의 등장하지 않는다"고 주장했다. 충동들의 극단적인 분리defusion 상태는, 분리된 죽음충동에 대한 프로이트의 기술記述 – 예를 들면 죽고자 하는 소망, 또는 무의 상태로 퇴각하려는 소망 – 과 유사하다. 상세한 임상적 연구를 바탕으로, 우리는 죽음충동이 원래의 형태로는 관찰되지 않는다는 것을 발견한다. 그것은 항상 대상과 자기를 향하는 파괴적 과정으로 표출되기 때문이다. 이러한 과정은 심각한 나르시시즘적 상황일 때 가장 유해한 형태로 작용하는 것 같다.

따라서 나는 이 논문에서 특히 나르시시즘의 파괴적 측면에 대해 설명하고, 이를 삶충동과 죽음충동의 융합과 분리에 관한 프로이트의 이론과 연결시키고자 한다.

가장 사변적인 방식으로 논의를 전개한 「쾌락원리를 넘어서」 이후의 저작들에서, 많은 임상적 현상을 설명하기 위해 프로이트가 삶충동과 죽음충동 이론을 사용했다는 것이 분명해졌다. 예를 들면 「마조히즘의 경제적 문제」(1921)에서 그는 이렇게 말한다.

> 그리하여 도덕적 마조히즘은 '충동 융합fusion'의 존재에 대한 고전적 사례가 되었다. 그것의 위험성은 그 근원이 죽음충동이라는 점에 있다. 그 위험성은 파괴충동의 형태로 외부 세계로 굴절되지 않은 죽음충동의 부분을 의미한다.

「새로운 정신분석 강의」(1933)에서 그는 에로스와 공격성의 융합에 대해 논의했으며, 분석가들이 이 이론을 임상적으로 사용하도록 독려했다. 그는 말한다.

> 이 가설은 언젠가 병리적 과정에 대한 우리의 이해를 위해 매우 중요할 수 있는 연구 방향을 열어준다. 융합은 해지될 수 있고, 충동들의 그러한 분리가 [정신의] 적절한 기능을 심각하게 방해하는 결과를 낳을 수 있다. 그러나 이러한 견해는 여전히 너무나 새로운 것이어서 지금까지 아무도 이를 임상적으로 활용하려고 하지 않았다.

4년 후 「종결될 수 있는 분석과 종결될 수 없는 분석」(1937)에서 프로이트는 분석 치료에 대한 뿌리깊은 저항의 이해를 위해 삶충동과 죽음충동을 다시 임상적으로 적용한다.

> 여기에서 우리는 심리적 연구가 배울 수 있는 궁극적인 것들을 다루고 있다. 두 개의 근본적 충동, 그것들의 배분, 혼합, 그리고 분리 말이다. 분석 작업을 하는 동안 저항이 생겨난다는 사실로부터, 우리는 가능한 모든 수단을 동원해 자신을 방어하는 힘, 즉 회복에 저항하고 병과 고통을 고수하기로 절대적으로 결심한 힘이 존재한다는 매우 강한 인상이 생겨나는 것을 피할 수 없다.

그는 이러한 힘을 부정적 치료 반응이라는 자신의 이전 이론 – 과거에 그는 부정적 치료 반응을 무의식적인 죄책감 및 처벌 욕구와 연관지었었다 – 과 연결시켰다. 이제 그는 다음과 같이 덧붙인다.

> 이러한 현상은 우리가 그것의 목표에 따라 공격충동 또는 파괴충동이라고 부르는 [정신적 삶에서], 그리고 살아 있는 물질의 근원적인 죽음충동으로 소급시키는 정신적 삶에서 그러한 힘이 남긴 명백한 인상들이다… 이 두 개의 근원적인 충동 – 에로스와 죽음충동 – 이 동시에 또는 상호적으로 작동하는 대립 작용에 의해서만(결코 둘 중 어느 하나의 작용에 의해서만이 아니라) 우리는 생명(삶) 현상들의 풍부한 다면성을 설명할 수 있다.

같은 논문의 나중 부분에서 그는 리비도적 충동자극과 파괴적 충동자극 간의 투쟁이라는 관점에서 정신적 갈등의 모든 사례를 검토해야 할 것이라고 제안했다.

1916[1914]년 나르시시즘적 신경증에 대한 정신분석적 접근에 대해 논의하면서 프로이트는 자신이 만난 불가해한 저항을 강조했다. 그러나 1937년 그가 분석 치료에 대한 뿌리깊은 저항에 대해 기술했을 때 그는 나르시시즘적 상황들에서의 저항을 타성inertia과 부정적 치료반응에서의 저항 – 그가 죽음충동에 귀속시키는 – 과 명시적으로 연결하지 않았다. 이러한 누락이 중요한 이유 중 하나는 일차적 나르시시즘에 대한 프로이트의 전체 이론이, 개인은 자신의 리비도를 자기self로 향하게 한다는 생각[에 원래 기초하고 있었기 때문일 것이다], 그리고 이차적

나르시시즘은 대상으로부터 자기 속으로 리비도를 다시 철회하는 것에 기인한다는 생각에 원래 기초하고 있었기 때문일 것이다. 그리고 1911년 쾌락원리와 현실원리에 대한 생각들을 명확히 하고, 1915년 「충동들과 그것들의 운명」에서 이러한 생각들을 사랑 및 미움과 관련지은 후에서야 비로소 프로이트는 쾌락적인 나르시시즘적 단계와, 외부 대상을 향한 증오 또는 파괴성 사이에 몇몇 중요한 연결이 존재한다고 느끼기 시작했다. 예를 들면 1915년에 그는 이렇게 말한다. "일차적 나르시시즘 단계에서 대상이 모습을 드러낼 때, 사랑하기와 대립되는 두 번째의 것, 즉 미워하기가 또한 발달한다."

같은 논문에서 그는 공격성의 일차적 중요성을 강조한다.

> 대상과의 관계에서 미움은 사랑보다 더 오래된 것이다. 그것은 자극을 쏟아붓는 외부 세계를 나르시시즘적 자아가 원초적으로 거부하는 것으로부터 유래한다.

열반 원리에 대한 프로이트의 견해에서도 유사한 사고 노선을 발견할 수 있다. 그는 열반 원리를 죽음충동의 지배 하에서 일차적 나르시시즘으로의 후퇴 또는 퇴행으로 간주했다. 이러한 후퇴 또는 퇴행을 통해 평화, 무생물 상태, 그리고 죽음에 대한 복종은 동일한 것이 된다.

하르트만, 그리고 다른 저자들은 공격성과 나르시시즘의 관계에 대한 프로이트의 생각으로부터 유사한 인상을 받은 것처럼 보인다 (1949). 그들은 다음과 같이 썼다.

> 프로이트는 나르시시즘과 대상사랑 간의 관계를 자기파괴와 대상파괴 간의 관계에 비유했다. 이러한 유비가, 공격의 일차적 형태로서의 자기파괴가 일차적 나르시시즘일 것이라고 그가 가정할 수 있도록 해주었을 것이다.

이 모든 것으로부터, 프로이트가 나르시시즘, 나르시시즘적 철회withdrawal, 죽음충동 간에 존재하는 명백한 관계를 파악했음이 틀림없다는 것이 분명해진다. 그러나 그는 그것에 대해 이론적으로나 임상적으로 상세하고 철저하게 연구하지 않았다. 이 논문의 뒷부분에서 보여주겠지만, 나는 이러한 연관성이 임상적으로 매우 중요하다고 느낀다.

이제, 임상적 저항 – 프로이트(1937)는 이것을 죽음충동의 조용한 투쟁과 관련시켰다 – 이라는 의미에서의 감추어진 전이 문제로 되돌아가자. 중요한 것은 분석이 이러한 저항을 성공적으로 치료할 수 없다고 그가 생각했다는 것이다. 그는 죽음충동의 감추어진 조용한 공격이 명백한 부정적 전이로 등장하지 않는다면 그것을 분석할 수 없으며, 해석도 그것을 '활성화하기activate' 위해 할 수 있는 것이 아무것도 없다고 분명히 믿었다.

아브라함은 감추어진 부정적 전이에 대한 연구와 (그가 나르시시즘적 환자들과의 임상 작업에서 발견한) 파괴적 충동자극의 본성에 대한 해명에서 프로이트보다 훨씬 더 멀리 나아갔다. 정신병적인 나르시시즘적 환자들과 관련해 그는 나르시스트들의 거만한 우월성과 초연성을 강조했고, 전이에서의 부정적인 공격적 태도를 해석했다. 1919년이라는 이른 시기에 그는 분석적 방법에 대한 신경증적 저항의 특수한 형태를 기술함으로써 감추어진 부정적 전이의 분석에 기여했다. 그는 이러한 환자들 속에서 매우 뚜렷한 나르시시즘을 발견했고, 기꺼이 협력하고자 하는 것처럼 보이지만 그 배후에 감추어진 적대감과 반항심을 강조했다. 그는 어떻게 나르시시즘적 태도가 전이와 관련 있으며, 어떻게 이러한 환자들이 분석가를 경멸하는지, 그리고 그들이 아버지를 대리하는 분석적 역할을 하는 분석가에 대해 원한의 감정을 갖고 있는지 기술했다. 그들은 분석가에 대한 자신의 우월성을 보여주기 위해 환자와 분석가의 위치를 역전시킨다. 그는 이 환자들의 행동에 시기심이라는 요소를 분명하게 발견할 수 있음을 강조했고, 이러한 방식으로 임상적 그리고 이론적으로 나르시시즘과 공격성을 연결시켰다. 그러나 아브라함이 자신의 발견들을 프로이트의 삶충동과 죽음충동 이론과 연결하려고 시도하지 않았다는 점을 주목하는 것은 흥미로운 일이다.

라이히는 프로이트의 죽음충동 이론에 반대했다. 그러나 그는 나르시시즘과 은폐된 부정적 전이의 분석에 근본적으로 기여했다. 프로이트와 반대로 그는 환자의 나르시시즘적 태도와 은폐된 갈등이 활성화되어 분석 시간에 표면에 등장하고, 따라서 분석될 수 있다는 것을 강조했다. "예외 없이 모든 사례가 다소간 명백한 불신과 비판적 태도 – 이는 통상적으로 숨겨져 있다 – 와 더불어 시작된다"(Reich, 1933).

그는 분석가는 숨겨진 것을 항상 지적해야 하며, 분석가에 대한 외관상의 긍정적 전이에 현혹되어서는 안 된다고 생각했다. 라이히는 나르시시즘적 방어가 구체적이고 만성적으로 표현되는, 성격이라는 갑옷을 상세히 연구했다. 나르시시즘적 환자를 기술하면서 그는 그들의 우월적이고 조소적인, 그리고 시기심에 찬 태도와 경멸적인 행동을 강조했다. 죽음에 관한 생각에 항상 몰두했던 한 환자는 모든 분석 회기에서 분석이 자신에게 아무런 영향을 주지 못하며 완전히 무용하다고 불평했다. 또한 환자는 분석가에 대한 시기심이 아니라 자신이 열등하다고 느끼게 하는 타인에 대한 끝없는 시기심을 인정했다. 점차적으로 라이히는, 환자가 분석가에 대해 승리감을 갖고 있으며, 분석가로 하여금 자신이 무용하고 열등하며 무능력하기 때문에 아무것도 성취할 수 없다고 느끼도록 만들기 위해 노력하고 있다는 것을 그에게 보여줄 수 있었다. 그 후 환자는, 타인의 우월성을 견딜 수 없었기 때문에 사람들을 짓밟고자 애썼음을 인정할 수 있었다. 라이히는 말한다. “환자의 억압된 공격성이 존재했다. 지금까지 이것의 가장 극단적인 표출은 죽음 소망이었다.”

은폐된 공격성, 시기심, 그리고 나르시시즘과 관련된 라이히의 발견은 나르시시즘적 저항에 대한 아브라함의 기술(1919년)과 매우 유사한 점이 많다.

삶충동과 죽음충동의 상호작용에 관한 프로이트의 이론을 수용한 많은 분석가 중에서 클라인의 기여는 특히 고찰할 가치가 있다. 그녀의 작업은 본질적으로 이론적 측면이나 임상적 측면 모두에서 이 가정에 근거하고 있기 때문이다. 또한 그녀는 부정적 전이의 분석에 크게 기여했다. 그녀는 특히 분열된 형태로 등장하는 시기심이, ‘부정적 치료반응’을 포함해 분석에서의 만성적인 부정적 태도를 낳는 중요한 요인임을 발견했다. 그녀는 대상들과 자아를 분열시키는 유아의 초기 메커니즘을 기술했다. 이러한 분열을 통해 유아의 자아는 사랑을 보존하고 미움을 분리시킬 수 있다. 나르시시즘에 대한 논문에서 그녀는 리비도적 측면을 더 많이 강조했고, 실제로 나르시시즘은 좋은 내적 대상 또는 이상적 대상 – 이것이 환상 속에서 사랑받는 몸과 자기의 부분을 형성한다 – 과의 관계에 근거한 이차적 현상이라고 제안했다. 그녀는 외적 관계로부터 이상화된 내적 대상과의 동일화로 퇴각하는 것이 나르시시즘적 상태에서 발생한다고 생각했다.

1958년 멜라니 클라인은 아동들과의 분석 작업을 통해 대상들을 파괴하고 싶은 억압할 수 없는 충동과 보존하려는 욕망 사이의 계속적인 갈등을 관찰했다고 썼다. 그녀는 프로이트의 삶충동과 죽음충동 발견이 이러한 투쟁을 이해함에 있어 엄청난 진전을 가져왔다고 느꼈다. 그녀는 불안이 "유기체 내부의 죽음충동의 작용 – 이는 멸절에 대한 공포로 표현된다 – 으로부터 생겨난다"고 믿었다.

이러한 불안을 방어하기 위해 원시적 자아는 두 과정을 사용한다. "죽음충동의 일부는 외부 대상으로 투사되어 이를 통해 박해자가 된다. 반면 자아 속에 남아 있는 죽음충동 부분은 이 박해적 대상을 향해 공격성을 취하게 한다."

삶충동도 마찬가지로 외부 대상으로 투사되어, 이 대상이 사랑스럽거나 이상화된 대상으로 느껴지게 한다. 그녀는 이상화된 대상들과 나쁜 박해적 대상들이 분열되어 서로 멀리 떨어져 보존된다는 것 – 이는 삶충동과 죽음충동이 분리된 상태로 존재한다는 것을 의미한다 – 이 초기 발달의 특징임을 강조한다. 대상들이 분열됨과 동시에 자기는 좋은 부분과 나쁜 부분으로 분열된다. 자아 분열의 이러한 과정들도 충동들을 분리의 상태로 유지한다. 투사적 동일화와 거의 동시에, 다른 일차적 과정인 내사가 시작된다. "주로 삶충동에 봉사하면서 그것은 죽음충동과 싸운다. 그것은 생명을 주는 어떤 것을 자아가 받아들일 수 있도록 해주며, 이를 통해 내부에서 죽음충동을 묶는다."

이는 삶충동과 죽음충동의 융합을 발생시킴에 있어 본질적인 과정이다.

대상과 자기의 분열 과정, 따라서 충동들의 분리 상태는 멜라니 클라인이 '망상분열적 위치'로 기술한 단계의 초기 유아기에 시작되기 때문에, 사람들은 망상분열적 메커니즘이 지배하는 이러한 임상적 상황에서 충동들의 가장 완전한 분리 상태가 생겨날 것이라고 생각할 수 있을 것이다. 우리는 발달의 이 초기 단계를 결코 완전히 통과하지 못한, 또는 그 단계로 퇴행한 환자들에게서 이러한 [충동 분리] 상태를 발견할 수 있을 것이다. 멜라니 클라인은 초기 유아기의 메커니즘과 대상관계는 전이에 부착되어 있고, 이러한 방식으로 (충동 분리를 촉진하는) 자기와 대상의 분열 과정을 분석을 통해 조사하고 수정할 수 있음을 강조했다. 그녀는 또한 전이 속에서 이러한 초기 과정들을 조사함으로써 부정적 전이의 분석이 정신의 더 깊은 층위의 분석을 위한 전제 조건임을 확신하게 되었다고 강조했다. 특히 부정적 전이의 탐구를 통해 멜라니 클라인은 그녀가 죽음충동의 직접적 파생물로 간주하는 원초적 시기심을 발견했다. 그녀는 다음과 같이 생각했다. 시기심은 엄마에 대한 유아의 관계에서 적대적인, 삶을 파괴하는 힘으로 등장한다. 그리고 아기가 엄마를 필요로 할 뿐 아니라 아기 스스로 소유하기를 원하는 모든 것을 어머니가 갖고containing 있기 때문에, 시기심은 특히 좋은 가슴을 향한다. 전이 속에서 시기심은, 도움이 된다고 생각하는 분석 작업의 가치를 환자가 평가절하하려는 것으로 표출된다. 거의 완전히 분리된 파괴적 에너지를 대표하는 시기심은 유아의 자아가 특히 견딜 수 없는 것이며, 따라서 그것은 생애 초기부터 자아로부터 분열된다. 멜라니 클라인은 분열된 무의식적 시기심이 분석 회기 때 표현되지 않는 일이 종종 일어나지만, 그럼에도 그것은 분석의 진전을 가로막는 강력하고 성가신 영향력을 행사한다. 분석이 통합을 성취하고 인성 전체를 다룰 수 있을 때 분석의 진전은 궁극적으로 이루어질 수 있다. 달리 말하면 모든 성공적인 분석에서는 충동 분리가 점차적으로 충동 융합으로 나아갈 수 있다.

삶충동과 죽음충동의 융합과 분리에 관한 프로이트의 이론은 분리된 파괴적 과정을 이해함에 있어 결정적으로 중요한 듯이 보인다.

1949년 하르트만과 다른 저자들은 "공격성과 리비도의 융합과 분리에 관해 알려진 것이 거의 없다"고 강조했다. 하르트만 자신은 중립화된 리비도적 에너지와 공격적 에너지의 기능에 대한 연구에 몰두했다. 중립화된 이러한 에너지들은 아마도 근원적 충동들의 정상적 융합의 측면 중 하나일 것이다. 또한 그는 정신분열증 같은 정신병적 상태에서 등장하는 리비도와 공격성의 탈중립화의 중요성을 강조했고, 충동 분리와 탈중립화는 서로 밀접한 관계가 있을 것이라고 말했다(1953).

프로이트는 발달의 초기 단계로 퇴행이 일어날 때 충동의 분리가 임상적으로 명확하게 드러난다고 말했다.

나는 대상과 자아의 분열 과정에 관한 클라인의 이론과 연관지어, 충동의 분리 및 융합의 과정의 기원에 대해 설명하고자 했다. 이러한 분열은 자기와 대상을 (죽음충동으로부터 유래하는 파괴적 충동자극에 의한) 멸절의 위험에서 보호하려는 목적을 가진, 초기 삶의 정상적 방어 메커니즘이다. 이것이 왜 충동 분리가 나르시시즘적 환자들의 정신병리에서 중요한 역할을 행하며, 왜 분리된 파괴적 충동자극이 나르시시즘적 상태에 있는 환자들에게서 명확하게 발견될 수 있는지를 설명해줄 수 있을 것이다.

이러한 이유로 나는 나르시시즘의 리비도적측면과 파괴적 측면에 대해 집중하면서, 나의 임상 재료를 통해 충동들의 엄격한 분리가 어떻게 발생하는지 설명할 것이며, 정상적 융합과 병리적 융합을 야기하는 요인이 무엇인지 언급할 것이다.

나는 리비도적 충동자극과 파괴적 충동자극의 혼합을 통해 파괴적 충동자극의 힘이 크게 강화되는 과정들을 설명하기 위해 병리적 융합 개념을 도입했다. 그리고 정상적 융합을 통해서는 파괴적 에너지가 완화되거나 중립화된다는 점에 대해 언급했다.

끝으로 나는 분리되고defused 분열된 공격성의 임상적 중요성을 예시하기 위해 임상 사례를 제시할 것이다. 이러한 분열된 공격성은 만성적 저항과 부정적 치료반응 같은 분석 작업의 방해물을 생산한다.

나르시시즘에 관한 이전의 논문(1964)에서 나는 나르시시즘적 상태에서의 자기와 대상의 투사적 동일화와 내사적 동일화(자기와 대상의 융합) — 이는 자기와 대상의 분리separteness에 대한 모든 인식에 대한 방어로 기능한다 — 를 강조했다. 분리에 대한 인식은 대상에 대한 의존의 느낌으로 즉시 이끌어가고, 따라서 필연적으로 좌절감을 낳는다. 그러나 의존은 대상의 좋음이 인식될 때도 시기심을 자극한다. 따라서 대상에 대한 공격성은 나르시시즘적 위치를 포기함에 있어 필수불가결한 것처럼 보인다. 그리고 전능한 나르시시즘적 대상관계의 힘과 존속은 시기심에 찬 파괴적 충동자극의 힘과 밀접하게 연결되어 있는 것 같다.

나르시시즘을 상세하게 연구할 때 나르시시즘의 리비도적 측면과 파괴적 측면을 구분하는 것이 본질적으로 중요하다고 나는 생각한다. 리비도적 측면에서 나르시시즘을 고찰할 때 우리는 자기에 대한 과도하게 높은 평가 – 이는 주로 자기에 대한 이상화에 근거한다 – 가 중요한 역할을 행한다는 것을 알 수 있다. 자기 이상화는 좋은 대상 및 이 대상 및 좋은 속성들과의 전능한 내사적 동일화와 투사적 동일화에 의해 유지된다. 이러한 방법으로 나르시시즘적 인격을 갖고 있는 사람들은 외적 대상 및 외부 세계와 관련된 가치 있는 모든 것이 자신의 부분이거나, 자신에 의해 전능하게 통제된다고 느낀다.

이와 유사하게, 파괴적 측면에서 나르시시즘을 고찰할 때 우리는 다시 한번 자기 이상화가 중요한 역할을 행한다는 것을 발견한다. 그러나 이 경우에는 자기의 전능한 파괴적 부분들의 이상화가 중요하다. 이것들은 [i]모든 긍정적인 리비도적 대상관계[를 향한다], [ii]대상의 필요성을 경험하며 그것에 의존하기를 원하는 모든 자기의 리비도적 부분을 향한다. 자기의 파괴적인 전능한 부분들은 종종 감추어져 있거나, 눈에 띄지 않고 분열될 수 있다. 이러한 이유로 그것들의 존재가 드러나지 않아, 그것들은 외부 세계와 아무런 관계를 맺고 있지 않다는 인상이 생겨난다. 그러나 실제로는 의존적인 대상관계를 방해하고 외적 대상들을 항구적으로 멸시하도록 만드는 매우 강력한 영향력을 행사한다. 이 점이 나르시시즘적 개인이 외부의 대상과 세계에 대해 무관심한 듯한 이유를 설명해준다.

대부분의 환자들의 나르시시즘에서 리비도적 측면과 파괴적 측면은 나란히 공존하지만 파괴적 충동자극의 폭력성은 다양한 형태로 존재한다. 리비도적 측면들이 지배적인 나르시시즘적 상태에서 파괴성은, 전능한 자기 이상화가 자기로부터 분리된 것으로 지각되는 대상과의 접촉에 의해 위협받을 때 분명하게 드러난다. 자기 자신의 창조적 능력에 기인한다고 생각했던 가치 있는 성질들을 실제로 포함하고 있는containing 것은 외적 대상이라는 사실을 알게 되었을 때, 환자는 굴욕감과 패배감을 느낀다. 분석 회기에서 우리는, 전능한 나르시시즘이 박탈당한 것에 대한 환자의 분노심과 복수심이 감소할 때 환자가 시기심을 의식적으로 경험하게 된다는 것을 관찰할 수 있다. 이때서야 비로소 환자는 분석가를 가치 있는 외부 인물로 인식하기 때문이다.

파괴적 측면이 지배적일 때 시기심은 더욱 폭력적이 되며, 생명과 좋음의 진정한 원천(대상)인 분석가를 파괴하고자 하는 소망으로 표출된다. 동시에 폭력적인 자기파괴적 충동자극이 드러난다. 이에 대해 나는 더 상세히 고찰하고자 한다. 유아적 상황의 관점에서 나르시시즘적 환자는 자신이 자신에게 생명을 주었으며, 스스로를 먹이고 돌볼 수 있다고 믿고 싶어 한다. 부모, 특히 엄마를 대리하는 분석가에게 의존하고 있다는 현실에 직면할 때 그는 차라리 죽음과 비존재를 선택하고, 자신의 출생 사실을 부인하며, 또한 자신 속에 아이 – 부모를 의미하는 분석가가 창조했다고 느끼는 아이 – 가 존재함을 알려주는 분석적 성과와 통찰력을 파괴하고 싶어 한다. 종종 이 지점에서 환자는 분석을 포기하기를 원한다. 그리고 더 종종 그는 분석가의 직업적 성공과 인간관계를 망치게 하는 파괴적 방식으로 행동한다(acts out). 이러한 환자 중 몇몇은 자살하고 싶어 한다. 죽음을 통해 망각 속으로 사라지기를 원하는 그의 소망이 매우 공공연하게 표현되고, 죽음이 모든 문제의 해결책으로 이상화된다.

환자가 죽음 소망을 만족시키고, 프로이트가 '순수한' 죽음충동이라고 기술한 것과 유사한 무의 상태로 사라지기로 결심한 것처럼 보일 때, 사람들은 여기에서 우리가 완전히 분리defusion된 죽음충동을 다루고 있다고 생각할 수 있을 것이다. 그러나 분석적으로 우리는 이 상태가 파괴적인 시기심에 찬 자기의 부분들 – 심각하게 분열되고 사라져버린 우호적인(caring) 리비도적 자기로부터 분리된 자기의 부분들 – 의 행동에 의해 야기되었다는 것을 관찰할 수 있다. 일시적으로 자기 전체가, 부모와 분석가가 대표하는 삶과 창조성에 대해 승리하기를 목표로 삼은 파괴적 자기와 동일화한다. 아이 때 경험한 의존적인 리비도적 자기를 파괴함으로써 말이다.

종종 환자는 자신이 우호적인 자기와 사랑을 영원히 파괴했으며, 상황을 변화시키기 위해 할 수 있는 일이 아무것도 없다고 믿는다. 전이 속에서 이러한 문제를 철저하게 다루고 환자의 몇몇 리비도적 측면이 살아 있는 것으로 경험될 때, 엄마를 대리하는 분석가에 대한 관심이 등장해 파괴적 충동자극을 완화하고 위험한 충동 분리를 경감시킨다.

분리된 파괴적 충동자극의 계속적 활동으로 인성과 대상관계 전체가 지배되는, 몇몇 나르시시즘적 환자들이 존재한다. 그들은 자신의 지속적인 무관심, 기만적인 반복적 행동, 그리고 때로는 공공연한 경멸적 태도 등에 대한 분석가의 작업을 평가절하함으로써, 근소하게 은폐된 방식으로 자신의 느낌을 표현한다. 이러한 방식으로 그들은 삶과 창조성을 대리하는 분석가에 대한 자신의 우월감을 주장한다. 분석가의 작업, 통찰력, 만족 등을 파괴하거나 내버리는 방식으로 말이다. 그들은 도움을 주는 사람으로서의 분석가에게 의존하기를 원하는 자신의 부분들을 통제하고 억제할 수 있다고 생각함으로써 우월감을 느낀다. 그들은 분석가를 포함해 모든 사랑 관계를 포기함으로써 냉정을 유지하고, 심지어 승리감을 획득할 수 있다는 듯이 행동한다. 때때로 이러한 환자들은 수치감과 몇몇 박해불안을 경험하지만, 죄책감은 최소한으로 경험한다. 그들의 리비도적 자기가 거의 살아 있지 않기 때문이다. 이 환자들은 사랑하고 의존하는 자기를 죽이고, 자신은 우월하고 위대하다는 느낌과 거의 전적으로 동일화함으로써 대상에 대한 관심과 사랑을 제거하는 방식으로 파괴적 충동자극과 리비도적 충동자극 사이의 갈등을 처리하는 것처럼 보인다.

대상관계를 시도하는 자기의 모든 부분을 약화시킴으로써 외적 대상 및 분석가와의 관계를 죽고 공허한 것으로 계속적으로 간주했던 한 나르시시즘적 환자는, 일종의 독극물 중독 때문에 죽어가고 있으며 코마 상태에 있는 소년에 관한 꿈을 꾸었다. 소년은 마당에 있는 침대에 누워 있었고, 그를 비추기 시작하는 뜨거운 정오 태양 때문에 위험에 처했다. 환자는 이 소년 옆에 서 있었지만 소년을 이동시키거나 보호하기 위한 어떤 행동도 하지 않았다. 그는 아이를 치료하는 의사에 대해 우월감을 느끼거나 비판적 태도를 보일 뿐이었다. 아이를 그늘로 옮겨야 한다는 것을 알아차려야 할 사람은 의사이기 때문이라는 것이다. 환자의 이전의 행동과 연상을 통해, 죽어가는 아이는 그의 의존적인 리비도적 자기를 의미한다는 것이 분명해졌다. 그는 이 의존적인 자기에게 도움이나 음식 제공을 거부함으로써 죽도록 놔두었던 것이다. 자신의 정신 상태의 심각성을 그가 거의 깨닫게 되었을 때에도 그는 자신을 돕기 위해 손가락도 까딱하지 않았고, 분석가가 그를 구하는 조치를 취할 수 있도록 분석가를 돕지도 않았다 – 환자는 분석가를 이기고 그가 실패했음을 보이기 위해 자신의 의존적인 유아적 자기를 죽이는 방법을 사용하려고 했기 때문에 – 는 사실을 나는 그에게 보여주었다. 꿈은 환자가 리비도적인 유아적 자기를 죽은 또는 죽어가는 상태에 계속 내버려둠으로써 파괴적인 나르시시즘적 상태를 강력하게 유지하려고 한다는 것을 예증한다.

때때로 분석적 해석이 나르시시즘적 껍질을 뚫고 들어가면 환자는 더 많이 살아 있다고 느낀다. 그러면 그는 치료의 진전이 있기를 원하지만, 곧 자신의 정신이 치료실로부터 벗어나 표류하고 있다고 생각하며, 초연한 상태가 되어 졸립다고 느끼기 때문에 깨어 있다고 거의 느끼지 못한다. 돌벽 같은 엄청난 저항이 존재하며, 이것이 상황의 검토를 방해한다. 점차적으로 환자는 분석가와의 모든 밀접한 접촉으로부터 떠밀리듯 벗어났다고 느낀다는 것이 분명해진다. 왜냐하면 그가 도움을 받았다고 느끼자마자 자신이 분석가를 더 많이 필요로 하게 될 것이라는 위험이 생겨날 뿐만 아니라, 조소적이고 경멸적인 생각으로 그를 공격하게 될 것을 두려워하기 때문이다. 분석가와의 접촉은 초연한 상태에서는 엄격하게 회피될 수 있었던 나르시시즘적인 전능한 우월감의 약화와, 압도적인 시기심에 대한 의식적 느낌의 경험을 의미했다.

이러한 환자들의 파괴적인 나르시시즘은 종종 고도로 조직화되어 등장한다. 갱단의 모든 조직원이 더욱 효과적이고 강력하게 범죄적인 파괴적 행위를 할 수 있도록 서로를 지원하게 만들기 위해 조직원들을 통제하는 리더에 의해 지배되는 강력한 갱단처럼 말이다. 그러나 나르시시즘적 조직화는 파괴적 나르시시즘의 힘을 증가시킬 뿐 아니라, 자신을 힘을 가진 존재로 유지하고 이를 통해 현상 유지를 잘 할 수 있도록 만드는 방어적 목적도 갖고 있다. 가장 중요한 목표는 조직의 약화를 막고 갱단의 조직원들을 통제하는 것처럼 보인다. 그들이 파괴적 조직을 떠나 자기self의 긍정적인 부분들에 가담하지 않도록, 또는 조직의 비밀을 경찰 – 환자를 구원하는 도움을 줄 수 있는 분석가를 의미하는 초자아 – 에게 누설하지 않도록 말이다. 이러한 유형의 환자가 치료의 진전을 보이고 변화되기를 원할 때, 종종 그는 마피아의 조직원들이나 청소년 일탈자들에 의해 공격당하는 꿈을 꾸며, 부정적 치료 반응이 시작된다. 이러한 나르시시즘적 조직화는 내 경험에 따르면 일차적으로 죄의식과 불안을 향하지 않는다. 그것은 파괴적 나르시시즘의 이상화와 우월한 힘을 유지하려는 목적을 갖고 있다. 변화하고 도움받는 것은 자신이 약하다는 것을 의미하고, 따라서 환자에게 우월감을 제공하는 파괴적인 나르시시즘적 조직화에 의해 나쁘거나 실패한 것으로 경험된다. 이러한 유형의 사례에서는 분석에 대한 매우 단호한 만성적 저항이 존재한다. 체계를 매우 상세하게 드러냄으로써만 분석이 어느 정도 진전할 수 있다.

이러한 유형의 환자 중 많은 경우에 파괴적 충동은 도착증과 연결되어 있다. 이러한 상황에서 충동 융합은 파괴적 충동의 힘을 감소시키지 않는다. 반대로 힘과 폭력성은 공격적 충동의 성애화를 통해 크게 증가한다. 나는 프로이트가 도착증을 삶충동과 죽음충동의 융합으로 간주한 것에 대해 불명확함을 느낀다. 이러한 사례들에서는 자기의 파괴적 부분이 환자의 인성의 리비도적 측면 전체에 대해 통제력을 획득하고, 따라서 그것을 남용할 수 있기 때문이다. 실제로 이러한 사례들은 파괴적 충동자극이 리비도적 충동자극을 능가하는 혼동 상태confusional states와 유사한 병리적 융합에 해당한다.

몇몇 나르시시즘적 환자의 경우, 자기의 파괴적 부분은 인성의 나머지 부분으로부터 분열된 정신병적 구조 또는 조직화와 연결되어 있다. 이 정신병적 구조는 자기의 부분들이 그[망상적 세계 또는 대상] 속으로 후퇴하는 망상적 세계 또는 대상과 유사하다. 이것은 자기의 전능한, 또는 전지하고 극단적으로 무자비한 부분에 의해 지배되는 듯하다. 그리하여 망상적 대상 내부에는 완전한 무고통이 [존재한다는], 그러나 또한 사디즘적 행동에 빠질 자유가 존재한다는 관념이 환자에게 생겨난다. 구조 전체가 나르시시즘적 자족성에 빠져 있고 모든 대상관계에 엄격하게 대항한다. 이러한 망상적 세계 속에서 파괴적 충동자극은 때때로 공공연하게 극히 잔인하며, 자신의 힘을 관철시키기 위해 죽음으로써 자기의 나머지 부분을 위협하는 것으로 등장한다.

그러나 더 빈번하게는 이러한 충동자극은 은폐되어 전능한 방식으로 자비로운 또는 생명(삶)을 부여하는 것으로 [등장한다], 그리고 환자에게 그의 모든 문제에 대한 신속하고 이상적인 해결책을 약속하는 것으로 등장한다. 이러한 거짓 약속은 환자로 하여금 자신의 전능한 자기에 의존하거나 집착하도록 만들고, 정상적인 건강한 부분들을 이 망상적 구조 속으로 유인해 수감한다. 이러한 유형의 나르시시즘적 환자들이 몇몇 진전을 보이기 시작할 때 심각한 부정적 치료반응이 발생한다. 자기의 나르시시즘적인 정신병적 부분이 의존적인 자기를 정신병적인 전능한 꿈 상태로 유인함으로써(그리하여 환자는 자신의 현실감과 사고 능력을 상실한다), 삶과 (현실을 대리하는) 분석가에 대해 힘과 우월성을 행사하기 때문이다. 환자의 의존적 부분 – 그의 인성의 가장 건강한 부분인 의존적 부분 – 이 외부 세계로부터 등을 돌리고 정신병적인 망상적 구조의 지배에 전적으로 자신을 맡기도록 설득당하면, 급성적 정신병 상태에 빠질 위험이 실제로 존재하게 된다. 이러한 과정은 대상 점령의 포기, 그리고 자아 속으로의 리비도 후퇴에 대한 프로이트의 기술과 유사하다. 내가 기술하고 있는 상태는, 대상 리비도 점령으로부터 후퇴해 일차적 나르시시즘과 유사한 나르시시즘적 상태에 빠진다는 것을 의미한다. 환자는 세계로부터 물러나 있는 것처럼 보이며, 사고할 수 없고, 종종 질질 끌려다니는 것 같다고 느낀다. 그는 외부 세계에 대한 관심을 상실하고, 침대에 누워 있기를 원하며, 이전 회기에서 논의했던 것들을 잊어버린다. 그가 가까스로 회기에 온다면, 이해할 수 없는 일이 그에게 발생했고, 덫에 사로잡혀 있으며, 폐소공포증을 갖고 있고, 이러한 상태에서 벗어날 수 없다고 느낀다고 그는 말할 것이다. 종종 그는 무언가 중요한 것을 잃어버렸다는 것을 알지만 그것이 무엇인지 확신할 수 없다. 잃어버렸다는 것은 구체적인 사물의 상실, 예를 들면 열쇠나 지갑을 잃어버린 것으로 느껴진다. 그러나 때때로 그는 자신의 불안과, 무언가를 잃어버렸다는 느낌이 자기의 중요한 부분, 즉 (사고하기 능력과 관련 있는) 자기의 건강한 의존적인 부분을 잃어버렸다는 것을 가리킨다는 것을 깨닫는다. 때때로 환자는 압도적이고 급성적인 건강염려증적 죽음 공포에 휩싸인다. 우리는 여기에서 죽음충동이 가장 순수한 형태로 등장하는 것을 관찰할 수 있다는 인상을 받는다. 니르바나 같은 상태 – 이는 죽음충동의 완전한 분리를 의미한다 – 에 들어갈 수 있다고 거짓으로 약속함으로써 자기 전체를 삶으로부터 끌고 나와 죽음과 같은 상황 속으로 집어넣는 힘 말이다. 그러나 이 과정을 상세히 고찰해보면 우리는 여기에서 충동 분리의 상태가 아니라, 내가 도착증과 관련해 기술한 바 있는 병리적 융합의 상태가 존재함을 알 수 있다. 이러한 나르시시즘적 후퇴 상태에서는 환자의 건강하고 의존적인 부분이 망상적 대상 속으로 들어가고, 투사적 동일화가 발생해 건강한 자기가 자신의 정체성을 상실하고 완전히 전능하고 파괴적인 과정에 의해 지배된다. 건강하고 의존적인 자기의 부분은 전능하고 파괴적인 과정에 반대하거나 그것을 약화시킬 힘을 갖고 있지 못하다. 반대로 파괴적 과정의 힘은 이 상황에서 크게 증가한다.

임상적으로, 환자로 하여금 자기의 의존적이고 건강한 부분을 발견하고 그 부분을, 정신병적인 나르시시즘적 구조 속에 수감된 위치로부터 구해낼 수 있도록 돕는 것이 중요하다. 분석가와 세계에 대한 긍정적인 대상관계와 본질적으로 연결되어 있는 부분이 바로 그 부분이기 때문이다. 둘째, 환자로 하여금 정신병적 조직화를 지배하는, 분열되고 파괴적이고 전능한 자기의 부분을 완전히 의식하도록 점차적으로 돕는 것이 중요하다. 이 분열되고 파괴적인 부분은 격리되어 있을 때 가장 강력한 영향력을 행사하기 때문이다. 이러한 과정이 완전히 드러날 때, 그 과정이 자기의 파괴적이고 시기심에 찬 (격리되어 있는) 충동자극들을 포함하고 있음이 분명해진다. 그리고 자기 전체에 대해 강력한 최면 효과를 행사하는 전능성이 감소하며, 전능성의 유아적 본성이 드러날 수 있다. 달리 말하면 점차적으로 환자는 자신의 유아적 자기 부분에 의해 지배받고 있다는 것을 알게 된다. 그리고 이 유아적 자기 부분이 그의 성장과 발달을 도울 수 있는 대상들로부터 그를 떼어 놓고 죽음으로 이끌고 갈 뿐만 아니라, 그를 유아화시키고 성장을 방해한다는 것을 알게 된다.

분석 회기 동안 더 의식화되고 몇몇 폭력적 측면을 상실한, 분열되고 전능하고 파괴적인 자기의 부분이 존재함을 예증하기 위해 이제 나는 나르시시즘적인 신경증 환자로부터 취한 몇몇 재료에 대해 간략히 보고하려고 한다. 수년 동안 분석을 받아온 이 환자는 37세이고 미혼의 사업가이다. 그는 성격 문제 때문에 분석을 받으러 왔으며, 분석 작업에 협력하고자 하는 매우 확고한 의지를 갖고 있었다. 그러나 분석에 대한 매우 암묵적이고 반복적인 만성적 저항이 존재했다. 환자는 때때로 짧은 출장을 위해 런던을 떠나야 했고, 종종 월요일 늦은 시간에 돌아왔기 때문에 분석 회기에 지각하거나 결석했다. 그는 여행 동안에 종종 여자들을 만났고, 그들과 더불어 발생한 많은 문제를 분석 회기에 가져왔다. 물론, 몇몇 행동화(acting out)가 발생했다는 것은 처음부터 분명했다. 그러나 그가 꿈에서의 살해적 행동들에 대해 정기적으로 보고했을 때에야 비로소, 분석과 분석가에 대한 폭력적이고 파괴적인 공격이 행동화 속에 존재한다는 것이 명확해졌다. 처음에 환자는 주말의 행동화가 분석 작업을 죽인다는 것, 따라서 분석의 진전을 방해한다는 것을 인정하는 데 주저했지만, 점차적으로 자신의 행동을 변화시켰고 분석 작업은 더 많은 성과를 낳을 수 있게 되었다. 그는 자신의 인간관계와 몇몇 사업 활동에서 상당히 진전이 있었음을 보고할 수 있었다. 동시에 그는 종종 잠을 잘 수 없고 격렬한 맥박 때문에 밤에 여러 시간 깨어 있어야 한다고 불평했다. 이러한 불안 발작을 하는 동안 그는 손이 자신에게 속하지 않는다고 느꼈다. 무언가를 찢음으로써 그것을 파괴하기를 원한다는 듯이 손은 매우 파괴적인 것처럼 보였고, 그가 통제할 수 없을 정도로 강력해졌다. 그러고 난 후 그는 키가 280cm인 매우 강하고 오만한 사람에 관한 꿈을 꾸었다. 이 사람은 그에게 절대적 복종을 명령했다. 연상을 통해 이 사람은 환자의 한 부분을 의미하며, 그가 저항할 수 없었던 파괴적이고 매우 강력한 손에 대한 느낌과 연관되어 있음이 드러났다. 나는 그가 자신의 전능한 파괴적 부분을 280cm나 되는 매우 강력한 슈퍼맨 – 따라서 그가 복종하지 않을 수 없는 – 으로 간주하고 있다고 해석해주었다. 그는 이 전능한 자기를 부인했다. 바로 이 점이 밤에 발작이 일어났을 때 그의 손에 문제가 생겨난 이유인 것이다. 나는 이 분열된 자기가, 자신은 유아가 아니라 모든 성인, 특히 어머니와 아버지, 그리고 지금은 분석가보다 강하고 강력하다고 주장하는, 전능한 유아적 부분이라고 더 설명해주었다. 그의 성인적 자기는 이 전능한 주장, 즉 밤에 파괴적 충동자극과 싸우기에는 자신이 너무 무력하다는 전능한 주장에 의해 완전히 압도되었고, 따라서 약화되었다. 환자는 나의 해석에 놀라움과 안도감으로 반응했고, 며칠 후 밤에 자신의 손을 더 잘 통제할 수 있다고 느꼈다. 그는 밤에 작동하는 파괴적 충동자극이 분석이 가져다준 성과 이후에 증가했기 때문에 이러한 파괴적 충동자극은 분석과 관련 있다는 것을 점차적으로 더 잘 알게 되었다. 그리하여 그는 자신을 찢어버리고 싶은 소망이, 분석가에게 의지하고 그를 높이 평가하는 자신의 한 부분을 찢고 파괴하고자 하는 소망과 연결되어 있다는 것을 알게 되었다. 동시에 분열된 나르시시즘적 충동자극이 회기 동안 더욱 의식화되었는데, 그는 조소하는 태도로 다음과 같이 말했다. "선생님은 시간을 낭비하면서 온종일 여기에 앉아 있어요." 그는 자신이 중요한 사람이며, 타인과 자신을 아무리 잔인하게 대하고 상처를 준다고 할지라도 자신이 원하는 일은 무엇이든 자유롭게 해야 한다고 느꼈다. 그는 특히 분석이 그에게 가져다준 통찰력과 이해 때문에 격분했다. 그는 자신의 분노는 내가 그를 도왔기 때문에 나를 비난해야 한다는 것과 관련 있음 ─ 이러한 도움이 그의 전능한 행동화를 방해하기 때문에 ─ 을 암시했다. 그러고 난 후 그는 먼 거리를 달리는 경주를 하고 있고 매우 열심히 이 경주에 참여하고 있는 꿈을 보고했다. 그러나 그가 행하고 있는 일을 전혀 믿지 않는 젊은 여자가 있었다. 그녀는 원칙이 없었고 성가셨으며, 그를 방해하고 잘못된 길로 인도하기 위해 모든 것을 행했다. 그는 '먼디'라는 이름을 가진 그녀의 남자 형제에 대해 언급했다. 그는 누이보다 훨씬 더 공격적이었고, 꿈에서 맹수처럼 으르렁거렸다. 1년 전 꿈에서 이 남자 형제는 모든 사람을 잘못된 길로 인도하는 과업을 행하는 사람이었다. 환자는 '먼디'라는 이름이 1년 전 월요일 회기에 종종 불참했다는 사실과 관련이 있다고 생각했다. 그는 폭력적이고 통제되지 않은 공격성이 자신과 관련 있다는 것을 깨달았고, 또한 이 젊은 여자가 자기 자신이라고 느꼈다. 지난해에 그는 분석가를 경멸하면서 우월감을 느꼈다. 그러나 최근에 그는, 수용적이고 선생님들에게 감사하는 한 소녀에 대한 꿈을 꾸었다. 나는 이 소녀가, 분석가에 대해 더 많은 감사를 표현하기를 원했지만 그의 전능감 때문에 공개적으로 등장할 수 없었던 그의 한 부분이라고 해석해주었다. 환자는 꿈에서 남자로 대리되었던 자신의 공격적인 전능한 부분이 1년 전까지 행동화를 지배했지만, 이제는 이러한 부분을 상당히 의식하고 있음을 인정했다. 분석가와의 동일화는 꿈에서 분석 작업을 열심히 하려는 결심으로 표현되었다. 그러나 또한 그 꿈은 분석 회기 동안 자신의 공격적인 행동화를 계속하게 될 것이라는 경고이기도 했다. 자신의 더 긍정적인 유아적 부분과 관련 있는 수용적 느낌과 더불어 분석 작업에 대응하는 것이 아니라, 자신을 전능한 여자 성인으로 제시할 수 있다고 꿈을 통해 주장함으로써 말이다. 분석 회기에서 환자는 자신의 긍정적인 의존을 강화하는 방향으로 나아갔으며, 이는 자신의 인성의 공격적이며 나르시시즘적인 전능한 부분에 공개적으로 대항할 수 있도록 해주었다. 달리 말하면 환자의 엄격한 충동 분리는 점차적으로 정상적인 충동 융합으로 발달하고 있었다.

요약

나는 이 논문에서 공격적 충동자극이 지배하는 임상적 상황들을 탐구하고, 그것들이 삶충동과 죽음충동의 분리 및 융합에 관한 프로이트의 이론과 어떤 관계에 있는지 검토했다. 프로이트가 원래 기술한 바 있는 죽음충동의 분리 상황, 즉 가장 심각한 상황조차 면밀하게 분석해보면 다음 사실을 보여준다는 것을 나는 발견했다. 자기의 리비도적 부분을 마비시키거나 심리적으로 죽이는 죽음충동의 파괴적 측면은 삶의 충동으로부터 유래한다는 것 말이다. 따라서 나는 분리된 죽음충동을 임상적 상황에서 관찰하는 것이 불가능하다고 생각한다. 이러한 파괴적인 상태들 중 몇몇은 충동 분리로 기술될 수 없다. 실제적으로 그것들은 자기의 파괴적인 부분에 의해 지배되는 심리 구조가 리비도적 자기 – 따라서 이는 파괴적 과정에 결코 저항할 수 없다 – 를 수감하고 압도하는 데 성공하는 병리적 융합이기 때문이다.

몇몇 전능한 나르시시즘적 상태는 가장 폭력적인 파괴적 과정에 의해 지배되며, 따라서 리비도적 자기가 완전히 부재하거나 상실한 것처럼 보인다. 그러므로 임상적으로, 파괴적 충동자극을 경감시킬 수 있는 리비도적인 의존적 자기에 접근할 통로를 발견하는 것이 필수적이다. 나르시시즘적 상태의 전능한 구조를 분석함으로써 과정의 유아적 속성을 드러내고, 좋은 대상관계 – 정상적 융합의 기초인 리비도적 대상의 내사로 이끄는 좋은 대상관계 – 를 형성할 수 있는 의존적인 부분들을 해방시켜야 한다.

참고문헌

Abraham, K. (1919) 'A particular form of neurotic resistance against the psychoanalytic method' in *Selected Papers*, London: Hogarth Press(1942).

—— (1924) 'A short study of the development of the libido viewed in the light of mental disorders' in *Selected Papers*, London: Hogarth Press (1942).

Freud, S. (1911) 'Formulations on the two principles of mental functioning', *SE* 12.

—— (1914) 'On narcissism: an introduction', *SE* 14.

—— (1915) 'Instincts and their vicissitudes', *SE* 14.

—— (1916-17) 'Introductory lectures on psycho-analysis', *SE* 15-16.

—— (1920) 'Beyond the pleasure principle', *SE* 18.

—— (1923) 'The ego and the id', *SE* 19.

—— (1924) 'The economic problem of masochism', *SE* 19.

—— (1933) 'New introductory lectures on psycho-analysis', *SE* 22.

—— (1937) 'Analysis terminable and interminable', *SE* 23.

Hartmann, H. (1953) 'Contribution to the metapsychology of schizophrenia', in *Essays on Ego Psychology*, London: Hogarth Press (1964),

—— , Kris, E. & Loewenstein, R. M. (1949) 'Notes on the theory of aggression', *Psychoanalytic Study of the Child*, 3-4.

Kernberg, O. F. (1970) 'Factors in the psychoanalytic treatment of narcissistic personalities', *Journal of the American Psychoanalytical Association*, 18, 51-85.

Klein, M. (1946) 'Notes on some schizoid mechanisms' in M. Klein, P. Heimann, S. Isaacs, and J. Riviere, *Developments in Psycho-Analysis*, London: Hogarth Press (1952) 292-320 (also in *The Writings of Melanie Klein* vol. 3, 1-24).

—— (1952) 'The origins of transference', *International Journal of Psycho-analysis*, 33, 433-8; also in *The Writings of Melanie Klein*, vol. 3, London: Hogarth Press (1975), 48-56; also paperback New York: Dell Publishing Co. (1977)

—— (1957) *Envy and Gratitude in The Writings of Melanie Klein.*

——(1958) 'On the development of mental functioning', *International Journal of Psycho-Analysis*, 39, 84?90.

Reich, W. (1933) *Character-Analysis*, New York: Orgone Institute Press(1949).

Rosenfeld, H. (1964) 'On the psychopathology of narcissism', *International Journal of Psycho-Analysis*, 45, 332-7; also in *Psychotic States*, London: Hogarth Press (1965) 169-79.

——(1969) 'Notes on the negative therapeutic reaction in P.Giovacchini (ed.) *Tactics and Techniques in Psychoanalytic Theory* vol. 2, New York: Jason Aronson (1975).

——(1970) 'On projective identification', paper read to the British Psycho Analytical Society, first published in 1971 in P. Douce and C. Laurin (eds) *Problems of Psychosis*, The Hague: Excerpta Medica, 115-28 and reprinted here.

4장

잔인과 편협

에릭 브렌먼Eric Brenman

이 논문은 1970년 10월 유럽 학회에서 발표한 「잔인과 편협 cruelty and narrowmindedness」을 발전시킨 것이다. 비밀유지 의무 때문에 1985년 『국제정신분석학회지』 66권에 출간되었다.

정상 발달에서 사랑은 잔인성을 수정한다. 잔인성이 항구적으로 존재하기 위해서는 인간의 사랑이 작동하지 못하도록 방해하는 여러 단계가 필요하다. 나의 주장은, 잔인성을 지속적으로 실천하기 위해서는 목표의 독특한 편협성이 작동되어야 한다는 것이다. 그것은 인간성을 고갈시키고, 인간의 이성이 잔인성을 수정하지 못하도록 방해하는 기능을 행한다. 이러한 과정의 결과가 '비인간적인' 잔인성을 생산한다.

신들이 행하는 역할이라는 측면에서 오이디푸스 신화를 고찰하면 우리는 다음과 같은 과정을 볼 수 있다. 아폴론 신은 오이디푸스가 아버지 라이우스를 살해하고 어머니 요카스테스와 결혼할 것이라고 운명 지었다. 어떤 인간의 개입도 신의 예언을 막을 수 없었다. 여기에서 우리는 전능하고 편협한 고집을 본다. 어떤 것도 신의 전능한 결정을 방해할 수 없다.

라이우스의 유일한 희망은 오이디푸스가 죽는 것이다. 여기에서 우리는 최초의 잔인성에 대항하는 또 하나의 잔인성을 본다. 그는 양치기에게 오이디푸스를 넘겨주면서 죽이라고 명령한다. 그러나 잔인성에 대한 해독제인 인간의 동정심이 개입했다. 양치기는 오이디푸스를 죽일 수 있는 심장을 갖고 있지 못했고, 아이를 코린트의 양치기에게 맡긴다. 그러나 이러한 인간애는 아무런 도움이 되지 못했다.

잔인한 운명의 결과로 오이디푸스는 부친 살해를 피하기 위해 떠난 여행길에서 아버지를 살해했다. 이는 인간적 배려가 무력하다는 것을 다시 한번 보여준다. 요카스테스와 결혼한 후 오이디푸스는 아버지의 살해자를 찾으려 했다. 그는 모든 인간의 조언을 무시하고 끈질긴 열정을 갖고 이를 행했다. 비극적인 사실이 드러나자 그는 자신의 눈알을 뽑았고 잔인하게 자신을 유배했다.

이 신화가 보여주는 것은 강력하고 전능한 신들이 인간의 동정심과 이해심을 이기게 되어 있다는 사실이다(이는 반복적으로 수용된 해석이다). 그리고 이는 그 자체로 다시 잔인성을 낳는다. 마찬가지로, 죄가 드러나게 됨으로써 어떤 인간적 위로도 받지 못하는 무자비하고 잔인한 유배에 처해진 것이다. 그러나 그의 딸 안티고네가 어느 정도 인간적인 위로를 해주었다.

나는 이 신화가 또 다른 흥미로운 특징을 보여준다고 생각한다. 사람들은, 전능하고 잔인하며 가혹한 신들을 실제로 숭배한다는 것이다. 그리고 그들에게 인간적 사랑보다 더 높은 지위를 부여한다.

나는 이러한 재난이 발생하는 이유는 사람들이 잔인한 신들을 인간보다 실제적으로 더 많이 '사랑하기'(두려워할 뿐만 아니라) 때문이라고 생각한다.

사랑과 증오가 충돌할 때, 우리는 죄책감을 느끼고 회복reparation하거나 죄책감에 의해 고통받는다. 이러한 결과를 모두 회피하기 위해 우리는 진리를 전도시켜pervert, 좋은 대상으로부터 힘을 얻고 좋음(선)의 이름으로 자유롭게 잔인성을 행사할 수 있다. 말하자면 인간의 정의감을 전능하게 납치하여 정의의 이름으로 잔인성을 행사한다는 것이다.

우리는 전능한 행동이 인간의 본성에 속한다는 것을 당연한 것으로 받아들인다. 역사는 이에 대한 많은 사례를 우리에게 제공한다. 히틀러 정권, 이상화되고 전능한 국가의(민족의) 정복 정책, 혁명과 이의 결과로 생겨나는 정권 등이 그것이다. 관용과 이해심, 형제애라는 기독교 윤리를 취해, 기독교의 이름으로 무자비하게 사람들을 고문했던 스페인의 종교재판소가 이러한 도착(전도, perversion)을 잘 예시한다.

그리스 비극에서 합창단은 더 넓은 스펙트럼 속에서 비극을 본다. 하지만 비극적 영웅이 자신의 운명의 협소한 감옥에 사로잡혀 있을 때 이를 무력하게 관찰하는 것 외에 [합창단이] 할 수 있는 일은 없다. 분석가도 합창단처럼 관찰하지만, 이해심의 개입이 과정을 수정할 수 있기를 희망한다. 이제 나는 한 환자의 사례를 제시하고자 한다. 그는 지속적으로 잔인하고, 끊임없이 잔인하게 불평하며, 투사를 통해 분석가의 개입을 잔인성과 동일한 속성을 가진 것으로 경험하고 있다. 또한 나는 이러한 과정을 촉진하는 지각의 협소화(편협함)에 대해, 그리고 이러한 편협함을 통해 정신병적 재난이 어떻게 회피되는지 보여줄 것이다.

임상 사례

동유럽에서 태어난 42세의 유대인 여성 환자는 자신의 고통에 대해 호전적으로 불평하면서 등장했다. 그녀는 전에 두 번 분석을 받은 적이 있다. 그녀는 견딜 수 없는 고통에 대해 불평했다. 그녀는 정신적 고통 속에 있었고 고통스러운 우울에 시달렸다. 그녀는 견딜 수 없는 요통, 고통스러운 두통, 찌르는 듯한 눈의 통증 등이 있었고, 이것들은 의학적으로 치료되지 못했다. 그녀는 집중하거나 뚜렷하게 볼 수 없었으며 눈의 초점을 맞출 수 없었다.

치료가 진행되는 동안 나는, 그녀가 남편을 괴롭히고 조롱하며 굴욕을 주었고, 장기간 그를 떠나 있었고, 불륜 관계를 맺었으며, 남편이 이를 알고 있었다는 것을 알게 되었다. 그녀는 아이에게 소홀했고 지인들에게 잔인하고 악의적이었다. 그러나 그녀는 자신이 잔인한 운명의 희생자라고 믿었고, 대부분의 사람들이 자신을 잔인하게 대한다고 느꼈다.

1년 동안 지속되었던 그녀의 이전 분석 시간들은, 분석가에게 소리 지르는 것으로, 그리고 자신을 비난하고 비인간적으로 치료한다고 불평하는 것으로 소모되었다.

그녀가 내게 치료받으러 왔을 무렵, 남편은 그녀와 이혼했다. 그녀는 분석의 첫 기간을 내게 소리지르고 불평하는 것으로 보냈다.

분석 회기 동안 나는 잔인한 공격에 사로잡혀 있다고 느꼈고, 그녀가 끊임없이 불평할 때 유의미한 해석을 제시할 수 없었다. 그녀는 유물 수집가처럼 불평거리를 죄다 기록해 놓았다.

그녀는 내가 냉정하고 무자비한 앵글로 색슨족이라고 비난했고, 내가 그녀의 인간적 곤궁을 완전히 무시한 채 나의 분석 이론에 그녀를 복종하도록 강요한다고 불평했다.

나에 대한 잔인한 공격과, (투사를 통해 나의 것이라고 간주되었던) 잔인성에 대한 죄책감의 결합은 그녀가 누군가 – 잔인함의 희생자가 되는 것을 견딜 수 있고, 또한 이러한 공격에 대한 죄책감과 책임을 감당할 수 있는 사람 – 를 특히 필요로 한다는 것을 보여주었다.

예를 들면 그녀는 주차장에 트럭을 주차하는 꿈을 꾸었다. 그러나 트럭이 너무 커서 드넓은 공간을 차지했다. 주차관리인이 다가와 그녀에게 질문을 던졌다. 그녀는 즉시 트럭을 공중전화 박스에 처넣고 부수었다.

그녀는 주차관리인을 하찮은 공무원의 편협함과 연결시켰고, 후에는 나와 연결시켰다. 그녀의 꿈이 지닌 다른 많은 의미를 논외로 한다면, 모든 형태의 의사소통을 파괴한 분노는, 편협하고 전능한 나의 관료주의라고 그녀가 지각하면서 나타낸 반응이었다. 나에 대한 그녀의 지각은, 그녀가 어디에서 '잘못'하고 있는가라는 것만을 볼 수 있는, 단지 훈계만 할 수 있는 사람에 대해 갖고 있는 지각이었다(엄격한 초자아). 그녀는 내가 트럭을 주차해야 하는, 즉 안식처나 가정을 찾아야 하는 그녀의 필요성을 보지 못했다고 느꼈다. 그녀는 더 넓은 공간, 더 많은 시간, 더 많은 회기에 대한 자신의 요구 또는 어려움에 대해 내가 공감하지 못했다고 느꼈다.

따라서 그녀는 이러한 잔인하고 편협하며 비난에 가득 찬 환경에서 살고 있다. 그녀가 할 수 있는 유일한 것은 우리의 의사소통의 수단, 즉 분석을 파괴하는 것 뿐이었다.

자신을 '주차'하고 내가 그녀에게 '가정'을 주어야 한다는 욕구를 갖고 있다는 것에 대한 의식적 지식을 그녀 자신이 갖고 있지 않았다는 사실을 주목하는 것은 흥미로운 일이다. 그녀는 나를 거드름을 피우는 사람으로 간주했지만, 자신이 나를 필요로 하고 있다는 점은 인식하지 못했다.

그녀는 나의 해석으로부터 약간의 안도감을 얻었다. 나는 그녀에게 그녀 자신의 행동 중 몇몇을 또한 보여줄 수 있었다. 그녀는 나의 잘못에 대해서는 예민하게 '스위치를 켜는' 전문가적 능력을 보여주었다. 그녀는 아마도 내 속에 있을 법한 좋은 것과 돕고자 하는 호의에 대해서는, 그리고 그녀 자신이 갖고 있는 도움받아야 할 필요성과 실제로 그녀가 그러한 방식으로 행동하고 있다는 사실에 대해서는 '스위치를 껐다'.

이 환자는 14세 무렵 나치에 의해 가정이 파괴되었다. 부모는 집단수용소로 끌려갔고, 후에 거기에서 사망했다. 이러한 불행이 그녀의 발달에서 결정적 역할을 했다. 그러나 주차관리인으로서의 나의 이미지는 나치의 잔인성이 아니라, 그녀 자신의 투사된 어린아이 부분의 공격적 침입에 상응하는 것 같았다.

나는 그 이후의 회기가 진행되는 동안 그녀가 모든 것을 파괴했다는 것을 알게 되었다. 그녀는 외국에서의 미술 활동을 위해 남편과 아이를 전혀 배려하지 않은 채, 또는 아마도 자기 자신의 필요성을 완전히 무시한 채 남편과 아이를 두고 떠났다.

점차적으로 나는 그녀가 나에 대해 만들어 놓은 문서들에 관해 알게 되었다. 나는 순응적이고 속물적인 사람으로 묘사되었다. 그녀는 내 마음의 평화에 종지부를 찍기로 결심한 듯이 보였다. 그녀는 내가 단지 돈을 벌기 위해, 그리고 내가 삶에 대해 모든 것을 알고 있다고 믿기 위해 분석 작업을 한다고 주장했다. 그녀는 정신분석에 대한 나의 믿음 전체가 나의 탐욕스러운 전지성에 의해 추동된 사기에 근거해 있다고 내가 느끼도록 만들기 위해 노력했다. 특히 그녀는 내가 만들어 놓은 이러한 거짓된 삶에 내가 직면할 수 있는지 알고 싶어 했다. 이러한 착각과 죄책감에 직면하여 그것에 더 이상 의존하지 않고 그것을 버릴 수 있는지 말이다. 심지어 그녀는 내가 정신분석이 망상이라는 것을 깨닫게 된다면 의사로서 일을 할 수 있을지도 모른다며 불평했다. 즉, 나는 아무것도 아닌 존재가 되어야 했다.

나에 대한 이러한 공격은 나의 좋은 것과 창조성을 파괴하려는 시도였다. 그러나 무엇보다도 나는, 내가 직면할 용기가 없는(그녀가 느끼기에) 시련을 그녀가 내게 전달했다고 느꼈다. 나는 내가 무엇을 경험하게 될지를, 그리고 그녀가 그것을 자신 속에서 직면해야 하리라는 것을 알고 있었다. 그녀는, 그러한 곤경을 함께 나눌 수 있고 그녀의 삶에서 그것에 직면할 힘을 줄 수 있는 누군가의 경험을 원했다. 그녀의 잔인한 운명은 자신이 삶을 거짓말 위에 건설했다는 것, 그리고 자신에게 남은 것이 아무것도 없다는 것을 깨닫는 것이었다. 그녀의 거짓말은 아주 특수한 것이었다. 그녀는 인간의 깊은 속성을 묘사하는 예술 작품을 창조할 수 있는 재능을 가진 여자였다. 그러나 그녀의 개인적 삶은 그러한 속성들을 박탈당했다. 그녀는 외롭고 사랑받지 못하며, 비난에 가득 찬 초자아에 의해 박해받는다고 느꼈다.

이러한 투사들을 견딜 능력, 그리고 그녀가 자신의 삶을 건설했던 방식에 직면해야 하는 과업을 내가 함께 나눌 수 있었다는 사실이 그녀에게 약간의 안정감을 주었다. 점차적으로 그녀는 이를, 그녀가 어떤 결정을 내려야 할 때마다 자신을 괴롭혔던 내적 문제로 볼 수 있게 되었다. 예를 들면 그녀가 주방용품을 사야 했을 때, 만일 자신이 큰 용품을 사면 돈을 너무 많이 썼다는 생각 때문에 괴로울 것이다. 다른 한편으로 작은 용품을 산다면 이는 부엌의 모양 전체를 망가뜨릴 것이며 자신은 초라하고 어리석다는 생각 때문에 고통을 받는다. 이 두 가지 생각 모두가 잔인하며 무자비했고, 그녀는 탈진했다.

실제로는 그녀가 어떤 결정을 내리든 큰 문제가 없을 것이다. 그러나 각 논변을 행하는 '목소리'가 이러한 잔인한 성질을 갖고 있었다. 추가적으로 돈을 쓴다면 완전한 파산 상태를 발생시킬 것이라고 그녀는 비난받았다. 그러면 그녀는 앞으로 살아가면서 그것을 후회하게 될 것이다. 그녀는 추방당하고 죄책감 속에서 살게 될 것이다. 마찬가지로, 그녀가 금전 지출에서 주의 깊게 행동한다면, 그녀의 전체적인 궁핍한 성격이 드러나고 모욕감을 느끼게 되어 그녀는 집 전체를 망쳤다고 다시 한번 조롱받고 비난받을 것이다.

이 모든 잔인한 성질, 즉 나에 대한 그녀의 행동, 그녀에 대한 나의 행동에 관한 묘사, 내적 갈등을 겪고 있는 요소 등 이 모든 것은 견딜 수 없는 결과, 즉 그녀는 추방당하고 홀로 남으며 사랑받지 못하고 모든 것을 망쳤다는 비난을 불러일으켰다. 따라서 그녀는 용서 또는 회복을 위한 기회가 주어지지 않을 것이다. 내 생각에 이에는 다른 성질이 또한 존재했다. 살아갈 수 있는 '나머지 삶'이 존재하지 않을 것이라는 느낌 말이다. 삶 전체가 이러한 요소들로 편협화되었고, 그밖에 다른 것은 존재하지 않았다. 모든 문제가 삶과 죽음의 문제였다. 그것은 어떠한 죄도 영원한 저주를 낳을 것이라는 광신적인 청교도주의의 패턴을 면밀하게 추종했다.

점차적으로, 이해심 있는 좋은 분석가라는 몇몇 요소가 발달하기 시작했고 잔인성을 경감시켰다. 그러나 나는 이러한 이해에 어떤 일이 발생했는지 보여주고자 한다.

어떤 회기에서 그녀는 자신이 이해받고 있다는 느낌을 경험했다. 그리고 그녀는 내가 그녀의 곤궁에 공감하고 있다고 느꼈다. 그녀의 신체적 고통은 크게 경감되었다. (주말 이후) 그다음 회기에, 좋은 회기에 대한 그녀의 기억은 상실되었다.

그러나 그녀는 한 꿈을 생산했다. 그녀는 키예프의 대학 기숙사에 있는 학생이었다. 키예프에서는 그녀가 쉬고 안식할 수 있는 특별한 공간이 제공되었고, 그녀는 그녀를 한 개인으로 이해하는 부부의 보살핌을 받았다.

우크라이나의 수도에서 안락함을 찾을 수 있었다는 것이 그녀에게는 이상하게 느껴졌다고 그녀는 연상했다. 그녀는 그곳을 유대인 학살의 중심지로 간주하고 있었기 때문이다. 그녀는 그것이 도착적이며, 그럴 만한 자격이 없는 사람들에게 그러한 속성을 부여하는 것이 이상하다고 느꼈다. 그녀는 다음 사실을 깨닫게 되었다.

1) 그녀는 이해를 가져다준 회기(이는 사랑과 동일한 것이었다)에 관한 좋은 기억을 파괴했다.
2) 좋은 인간성이 잔인하고 전능한 인종주의자에게 부여되었다. 그들의 잔인성은 부인되었고 안락함을 제공하는 사람들로 이상화되었다.

여기에서 그녀는 부모를 경멸하고, 자신을 금발의 푸른 눈을 가진 아리안족과 동일화하고, 자신을 그들과 비슷하게 여겼던 자신의 과거를 재실행했다re-enacted. 그들이 그녀의 유대인적 속성을 오만하게 비웃었음에도 말이다.

그리하여 다음 사실을 알 수 있었다. 그녀는 자신을 잔인하고 전능한 신들과 동일화했고, 부모와 나의 분석의 좋은 측면들을 도착시켰다perverting. 그녀는 인간적 이해와 사랑이라는 속성을 그녀의 전능한 부분이 동일화했던 고문자들에게 부여했다.

그녀는 자신이 인간애의 투사라고 믿으면서(이것이 그녀가 잔인성을 발휘하는 방식이었다) 부모와 나로부터 인간애를 훔쳤으며, 자신이 잔인성의 가해자라는 사실을 깨닫게 되었다. 분석 시간에 정의의 이름 하에 광적인 고집스러움으로 종교재판을 실행하고, 종교재판이라는 대의에 따라 스스로 고통받게 만든 사람은 그녀 자신이었다.

후에 그녀는 시한폭탄을 복부에 부착하고 정거장으로 가는 꿈을 꾸었다. 그녀는 이것을 그녀의 전남편에 대한 폭발적 분노 – 그가 기차에 올라탔을 때 그녀는 그가 충실하지 못하다고 비난했다 – 와 연결시켰다. 그녀는 자신의 분노를 정당화하기 위해, 그리고 외도 목적으로 3개월 동안 남편을 떠난 사람은 자기 자신이었다는 것을 정신에서 지워버리기 위해 '시간을 조정했다'. 자신이 불충실했다는 가능성에 초점이 맞추어지자 그녀는 죄책감을 지웠고, 이 개별적 사건과 관련해 폭탄을 터뜨렸던 것이다. 이는 나의 휴일이 다가오는 시기에 일어났다.

같은 날 밤 그녀는, 악하지만 자신이 무슨 일을 했는지 알지 못하는 아마존 여자에 대한 꿈을 꾸었다. 이 여자의 머리는 반복해서 잔인하게 으깨졌고 구경꾼들은 이것이 정당하다고 생각했다. 구경꾼들 중에 정의의 여신의 형상이 있었지만, 눈을 가리고 있지는 않았다. 정의의 여신의 형상은 눈에 단검이 꽂혀 있었다.

그녀는 아마존의 삶에 대한 그림을 그리고 싶었던 적이 있었다고 연상했다. 만약 그녀가 다른 사람들의 잔인성에 관한 그림을 창조했다면, 그녀는 그것을 무자비하게 공격할 수 있었을 것이다(이는 정당한 일이다). 그러나 그렇게 하기 위해 정의의 여신의 얼굴이 눈 가림을 통해 공정해져서는 안 되었다. 그 대신 눈은 단검으로 채워져 있었다. 여기에서 그녀는 '단검을 볼 수 있었고', 또한 동시에 그녀의 지각을 단검으로 공격해야 했다(여기에서 우리는 오이디푸스의 운명을 상기할 수 있다).

그녀는 정의의 여신의 눈 속에 있는 단검들을 눈을 찌르는 듯한 자신의 고통, 그리고 집중하지 못하고 폭넓은 시야를 가질 수 없는 자신의 무능력과 연결시켰다. 이에 대한 분석은 그녀의 눈의 고통을 경감시켰고, 동시에 그녀로 하여금 죄책감에 직면하도록 했다. 그리하여 이제 그녀는 그토록 정당하다고 지지했던 자신의 공격의 부당성을 볼 수 있었다.

죄책감에 대한 분석은 물론 본질적이다. 이는 초자아의 편협하고 무자비한 고문 때문에 어려움이 따른다.

그녀는 아주 정의로운 대의라고 그녀가 믿는 것에 자신의 삶을 헌신하고자 하는 욕망을 통해, 즉 이스라엘을 위해 투쟁함으로써 이에 대해 자신을 방어하고자 했다.

자기중심적인 전능한 편협성의 합리화와 죄책감에 대한 방어가 생존이라는 이름으로 항존했다. 그리하여 모든 문제가 삶과 죽음의 투쟁으로 느껴졌고, 따라서 그것들은 견딜 수 없는 것이 되었다. 이렇듯 그녀는 자신의 지각을 편협하게 만들었고, 젖꼭지에만 관심을 갖는 유아의 위치에 항상 머물렀다. 따라서 그녀가 자신의 삶을 욕구만족에 집중하며, 나에게도 그녀의 욕구 만족에 집중하기를 요구하는 것은 자연스러운 일이었다.

14세 때 그녀가 나치에 의한 학살을 피하고 생존하기 위해 형제자매와 함께 고국을 떠난 것은 그녀의 삶의 커다란 비극이었다. 그녀의 부모는 남아 있다가 살해당했다. 따라서 그녀는 자신의 생존이 부모의 삶을 희생한 대가로 느껴졌고, 그들과 운명을 함께해야 한다고 느꼈다. 이에 대한 죄책감은 결코 그녀를 떠나지 않았고, 회복이 불가능하다고 그녀는 느꼈다. 삶의 기쁨을 방해한 것은 죄책감의 무게만이 아니었다. 그녀는 또한 자신 속에서 '기쁨을 죽이는' 자기의 부분이 작동하고 있음을 알기 시작했다(실제로 이것이 상당한 죄책감의 원인이었다).

그녀는 특히 잔인한 방식으로 행동하는 자기의 부분이 있음을 깨달았다. 내가 그녀를 완전히 만족시키지 못하거나 그녀가 특별하고 유일하다고 느끼게 만들지 못하면, 그녀는 악의에 차서 나의 분석과 작업을 죽였다. 내가 이 점을 그녀에게 지적했을 때, 그녀는 내가 그녀로 하여금 평생 사랑받지 못하는 사람으로 죄책감과 고통을 느끼도록 저주했다고 주장했다.

내가 이를 견디며 컨테인하고 계속해서 그녀를 이해하고 도와주었다는 사실이 그녀에게 기쁨을 가져다주지 않았다. 그녀는 자신이 기쁨과 위안을 죽이고 있다는 것을 볼 수 없었다. 그녀는 고통만을 느낄 뿐이었다. 그녀는 내가 그녀에게 가한 고통에 대해 고함치고 소리 질렀다.

그녀가 자기 몰두 속에서 파괴한 것이 내 속에 있는 좋은 부모라는 것을 알게 되었을 때 그녀는 극적인 안도감을 얻었고, 마침내 나에게 감사하고 미안해할 수 있었다. 그러고 난 후 그녀는 더 이해심 있는 초자아와 더불어 죄책감을 경험할 수 있었고, 그것을 다룰 수 있는 힘과 희망을 더 많이 가질 수 있었다.

이러한 상황은 그녀의 실제적 과거와는 대조되는 것이었다. 어머니는 그녀의 공격에 굴복했고, 그녀는 어머니(가망 없이 파괴되어 비난하는)를 내사했다고 나는 믿는다.

분석의 전개

이 환자에 대한 지금까지의 보고를 통해, 나는 어떻게 그녀가 잔인성이라는 편협한 한계 속에 사로잡혀 있고 '가정'으로부터 단절되었는지를 기술했다. 점차적으로 분석 시간에 가정이라는 개념이 조금씩 생기기 시작했다. 이는 인간애가 잔인성에 대항할 수 있도록 해주었다. '키예프'에 관한 꿈을 따라가면서 우리는 그녀가 자신의 곤궁한 아기 부분을 위해 가정이 필요하다는 사실을, 그리고 그녀가 부모와 나로부터 좋은 속성들을 훔쳤고 그것들을 잔인하고 '이상적인 아리안족' – 그녀가 동일화한 아리안족 – 에게 주었다는 사실을 깨닫기 시작했다는 것을 보았다.

또한 우리는 그녀가 자신에게 가정을 제공하기 위한 자신의 방법을 갖고 있다는 것을 발견했다. 정신이 혼미한 상태에 있을 때, 즉 자신과 대상을 구분하지 못할 때 그녀는 위안을 주는 가정을 설립할 수 있었다. 그녀는 강렬한 신체적인 성적 결합 속에서 '소속감'을 느꼈다. 그녀는 또한 조적인 망상적 일화episode를 통해 안전감을 가질 수 있었다. 모든 좋은 것이 그녀의 내부에 있다고 느낌으로써 말이다. 그러나 이러한 경험 중 어떤 것도 그녀의 성장에는 도움이 되지 못했다. 이 모든 과정은 진정으로 도움을 주는, 분리된 가슴-엄마-분석가를 파괴했다.

이러한 문제들에 대한 분석을 통해, 그녀는 자신의 곤궁한 부분을 위해 가정을 찾는 것이 엄청나게 중요하다는 것을 인식할 수 있게 되었다. 그녀는 내가 그녀에게 제공한 심리적 가정, 그리고 친구들이 제공한 가정의 가치를 알게 되었다. 그녀는 가정을 제공하는 사람들, 그리고 가정에 대한 필요성을 인정하는 사람들을 존경하기 시작했다.

그녀는 소련을 가까스로 떠나 이스라엘로 가는 중인 러시아 유대인을 어떻게 만났는지 생생하게 묘사했다. 이 사람은 자신의 직업 분야에서 중요하고 명망 있는 지위를 포기했다. 그는 그녀에게 영웅의 자리를 차지했다. 따라서 그녀는, 가정이라는 개념을 생생하게 유지하고 있는 [그런 남자와 결합하기를], 감옥에 갈지도 모를 위협을 무릅쓰고 마침내 이스라엘에서 자신의 가정을 이룰 수 있었던 그런 남자와 결합하기를 원했다.

그녀는 이 러시아 유대인이 더 인간적인 열망을 위해 세속적인 성공을 포기했다는 사실에 진정으로 경탄하면서 말했다. 그러나 이 사람을 만난 후 그녀는 한 꿈을 꾸었다. 꿈에서 그녀는 테임즈 강에서 낚시를 하고 있었다. 낚시줄 끝에 무언가가 걸렸지만 그녀는 아무리 노력해도 그것을 끌어당길 수 없었다. 결국 그녀는 낚시줄을 따라갔는데, 그것은 바위 사이에 끼어 있는 금속 상자와 연결되어 있었다. 상자 겉에는 'X 은행', 내부에는 '카페 Y'라고 쓰여 있었다(명확한 이름을 밝히지 않으려고 X, Y라고 기술했다). 은행 'X'는 전남편의 은행, 그리고 돈이 무궁무진하게 많았던 시기와 연관되어 있다. 카페 'Y'는 카페 테이블에 앉아 우월한 방식으로 '세상을 움직이는' 예술하는 친구들을 그녀가 종종 만났던 카페와 관련 있다. 테임즈 강은 그녀가 자신의 예술 작품을 출간해주기를 희망했던 출판사들과 관련 있다.

그녀는 '인간적인 가정'을 위해 세속적 성공을 포기하는 꿈의 서두와 달리 돈과 성공에 대한 자신의 갈망이 확고하게 바위처럼 자리잡고 있다는 것을 깨달았다. 이 꿈은 그녀가 '전능한 신들'(카페 'Y')을 찾는다는 요소를 포함하고 있다contain. 그러나 내게는 그것이 불길하거나 잔인해 보이지 않았다. 전반적인 그림은 그녀가 돈과 성공을 추구한다는 것이지만, 몇몇 현실적 기반을 갖고 있었다. 키예프에 관한 꿈에서처럼 그녀는 '잔인하고 도착적인 가정'에서 양육되고 있지 않았다. 그녀는 돈과 성공을 위해 낚시를 하고 있었고, 그 과정에 자신의 상이한 부분들 사이의 투쟁이 존재했다. 그녀는 자신의 양가감정과 투쟁했지만, 그것을 없애기 위해 도착적인 해결책으로 되돌아가지는 않았다.

그러나 내가 가장 눈에 띄는 발전이라고 여기는 것은, 그녀가 꿈에서 자신이 하고 있던 것이 무엇이었는지에 관한 깨달음에 대한 그녀의 반응 방식이다. 그녀는, '눈을 파내'고 지각을 편협하게 만들며 자신을 정당화하거나 무자비하게 비난받는다고 느낄 필요가 없었다. 그녀는 자신의 이 부분을 바라보고, 가정을 마련하고, 이러한 요소들과 투쟁하는 것이 자신의 과제라는 것을 깨달을 수 있었다. 바로 이것이, 그녀의 이러한 부분들과 곤궁한 부분들에 내가 '가정'을 제공할 수 있었고, 이어서 그녀가 나의 '심리적 가정'을 내사한 결과라고 나는 믿는다. 이를 통해 분석은, 통찰력을 도덕화하는 초자아의 잔인한 비난이 아닌, 건설적으로 사용하는 방식으로 진행될 수 있었다.

스스로의 숙고를 통해 그녀는 이러한 능력을 인식했고, 그녀가 아들에게 어떻게 행동했는지를 생각했다. 그녀는 아들이 아주 성공적이지 않으면 그를 거부했었다. 그녀는 진정한 죄책감을 느꼈고, 그가 성공하든 그렇지 못하든 그에게 올바른 가정을 제공하기로 결심한 듯이 보였다.

그녀의 발달에서 가장 의미 있는 것은 어머니를 기억하기 위해 가정을 마련한 것이었다. 그녀는 어머니가 항상 불안해했고 항상 아버지에 대해 불평했으며(아마도 이는 틀린 말은 아닐 것이다), 그녀(환자)가 어머니가 '딱 원하는 일을 하지 않으면', 또는 일이나 즐거움에 전혀 관심이 없으면 그녀에게 잔소리했다고 말했다. 그녀는 부서진 어머니와 요구하는 인물 사이의 어디엔가 서 있었다. 이제 그녀는 어머니를 우울하고 불행하지만 항상 노력하는 사람으로 볼 수 있었다. 가족을 위해 좋은 가정을 만드는 것에서 만족을 얻었던, 그리고 항상 그녀를 잘 먹이고 입히며 '자신[어머니]의 방식으로' 자신이 할 수 있었던 것을 했던 여자로서 말이다. 이는 여러 면에서 슬픈 이야기다. 그러나 흔적을 남긴 하나의 특징이 있었다. 그것은 그녀의 어머니가 역경과 우울에도 불구하고 노력했다는 것이다. 환자가 느끼기에, 14세 때 모국을 떠나 유럽과 터키를 여행하는 동안 자신을 지탱해준 것은 바로 어머니의 이러한 특성이었다.

내가 끈기 있게 그녀에게 '심리적 가정'을 제공했다는 것을 그녀가 깨달았기 때문에 그녀는 어머니를 기억하기 위해 가정을 마련했고, 이로부터 힘을 얻었으며, 어머니를 버렸다는 느낌을 갖지 않고 자유롭게 새로운 사랑의 경험을 할 수 있었다. 이제 그녀는 그녀의 증오심을 경감시키고 그녀로 하여금 자신의 공격성을 다룰 수 있도록 도와주고 그녀의 이전의 잔인하고 편협한 세상의 악순환을 완화해주는 더 관대한 세상에서 살아가기를 시작할 수 있었다.

두 번째 임상 사례

첫 번째 사례에서 나는 어떻게 환자가 자신의 지각을 생존 수단으로서의 젖꼭지로 편협화했는지를 기술했다. 다음의 두 번째 사례에서는 남근이 젖꼭지를 대신했고 환자의 세계에서 중심점이 되었다.

이 환자는 30세의 남자 동성애자였다. 처음에는 그의 편협성이 감각적 만족에 국한되는 것처럼 보였다. 그러나 곧 남근은 훨씬 더 많은 것을 의미한다는 것이 드러났다. 그의 생활 전체가 남근 숭배를 중심으로 돌아갔다. 그는 매일 여러 차례 공공화장실에서 성적 모험을 행했는데, 주로 펠라치오를 하거나 항문성교의 수동적 파트너가 되었다. 그는 이 남근들에 대해 곧고 위를 향하고 고상하다는 등의 찬미를 하곤 했다. 이러한 남근들이 때때로 그로부터 돈을 빼앗거나 공격하는 사람들에게 속한다는 사실이 그의 견해를 결코 수정하지 못했다. 그는 자신이 나로부터 얻은 모든 힘을 부인했고, 그것을 남근에 귀속시켰다.

예를 들면 그가 회기에서 고통으로부터 조금 벗어나게 되면, 그는 내가 그에게 제공한 모든 이해(심)를 잃어버리고 위로를 얻기 위해 '장대한' 남근들로 향하지만, 다시금 곧 우울에 빠진다. 이러한 패턴은 계속 반복되었다. 본질적으로 항문성교는 항상 잔인했고, 분석에서의 나의 이해(심)와 연관되어 있는 좋은 내적 대상에 대해 승리하고자 사용되었다.

역전이 속에서 그는 내 안에 무력감, 즉 남근숭배 종교의 강력한 전능성에 대항해 내가 할 수 있는 것이 아무것도 없다는 무력감을 생산했다. 그는 자신의 체계를 믿으라고 내게 강요했고, 나로 하여금 그의 흥미진진한 업적들에 대한 나의 무력한 시기심을 인정하라고 종용했다.

남근적 세계의 이러한 이미지가 붕괴되고 우울을 경험할 때, 그는 우울증을 가진 작가들을 찬미했고, 인간의 삶의 허무함을 아는 사람들만이 인간 정신의 진정한 거인임을 믿으라고 내게 강요했다. [그가 보기에] 나 같은 사람들은 불쌍한 겁쟁이다. 여기에서 우리는 삶 자체에 대한, 집요하고 편협하며 잔인한 공격을 다시 한번 볼 수 있다. 분명해진 것은 전능한 잔인성이다. 이는 창조성과 기쁨을 그의 우울과 비교함으로써 아무것도 아닌 것으로 만들었다.

이성애를 행할 때 그는 무자비하게 여자친구의 결점을 공격하는 데 온 정신을 집중했고, 그 결점을 빌미로 그녀를 괴롭혔다. 자신은 신적인 우월성을 갖고 있다는 것이다. 그는 이상적 대상과 동일화했고, 여자의 결점을 공격할 자격을 갖고 있다고 생각했다.

힘든 분석 작업 후에 그는 자신의 잔인성과 몇몇 죄책감을 깨닫는 것에 근접하기 시작했다. 대표적인 그의 행동화acting out는 다음과 같다. 어느 날 그는 몹시 동요된 상태에서 약속 시간보다 일찍 회기에 왔다. 그리고 도착하자마자 나의 집을 떠났다. 그는 떠나는 소리를 내가 들을 수 있다는 것을 알고 있었다. 그러고 난 후 그는 나의 집 바깥에서 행진하듯이 걸어 다녔다. 그는 내가 창문을 통해 그를 볼 수 있다는 것을 알고 있었다. 그는 내가 그를 들어오라고 부르지 않을 것이라는 점도 알고 있었다. 그리하여 그가 5분쯤 늦게 문 앞에 다시 오게 되면, 그는 이제 비난할 수 있는 무기를 갖추게 된 셈이다. 여기에 고통으로 몹시 동요된 그, 즉 환자가 있고, 나, 분석가는 극히 잔인하고 분석 테크닉을 숭배하며 그것을 인간애와 고통보다 더 중요한 것으로 여긴다. 나는 그를 돕기 위해 원칙에서 벗어나는 일을 결코 행하지 않을 것이다. 그리하여 이제 그는 잔인한 사람은 나라고 주장할 수 있다.

그의 이러한 잔인성, 나르시시즘적 몰두, 즉 그는 진정한 진리를 알고 있고, 정당하며, 진정으로 가치 있는 대상들을 사랑한다는 나르시시즘적 몰두의 패턴 전체가 집요하게 유지되었다. 궁극적으로 그만이 '인간애'와 함께 걸어 다니며 나는 그렇지 못하다는 것이다.

나는 그가 인간애와 창조성에 대해 근본적으로 시기심을 갖고 있다는 것을 의심하지 않는다. 내가 강조하고 싶은 것은, 그가 지각을 '자신의 세계'에 편협화하고 결코 더 완전한 이해에 도달하지 않으려는 방식이다. 그의 분석이 항상 그런 식이었던 것은 아니다. 그러나 나는 그의 이러한 특징과 권력을 강조하고 싶다. 위기가 발생할 때마다 이러한 패턴은 반복되었다.

도착증과 편협한 몰두가 무엇을 의미하든, 그가 고통스럽게 갈망하는 것은 궁극적으로 좋은 것, 인간애, 그리고 진리라고 나는 생각한다. 이 사례에서 우리는 그가 행한 것에 대한 고통스러운 죄책감이 존재한다는 것을 또한 볼 수 있다. 그는 이러한 죄로 인해 나를 틀 속에 가두어야만 했으며, 자신을 변호하기 위해 기꺼이 고통받을 준비가 되어 있었다.

이론적 고찰

『애도와 멜랑콜리』에서 프로이트(1917)는 어떻게 멜랑콜리 환자들이 대상에게 고통을 가하면서도 그것에 집착하며, 새로운 대상관계를 수립하기를 거절하는지 기술했다. 아브라함(1924)은 멜랑콜리의 잔인성 속에서 이러한 환자들은 마치 자신이 소유하고 있다는 듯이 대상을 다룬다는 점을 관찰했다. 프로이트와 아브라함은 모두, 자기와 대상 간의 구분이 존재하지 않는 나르시시즘으로의 퇴행을 강조했다.

멜라니 클라인의 우울적 위치 개념에 따르면, 어린아이가 자신과 대상이 분리되었음을 인식하기 시작하는 발달단계가 존재한다. 따라서 아이는 열등감, 그리고 엄마에 대한 시기심에 직면한다. 그가 소유할 수 없는 엄마, 즉 이상적이지 않고 인간적인 엄마에 대한 인식이 생겨난다는 것이다. 따라서 아이는 좌절, 죄책감, 그리고 이러한 엄마를 상실할 수 있다는 불안에 직면해야 한다.

나르시시즘적 위치에 남아 있기 위해 이러한 인식에 대한 공격이 생겨난다. 이는 내적 대상에 대한 공격을 포함한다. 이러한 공격들이 인간적인 엄마에 대한 인식을 파괴하며, 따라서 환자는 잔인하고 사랑 없는 세계에 머물러 있게 된다.

이를 달리 표현하면, 젖꼭지에서 가슴, 아기, 얼굴로, 그리고 궁극적으로 엄마의 정신과 사랑으로 지각이 발달하고, '엄마'에 대한 그림을 생산한다. 이것이 내사되어 유아의 정신 속에 '가정home'을 설립하고 사랑할 수 있는 유아의 능력을 발전시킨다. 이 전체적인whole 인간적 엄마라는 개념을 말소시키면, 세계에 대한 아이의 그림은 잔인하고 사랑 없는 장소로 편협해진다.

더 나아가, '이상적 가슴'－나르시시즘적 동일화를 통해 이상을 소유하고 이상이 되라는 요구를 만족시키는 가슴－이 아니라는 이유로 실제적 엄마를 공격하게 되면 [잔인한] 초자아의 병합incorporation이 발생한다. 이러한 초자아는 아이로 하여금 일생에 걸쳐 그것[초자아]을 만족시키라고 요구한다. 따라서 그는 잔인하고 강요하는 편협한 세계 속에서 살게 된다. 그리고 그는 이러한 체계를 숭배하고 자신을 종속시키고 그 체계와 동일화하도록 강요받는다. 부분적으로는 두려움 때문에, 그리고 부분적으로는 그 체계가 자신의 강력한, 복수심에 가득 찬 전능성을 갖고 있기 때문이다. 이러한 초자아적 이상이 그의 삶을 지배한다. 프로이트와 아브라함이 기술했듯이 대상에 집착하고 그 대상을 마치 자신이 소유하고 있다는 듯이 다루는 환자는, 이제 내사를 통해 환자 자신, 즉 그에게 자유를 허락하지 않는 잔인한 초자아에 의해 소유된 환자 자신이 된다.

따라서 그는 자신의 편협하고 사랑 없는 나르시시즘적 요구에 갇히게 되며, 편협하고 사랑 없는 나르시시즘적 신들에 의해 지배된다. 이에 덧붙여 어린아이는 인간적인 실제적 엄마를 잔인한 유형지로 내쫓고, 자신이 엄마에게 행했던 것과 동일한 일을 행하는, 가정을 제공하지 않는 엄마를 내사한다. 그리고 인성의 나르시시즘적 부분은 자신의 곤궁한 실제적인 아기 부분을 추방한다. 따라서 가정은 오직 신들과 신적인 자기의 나르시시즘적 부분에게만 주어지며, '거짓 자기'와 거짓 삶을 낳는다.

이러한 문제는 어린아이가 우선 좋은 가정을 부인당하게 됨에 따라 더욱 복잡해진다. 아이는 자신의 아기 부분을 거절하고, 불안을 견디지 못하며, 따라서 이러한 의미에서 이 아기에게 가정을 제공하는 데 실패한 엄마를 갖게 될 것이다. 그의 불안하고 곤궁한 자기는 심리적으로 잔인한 유형지로 내몰릴 것이다. 그는, '이상적 아기' 만을 견딜 수 있고 실제적 아기를 거절하는 엄마를 갖게 될 것이다. 또는 그는 그에게 너무 몰두하고 그의 전능한 탐욕을 만족시키는 엄마를 갖게 될 것이다. 어떤 경우든 그는 복수와 '이상적 세계'의 재창조를 갈망하게 될 것이다.

환자가 분석받으러 올 때 우리는 복잡한 문제에 직면한다. 그러나 환자로 하여금 더 충족적이고 이해심 있으며 사랑하는 세계 – 그를 구원할 수 있는 유일한 경험 – 를 사용할 수 있도록 만드는 것이 분석적 과제라고 나는 생각한다.

이 논문에서 나는 어떻게 그러한 환자들이 도덕적 정의라는 이름 하에 자신의 불평을 정당화하기 위해 분석가의 이해심을 제한하며, 더 충족적인 사랑을 밀어내고 이러한 상황이 수정되지 못하도록 하는지 보여주고자 했다. 이렇게 함으로써 그들은 원시적인 초자아의 처분에 따라 사랑이 결핍된 유형지로 자신을 몰아낸다.

이러한 나르시시즘적 조직화는 환자로 하여금 성장하고, 삶을 즐기며, 인간적 나눔을 경험할 수 있는 가정을 발견하지 못하게 한다.

'좋은 가정'이 있다면, 잔인성의 문제는 부모와의 상호작용을 통해 인간화될 것이다. 나는 다음과 같이 추론할 수밖에 없다. '만약 오이디푸스가 가정에서 양육되었다면 어떻게 되었을까?' 그의 비극은 그가 유형지에서 삶을 시작했고 유형지에서 삶을 마감했다는 것이다.

잔인한 악순환의 반대는 서로 배려를 하는 것이다. 자신[어머니]의 정신 속에서 아기에게 가정을 제공하는 어머니와, 자신[아기]의 정신 속에서 실제적 어머니에게 가정을 제공하는 아기 사이의 상호 배려 말이다.

결론

고통을 느끼고 기뻐하고 창조적으로 아기에게 무언가를 제공하는 엄마를 분리된 인격으로 볼 수 있도록 하는 정상적 과정은 (잔인성이 지배하는 경우) 지각으로부터 악의적으로 제거되어 편협한 정신을 산출한다.

지각의 편협화는 전체대상의 모습을 환자가 소유하고 있는 젖꼭지의 역할로 축소시키며, 그리하여 의식적 사랑과 의식적 죄책감을 축소시킨다.

대상이 이상적이어야 하며, 환자를 이상적 존재로 간주해야 한다는, 또는 환자를 처벌해야 한다는 [환자의] 요구가 생겨난다.

좋은 것은 강탈당한다. 그것은 잔인성 쪽으로 도착되고perverted, 잔인성에 힘을 부여하며, 재난을 회피하게 된다. 이러한 도착(증)은 종교로 숭배되고, 분석가는 이러한 숭배로 회심하도록 요구받는다. '만약 당신이 할 수 없다면 신이 당신을 도울 것이다!' 이의 내사는 잔인한 초자아를 낳으며, 잔인성과 (잔인하고 도착적이고 도덕화하는 신에 대한) 노예적 헌신 간의 희망 없는 악순환을 설립한다. 실제적 엄마는 쫓겨나고 버려지며, 곤궁한 실제적인 '아기 부분'도 유형지로 내쫓긴다.

비우호적인 초기의 분석 상황으로는 다음과 같은 것들이 있을 것이다. 전능한 망상을 지지하기, 잔인성에 대항해 마찬가지로 잔인하게 행동하기, 동일화의 모델로 자신의 전능한 잔인성을 제공하기, 붕괴하거나 죽기. 이러한 모든 것이 재난적 결과를 낳는다.

분석가의 역할은 자신과 환자의 정신을 편협하게 만들고자 하는 환자의 전투적 공격에 맞서 환자의 지각을 확장시키고, 주의 깊은 분석을 통해 올바른 환경을 제공하는 것이다. 분석가의 더 완전한 이해(심)가 편협성에 맞설 수 있어야 한다. 더 완전한 이해(심)만이 잔인성을 수정하고, 좋은 것과 강함으로 증오를 다룰 수 있게 하고, 용서가 개입할 수 있도록 해주기 때문이다.

이러한 수단을 통해 '가정'은 새로운 좋은 경험이 된다. 이를 통해 환자의 정신 속에 원래의 '가정'의 좋은 측면이 재건설될 수 있다. 쫓겨난 부모가 가정으로 되돌아오고, 좋음의 작업을 행할 때 동맹자가 되며, 잔인성을 완화하는 과제가 강화되고 공유된다.

요약

이 논문의 주장은 인간적 이해(심)가 잔인함을 수정하지만, 잔인성이 수정되지 않도록 다양한 메커니즘이 사용된다는 것이다. 가장 중요한 과정으로는, 인간적인 사랑과 용서보다 우월하다고 느껴지는 전능성에 대한 숭배, 우울에 대한 방어로서 전능성에 대한 집착, 불평과 복수에 의존하기 등이 있다. 의식적 죄책감을 피하기 위해 정신의 지각이 편협해지고, 이에 따라 잔인성을 당당하게 정당화하며, 대상 속에 존재하는 구원적 특징redeeming features을 제거한다.

이 논문은 어떻게 이러한 과정이 작동하고, 어떻게 투사를 통해 분석가의 해석이 잔인하다고 지각되는지, 그리고 어떻게 환자가 이러한 악순환에 갇히게 되는지를 설명한다.

이러한 힘들을 다루는 기술적技術的 문제들에 대해서도, 잔인성을 수정하는 인간적 배려를 활성화해야 하는 과제와 더불어 설명했다.

참고문헌

Abraham, K. (1924) 'A short study of the development of the libido, viewed in the light of mental disorders', in *Selected Papers on Psychoanalysis*, London: Hogarth Press (1942), 418-501.

Freud, S. (1917) 'Mourning and melancholia', *SE* 14.

Klein, M. (1934) 'A contribution to the psychogenesis of manic-depressive states', in *The Writings of Melanie Klein*, London: Hogarth Press (1975).

5장

나르시시즘적 조직화, 투사적 동일화, 그리고 동일자의 형성

레슬리 손Leslie Sohn

이 논문은 1985년 『국제정신분석학회지』 66권에 처음 출간되었다.

1933년 31번째 강의로 제시된 「심리적 인성의 해부」와 관련해 『프로이트 표준전집*Standard Edition*』의 편집자들은 이 강의가 「자아와 이드」의, 적어도 4개의 장에서 주로 유래했다는 사실에 주목할 것을 독자들에게 요청했다. 그럼에도 불구하고 프로이트는 이 강의가 그의 재료에 대한 청중의 거리낌과 경계심을 촉진할 것이라고 예측한다. 그는 1932년 여름에 쓴 서문에서, 이는 상상력에 의해 행해진 강의라고 말한다. 이 서문에서 그는 이전의 설명들을 비판적으로 수정하지만, 강의에서는 매우 경쾌하게 다음과 같이 말한다.

> 우리는 자아, 바로 우리 자신의 자아를 탐구의 주제로 삼기를 원합니다. 그러나 그것이 가능할까요? 궁극적으로 자아는 그

본질에 있어서 주체입니다. 그렇다면 어떻게 그것을 대상으로 만들 수 있을까요? 자아는 자신을 대상으로 취할 수 있습니다. 자기 자신을 다른 대상들처럼 취급할 수 있으며 자신을 관찰하고 비판할 수 있습니다. 자아의 한 부분은 자신을 나머지 부분에 대립시킵니다. 그리하여 자아는 분열될 수 있습니다. 그것은 자신이 다양하게 기능할 때 (적어도 일시적으로) 자신을 분열시킵니다. 자아의 부분들은 후에 다시 통합됩니다. 이는 전적으로 새로운 사실이 아닙니다. 아마도 우리가 지금까지 일반적으로 알려진 것을 특별히 강조하는 것일 수 있지만 말입니다. 다른 한편으로 거칠게 말하면 우리는, 우리가 파악하지 못했을 정상적 상황들을 병리학 덕택에 주목할 수 있다는 관념에 친숙합니다. 병리학이 균열 또는 파열을 지시하는 곳에는 아마도 명확한 분절화가 존재할 것입니다. 우리가 수정을 바닥에 던지면 그것은 부서지지만 아무렇게나 부서지는 것은 아닙니다. 그것은 균열선을 따라 파편들이 됩니다. 이 파편들의 경계선은 눈에 보이지 않지만 수정의 구조에 의해 미리 결정되어 있습니다. 정신질환을 앓고 있는 환자들은 분열되어 있고, 앞서 말한 그러한 종류의 부서진 구조를 갖고 있습니다. 우리는 과거의 민족들이 비정상인에 대해 느꼈던 어떤 경외감을 그들에게서 느끼지 않을 수 없습니다. 그들은 외부 현실로부터 물러났습니다. 그러나 바로 그러한 이유로 그들은 내적인 물질적 현실에 대해 더 많이 알고 있으며, 그렇지 않았더라면 우리가 접근할 수 없었을 많은 것을 그들은 드러낼 수 있습니다(pp. 58-9).

나의 논문은 다양한 환자 집단의 자아 구조들에서의 분열선(lines of cleavage)을 관찰하고, 파편화 그리고 때로는 복구, 그리고 (그러한 변화로부터 유래하는) 동일화에 대해 검토하기 위한 [시도], 따라서 나르시시즘적 환자들과 그들의 정신병리에 대한 정신분석 작업의 사유와 임상을 발전시키기 위한 시도이다. 이 환자들이 자신의 삶과 정신분석 작업에서 행하는 다양한 형태의 동일화 과정을 검토함으로써 말이다. 따라서 이 논문은 전이의 존재를 명확하게 보여주어야 할 것이다. 왜냐하면 프로이트 자신은 이러한 환자들이 전이 능력을 갖고 있지 않거나, 또는 최상의 경우 그들의 전이 능력이 현저하게 감소했다고 느꼈기 때문이다.

일차적 나르시시즘이라는 용어는 대상 없는 상태를 함축한다. 그러나 이 주제에 관한 많은 분석가의 저작들에서는 자기와 대상의 혼동, 대상으로의 공격성의 투사, 대상에 대한 다양한 강도의 요구 같은 용어들이 계속 등장한다.

따라서 전통적으로 대상 없는 상태를 의미하는 상황에서 어떻게 다음과 같은, 명백히 임상적으로 관찰 가능한 상황들에 관한 일련의 논의가 출현했는지 살펴볼 필요가 있다. 일차적 나르시시즘에 대한 프로이트의 기술과 유사하지만, 로젠펠드의 용어에 따르면 원초적 대상관계(1964)라고 말할 수 있는 상황 말이다.

정상적 동일화 과정에 대한 정신분석가의 견해에 대해 수년 동안 모델 역할을 해왔던 두 논문으로부터의 인용문을 살펴봄으로써, 우리는 나르시시즘적 환자들과의 작업과 경험에 대한 보고를 대조해볼 수 있다. 프로이트는 『집단심리학』의 7장 「동일화」에서 다음과 같이 말한다.

> 동일화는 다른 사람과의 감정적 유대의 가장 초기의 표현이라고 분석가에게 알려져 있다. 그것은 오이디푸스 콤플렉스의 초기 역사에서 어떤 역할을 행한다. 남아는 아버지에 대해 특별한 관심을 드러낼 것이다. 아버지처럼 성장하고, 모든 곳에서 그의 위치를 차지하려 한다… 아버지와의 이러한 동일화와 동시에 남아는 (의존적 유형의)[3] 애착에 따라 어머니에 대한 진정한 대상 점령을 발전시키기 시작한다. 그러고 난 후, 따라서 아이는 심리적으로 구분되는 두 개의 결합 관계tie를 드러낸다. 어머니에 대한 직접적인 성적 대상 점령과, 아버지를 자신[남아]의 모델로 삼는 아버지에 대한 동일화가 그것이다. 이 둘은 한동안 서로 영향을 미치거나 간섭함 없이 나란히 공존한다. 정신적 삶의 통합을 향한 필수적인 발달의 결과로 이 둘은 마침내 통합된다. 그리고 정상적인 오이디푸스 콤플렉스가 그것들의 합류로부터 발생한다(p. 105).

「동일화」(1955)라는 논문에서 멜라니 클라인은 말한다.

> 정상적 발달의 경우 생후 4~6개월 때, 자신을 통합하고 대상을 종합할 수 있는 자아의 능력이 더 증대됨에 따라 박해적 불

3) 괄호 속 내용은 레슬리 손의 것임. –역주

> 안이 감소하고 우울적 불안이 전면에 등장한다. 이는 이제 자신이 사랑하며 동시에 미워한다고 느끼는 대상에 대한 슬픔과 (전능 환상 속에서) 그 대상에게 행한 해악에 대한 죄책감을 포함한다. 그리고 이러한 불안들과 이것들에 대한 방어는 우울적 위치를 표현한다… 특히 내면화된 좋은 가슴이 자아에서 초점focal point으로 기능하고 이로부터 좋은 느낌이 외부 대상에 투사된다는 점에서, 내면화internalization는 투사적 동일화를 위해 매우 중요한 역할을 행한다. 그것은 자아를 강화하고, 분열과 분해를 억제하고, 통합과 종합 능력을 향상시킨다. 내면화된 좋은 대상은 통합되고 안정된 자아, 그리고 좋은 대상관계를 위한 전제 조건 중 하나이다(p. 312).

클라인은 '통합이 살아 있음, 사랑함, 그리고 좋은 내적 대상에 의해 사랑받음을 의미한다'고 느낀다. 달리 말하면 '통합과 대상관계 사이에 밀접한 연결이 존재한다'는 것이다. 후에 그녀는 같은 맥락에서 "안정적으로 확립된 좋은 대상은 그 대상에 대해 안정적으로 확립된 사랑을 의미하며, 자아에게 풍요로움의 느낌을 준다"고 말한다. "이러한 풍요로움의 느낌이 고갈의 느낌이 생겨남 없이 리비도의 분출을 허락해주며, 자신의 좋은 부분을 외부 세계에 투사할 수 있도록 해준다." 이 논문의 한 각주에서 클라인은 프로이트의 『집단심리학과 자아분석』을 참조하며, 이 저작을 다시 읽었을 때 프로이트가 주로 관심을 가졌던 것은 내사였지만 투사에 의한 동일화 과정에 대해 알고 있었다고 느낀다고 말한다(p. 313). 물론 이때 그녀는 주기와 받기,

내사와 투사 간의 균형에 대해 언급하고 있는 것이다.

「나르시시즘의 정신병리학」(1964)에서 로젠펠드는 우리로 하여금 나르시시즘적 환자에 대한 상당한 양의, 그리고 점증하는 연구 성과에 주목하게 하면서 다음과 같이 말한다. "나르시시즘적 대상관계에서 전능성은 중요한 역할을 한다. 대상(보통의 경우 부분대상인 가슴)은 전능한 방식으로 병합되는데, 이는 그 대상이 유아의 소유물인 것처럼 다루어진다는 것을 함축한다. 또는 자아의 부분들이 고통과 불안을 발생시킬 때 엄마 또는 가슴이, 바람직하지 못하다고 느껴지는 자아의 이러한 부분들이 전능하게 투사되는 컨테이너로 사용된다는 것을 함축한다"(pp. 332-3). 그는 계속해서 말한다.

> 나르시시즘적 대상관계에서 동일화는 중요한 요인이다. 그것은 내사 또는 투사에 의해 발생할 수 있다. 대상이 전능하게 병합될 때 자기self는 병합된 대상과 동일화되어 모든 분리된 정체성, 또는 자기와 대상 간의 모든 경계가 부인된다. 투사적 동일화에서 자기의 부분들은 전능한 방식으로 대상 속으로, 예를 들면 어머니 속으로 들어가 욕망할 만한 것으로 경험되는 어떤 성질들을 취하여 대상 또는 부분대상이라고 주장한다.

그는 내사와 투사에 의한 동일화는 통상적으로 동시에 발생한다고 느낀다(이에 대해 우리는 후에 다시 논의할 것이다).

로젠펠드는 계속해서 이렇게 말한다. "나르시시즘적 대상관계에서 자기와 대상 간의 분리에 대한 어떤 인식도 중요한 역할을 행한다. 분리에 대한 인식은 대상에 대한 의존감을 낳을 것이며, 따라서 불안을 야기한다." 그는 의존이 갖는 심리적 함의, 즉 의존은 시기심을 자극하며 이에 관해 알게 된다는 것에 대해 논의한다. 전능한 나르시시즘적 대상관계는 좌절, 그리고 시기심에 대한 인식이 야기하는 공격적 느낌을 제거한다. 따라서 가슴과 그것의 작용을 전능하게 소유하는 것은 그를 좌절시키거나 시기심을 유발할 수 없다.

그러나 이러한 정식화는 문제를 발생시킨다. 로젠펠드가 기술하는 이러한 균형이 나르시시즘적 대상관계에서 유지되고자 한다면, 컨테이너로서의 대상 또는 부분대상에 대해 그가 이전에 표명한 견해를 재고할 필요가 있다. 성공적인 또는 심지어 부분적으로 성공적인 나르시시즘은 자기 자신의 정의된 관점terms에 의해 대상을 특수하게 '바라보아view'야 하기 때문이다. 그리고 컨테이닝하는 대상 속으로의 축출evacuation이 전능한 방식으로 발생한다면 그것[나르시시즘]은 즉시 또는 전능하게 축출 그 자체를, 또는 대상의 컨테이닝 능력을 부인해야만 한다(대상의 컨테이닝도 [나르시시즘으로 하여금] 대상에 대한 시기심을 촉진시키기 때문에). 내사 과정이 발생하고 있거나 발생한다고 느껴질 때도 유사한 어려움을 야기할 것이다. 내가 내사적 동일화 과정이 최소한으로 존재한다고 느끼는 것은 바로 그러한 이유에서다. 그리하여 우리는 이 논문에서 투사적 메커니즘에 대해 더 관심을 가지게 될 것이다. 내사 과정의 정도가 크면 클수록 우리는 이러한 종류의 발달에 점점 덜 관심을 갖게 될 것이며, 따라서 이러한 종류의 질병에 대해서도 덜 관심을 갖게 될 것이기 때문이다.

우리는 매우 젊은 사람들의 심각한, 그리고 통상적으로 비가역적인 정신병이 내사 과정의 커다란 장애와 관련 있다고 간주하고 싶은 유혹을 느낀다. 이러한 환자들은 좋은 아이였고, 좋은 학습자이며 장래가 촉망되는 아동이었다고 우리에게 보고된다. 그러나 질병이 표출되자 마치 지금까지 존재해왔던 외양이 갑자기 사라진 것 같았다. 당시까지 투사적 동일화에 의해 거짓된 방식으로 유지되었던, 아마도 전적으로 덜 발달한 자아가 노출되고, 자신을 설명하도록 요구받으면서 붕괴되었을 것이다. 이러한 사람들의 급격한 악화는 우리 모두에게 잘 알려져 있다.

로젠펠드는 대상에 대한 배려 없이 대상 속으로 투사하는 것에 대해 이야기한다. 그는 대상이 가치 절하되었기 때문에 투사가 발생한다고 느낀다. 나는 투사 그 자체가, 그러한 가치 절하가 발생하고 그것이 유지되는 경험의 원인 중 하나라고 느낀다. 특히 투사가 최대치의 시기심과 그것의 부인, 그리고 그것의 귀결과 관련되어 있다면 말이다.

이러한 환자들을 분석할 때 부딪치는 어려움을 설명해주는 두 가지 믿음을 우리는 이미 갖고 있다. 즉, [i]기본적으로 이 환자들의 컨테이너가 되어야 하지만 컨테이닝함에 있어 극한의 어려움에 부딪친다(그것을 인식하거나 경험하지 못할지라도)는 것, 그리고 [ii]매우 잔인한 투사와 그 귀결, 즉 가치 절하를 허용하고 유발하거나 보장하는 정신분석의 자연스러운 전개가 그것이다. 멜라니 클라인은 이러한 환자들은 분석이 필요하지 않다는 것을 자신에게 증명하기 위해 지속적인 분석이 필요하다고 말한 바 있다(출처 미상).

로젠펠드는 어떻게 대상관계가 분석가에게 등장하며, 또한 환자들이 이 대상관계를 어떻게 매우 이상적이고 바람직한 것으로 경험하는지에 대해 이야기한다. 모든 불쾌한 것이 회기 동안 분석가 속으로 방출되어 안도감을 느끼기 때문에 환자들은 실험실에서의 어머니와의 관계를 이상적인 것으로 느낀다. 그들은 완전하거나 이상적이라고 느껴지는 상황에서의 모든 만족스러운 해석을 믿으려 한다. 왜냐하면 회기 동안 그들이 훌륭하고 중요한 사람이라는 그들의 느낌을 증가시키기 때문이다. 이러한 환자들은, 일반적인 경우라면 대상과의 관계에서 경험되었을 모든 좋은 것을 자신의 내부에 포함하고contain 있다는 느낌을 공통적으로 갖고 있는 것 같다.

이는 급성 정신병으로 입원했던 한 여성 환자에 의해 상당히 생생하게 드러났다. 간호사는 병동에서 읽을 몇몇 잡지를 그녀에게 주었다. 그녀는 잡지들이 흥미 없다고 느꼈고, 그것들을 산산 조각냈다. 그리고 그것들 위에 소변을 보고 그것들을 맛있게 먹었다. 그러고 난 후에야 그녀는 잡지를 즐길 수 있었다. 그녀의 배설물(소변)이 다른 사람들의 생산성보다 훨씬 더 훌륭하며, 간호사의 돌봄과 관대함보다 훨씬 더 좋은 것이라는 점을 그녀 자신에게 증명했기 때문이다.

지금까지 언급한 것으로부터 우리는 이러한 환자들이 명백한 정신병 상태에 있다고 예상할 것이다. 현실로부터의 퇴각, 존재하는 부인denial 체계를 통한 현실 검사의 회피, 다양한 정도의 전능감, 시기심의 부인(따라서 질투의 부인) 등이 이러한 환자들의 발달 과정에 존재한다고 우리가 말해왔다면, 우리가 정신병 사례에 관해 항상 듣고 있었다고 우리는 생각하게 될 것이다. 나는 덜 나르시시즘적인 또는 더 대상 지향적인 인성 구조를 가진 나르시시즘적 환자들에 대해 기술하기를 희망한다. 나는 나르시시즘의 문제에 대한 연구에 광범위한 스펙트럼을 가진 과정이 존재한다고 믿는다. 프로이트가 기술했던 원래의 나르시시즘 개념에 따르면, 환자는 전적으로 물러나 있다 withdraw. 그러나 여기에는 정신병 환자들로부터 시작해, 로젠펠드가 자신의 두 논문에서 논의한 환자들을 경유하고, 겉보기에는 적절한 삶을 유지하는 환자에 이르기까지 광범위한 스펙트럼이 존재한다. 환자들의 패턴은 고립성을 드러내거나, 특수한 성격 구조를 갖는 일련의 현상을 보인다. 또는 나르시시즘적 조직화가 분석 회기 동안이나 살아가는 동안 집요하게 또는 일시적으로 등장하는 환자들도 존재한다.

왜 이러한 차이가 생기는가라는 질문에 대한 대답은, 이용 가능하거나 그렇지 않은 시기심의 정도에 달려 있으며, 이러한 시기심의 결과로 (앞서 언급한 바 있는) 다양한 방어가 가동된다고 나는 생각한다. 따라서 이러한 환자들과 이들의 성격 구조에 대한 사례도 상당히 다양할 수밖에 없다.

정신병 사례는, 초기에는 정상 발달의 과정이 존재한다는 특징이 있다(그러나 이는 분석을 통해 결코 확증되지 않으며, 전이 속에서 확인되지 않는다는 것이 분명하다). 교육적 실패가 점진적으로 전개된다. 달리 말하면, 내사 과정이라는 시험(a testing of introjective processes)에 직면했을 때, 더 심각한 환자들의 경우에 가장 빈번하게 실패가 발생한다. 정신병 증상들 – 퇴각withdrawal, 고통스러운 정서적 반응, 그리고 급격한 상태 악화 – 이 갑작스럽게 발전한다. 스펙트럼의 마지막 부분에서 우리는 모호하고 애착과 목표

의식이 없는 사람들을 발견한다. 이들은 아직 실현되지 않은 기대감으로 항상 가득 차 있으며, 쉽게 적응하는 능력을 갖고 있지만 이들의 적응력은 무의미하다. 더 나아가면, 어느 정도 물러난 삶을 살면서withdrawn 생색내고 거만한 사람들이 있다. 이들은 크고 작은 불만족으로 가득 차 있고, 시기심 또는 질투에 빠질 가능성이 있거나, 실제로 그것들에 참여하고 있다는 것을 통상적으로 인식하지 못한다.

「나르시시즘의 공격적 측면들에 대한 연구」(1971)에서 로젠펠드는 '자기 이상화의 중심적 역할 또는 자기의 전능한 파괴적인 부분들의 이상화'에 대해 언급한다. "자기의 전능한 파괴적인 부분들은 모든 긍정적인 리비도적 대상관계에 대해, 그리고 이것을 필요로 하고 이것에 의존하고 싶어하는 자기의 모든 리비도적 부분에 대해 적대적이다. 자기의 전능한 파괴적인 부분들은 종종 은폐되어 존재하거나, 침묵하고 분열될 수 있다. 따라서 그것들이 존재한다는 사실이 감추어지며, 그것들은 외부 세계와 아무런 관련을 맺고 있지 않다는 인상이 생겨난다. 실제로, 그것들은 외부 대상을 항구적으로 평가절하함으로써 의존적인 대상관계를 억제하는 매우 강력한 결과를 낳는다. 이것이 나르시시즘적인 개인이 외부 대상과 세계에 대해 무관심한 듯한 태도를 갖는 이유를 설명해준다"(p. 173).

방금 기술한 과정은 이러한 환자들의 분석에서 잘 알려져 있는 사실이다. 이러한 유형의 환자가 분석을 통해 도움을 받았다 – 환자로 하여금 자신의 의존적인 부분들이 강해졌다고 느끼도록 만드는 분석적 개입을 의미하기 위해 나는 '도움받은helped'이라는 단어를 사용했다 – 고 느낄 때, 도움받았다고 느끼는 그 리비도적 측면들은 의존적인 것임이 틀림없다. 다음과 같은 사실도 분명하게 알려져 있다. 그러한 과정이 발생하면, 이 새로운 상황은 무자비하게 공격받는다. 행동화acting out가 발생하고 지배와 승리의 원칙이 작용하는 상황이 다시 등장한다. 이는 수감하는 속성imprisoning qualtity에 관한 로젠펠드의 견해로 우리를 이끌어간다. 분열하기splitting의 속성이 아니라 자아 속에서의 분열split이라는 속성 말이다.

이러한 방식으로 정신분석이 진행되는 동안 환자는 자신의 인성의 이러한 측면들이 분열되어 투사된다고 느낀다(그러나 이는 환자가 분석이 자신에 대해 특수한 의미를 갖기 시작한다고 느낄 때만 일어나는 일이다). 바로 이때 그는 자신이 전에 갖고 있던 특별한 능력을 탈취당했으며, 분석가가 분석 회기 동안 이러한 탈취를 행했다고 확신한다. 따라서 우리의 관심을 끄는 문제는 자아 속에서의 분열과, 이를 뒤따르는 분열 과정에 놓여 있는 것 같다.

우리는 나르시시즘적 조직화에서 전능한 동일화가 발생한다고 가정했다. 그러나 우리는 왜 그 과정이 나르시시즘적 동일화에 근본적인지, 그리고 그 과정 자체는 아주 빈번하게 발생한다고 볼 수 있음에도 왜 그것이 그러한 인성 구조의 발달로 항상 이끄는 것은 아닌지에 대해서는 설명하지 않았다. 따라서 우리는 어떤 경우에, 특히 정신병의 경우에 그러한 과정 – 가치 있고 변화하는, 그리고 수정 가능한 [더 일반적 형태의 투사적 동일화], 진행 중인 정신적 삶의 변화에 의해 추동되는 더 일반적인 형태의 투사적 동일화와 구별되는 – 이 항상 발생할 것이라고 가정하지 않을 수 없다.

나르시시즘적 조직화에서 투사적 동일화에 의한 동일화가 이미 발생했다고 나는 생각한다. 동일화 과정이 나르시시즘적 조직을 출범시킨다. 자기self가, [투사적 동일화를 통해] 자기의 소유물이 되었다고 느껴지는 대상이 됨으로써 말이다. 바로 이 점이 우리가 전능감이라고 느껴지는 [느낌], 또는 우리 모두 속에 존재하는 내적 전능감을 강화하는 느낌을 만들어낸다. 그리고 이 점이, 생각하며 행위하고 존재하는, 그리고 원래 대상의 영향력을 모두 행사하는 이러한 환자들의 강력하고 단조로운 오만을 설명해준다. 그것은 새로운 대상이 된다는 카멜레온적 만족감을 가지며 그러한 방식으로 머무르기를 원한다. 그러나 그것은 파괴적 방식으로 행해지며 결코 건설적으로 사용될 수 없다. 그것은 자아에 대해 파괴적이고, 따라서 가치 절하된 대상에 대해서도 파괴적이다. 바로 이것이 그러한 과정이 공허하며, 정상적 동일화와 구분되는 이유를 설명해준다.

따라서 우리가 지금까지 논의해왔던 나르시시즘적 조직화는 프로이트와 멜라니 클라인이 논의한 그것과는 상당한 차이가 있다. 내가 언급하는 상황은 내사가 최소한으로 발생하는 불균형한unbalanced 상황이며, 자아 속에 분열이 유지되고 자아는 이의 결과들을 활용하고 있기 때문이다. 이러한 상당한 차이점 때문에 나는 이 맥락에서 동일화라는 용어 사용을 피하고 '동일자identificate'를 사용하기를 선호한다.

시기심 때문에 무언가가 발생하고 전능한 부인이 뒤따른다. 부인을 통해 자기의 한 부분이 구체적으로 분화되며, 행동함에 있어 다양한 모습을 띨 수 있다. 따라서 자아의 이 부분의 새로운 역할과 기능이 전능한 통제를 확고히 해준다. 분열을 통해 생겨난 자아의 나머지 부분들에 대한 전능감을 강화함으로써 말이다. 여기서 '구체적'이라는 말이 의미하는 것은 동일자identificate가 자신을 자아 전체라고 믿는다는 것이다.

어떤 경우에 분열은 항구적이라고 나는 느낀다. 시기심의 정도가 강하면 강할수록 분열의 지속 기간이 더 길어지며, 새로운 역할을 투사적으로 획득한 부분은 더 지배력을 행사한다. 바로 이러한 전능한 지배가 로젠펠드가 기술했던 수감하는 성질imprisoning qualities을 설명해준다. 즉, 수감은 자아의 남아 있는 의존적인 리비도적 측면을 향한다. 내가 동일자라는 용어에 적용하기를 원하는 모든 '변화'와 '존재'를 수행하는 것이 바로 이 구체화된 분열된 부분이라는 것이다. 이는 동일자가 신이나 나폴레옹 같은 존재가 된다는 것을 단순히 의미하지 않는다. 그러나 그것은 앞서 언급했듯이 변화하기 쉬운 성질을 갖고 있다. 그것은 풍부함과 배려심을 갖고 있지 않다. 그것은 감추어져 있고 은밀하며, 다양한 긍정적 상황을 모방한다.

분석 상황에서 볼 수 있는 가장 흔한 예로, 분석가와의 분석 작업에서 동일자가 갑자기 맺는 공모적인 거짓 동맹을 들 수 있다. 이는 자신이 증오하는, 병들었다고 느끼는 인성의 의존적 측면을 비판하고, 질병이 마치 범죄라는 듯이 질병에 대한 탐구를 돕는다. 그러나 '병든 부분'의 운명에 대해서는 완전히 위선적이고 미숙하며 무관심한 태도를 보인다.

환자의 여러 문제에 대해 작업할 때 우리는 그 밑에 놓여 있는 숨겨진 의도를 항상 발견하게 된다. 통찰력 있는 결론이 도출되는 것처럼 보이지만 진전을 교란하고 방해하는 은밀한 과정이 존재한다.

마치 [하멜린의] 피리 부는 사람이 옆에 존재해 인성의 의존적인 부분들을 항상 사라지게 하며, 그 동화에서 살아남은 불구 소년 같은 인성을 만드는 듯하다.

이에 대한 최근의 예는, 회기가 진행되는 동안 병리적 인색함과 더불어 극단적인 수줍음이라는 심각한 문제를 보였던 한 남자의 사례이다. 이러한 과정이 그의 내부에서뿐만 아니라 분석 작업을 진행하는 과정에서 작동하고 있음이 분명해 보였다. 하지만 그는 항상 진지하게 협력하는 것처럼 보였다. 이는 또한 그의 학생들과의 작업 속에도 반영되어 있는 듯했다. 그는 항상 아이디어를 제시했다. 그는 '경찰의 수사를 돕고 있는' 사람들에게 항상 매우 깊은 인상을 받았다. 그는 그들이 너무나 좋은 사람들이어서 경찰을 돕는다고 항상 느꼈지만, 범죄나 경찰과 관련해 그들의 위치가 적절하다는 것을 인정하지 않았다. 또는 그는 경찰에게 도움을 주는 이 사람들은 아마도 피고발자일 것이라고 항상 느꼈다. 과학 분야에서 일하는 대학의 명사들이 그러한 사람일 것이라고 그는 느꼈다!

나르시시즘적 조직화는 특수한 방식으로 발생한다. 동일자는 어떤 대상 또는 부분대상에, 혹은 대상 또는 부분대상의 어떤 기능에 고착되느냐에 따라 다양한 방식으로 발생한다. 만약 동일자가 결합한 부모와 관련된다면, 또는 좀 더 일반적으로 말해서 그러한 결합된 부모에 대한 환상과 관련된다면, 정신적으로 유혹적이고 파괴적인 형태의 가장 위험한 동일자가 그 결과로 생겨나는데, 더욱 빈번하게는 정신병 상태에 국한되어 발생한다. 이것의 파괴적인 잠재력은, 그러한 사건이 상대적으로 늦게 발생한다고 할지라도 마치 환자의 정신적 삶 속에는 이 사건에 선행하는 것이 아무것도 없다는 듯이 모든 것이 진행된다는 것이다. 이러한 과정의 귀결은 통상적으로 전능성이다. 나는 그러한 동일자들이 더 일시적 특성을 갖는, 명백히 비정신병적인 사례들에서 생겨날 때, 이의 주요한 임상적 패턴은 전능성임을 발견했다. 그들은 질문을 던지지 않거나 의심의 여지 없이 완벽한 위치에 있다고 생각한다. 그리고 시기심 또는 그밖의 고통스러운 느낌을 낳을 수 있는 모든 위협적인 죄책감 또는 탐구를 방어한다.

내가 논의하고자 하는 임상 사례들은 젊은 정신분열증 남성 환자로부터, 상대적으로 경미한 교란된 성격을 갖고 있지만 전업으로 일하는 사람들에 이르기까지 다양하다. 이러한 환자들이 갖고 있는 문제의 그 특징 자체가, 이미 그들의 진단명이 무엇이든 상관없이 분석 작업에 오랜 투쟁이 존재했으며 부정적인 치료 반응을 보여주었다는 것을 함축하고 있다.

문헌들을 보면, 이러한 환자들의 꿈 재료가 행하는 역할을 상당히 강조한다는 사실에 깊은 인상을 받는다. 아주 종종, 이러한 환자들은 자신이 제시하는 통상적 보고들과는 완전히 다른 방식으로 꿈을 통해 문제를 예시하는 것 같다. 꿈에는 매우 도발적인 희귀한 정직성이 존재한다는 것을 나는 때때로 느낀다. 이러한 환자들이 [직접적으로] 우리에게 보고하는 것이 아주 적기 때문에, 우리가 치료적 반응을 얻기 위해 그들의 꿈을 활용하는 것 때문에 비난받을 수는 없다. 그들과 대화할 때 우리는 항상 존재하는 강탈자(분석 상황에서 창조된 모든 새로운 통일성을 대체하는)에 대해, 또는 도처에 존재하는 강탈적인 상황에 대해 우리의 해석적 논평을 제시한다.

동일자는 스스로를 환자의 일반적인 자아라고 믿으며, 실제로 그렇게 될 수 있다. 따라서 그러한 상황에서 역전이는 프로이트가 기술했듯이 대항해야 할 장애물이며, 동시에 다른 속성을 갖고 있다. 우리는 자신의 해석적 작업에 대한 불신을 느낀다. 이를 여러 방식으로 고찰할 수 있다. 그것은 우리의 지각과 앎에 대한 공격, 또는 내가 기술한 바 있는 특수한 가변성plasticity 또는 부정직성이다. 그러나 나는 그것을 아주 종종, 환자의 곤궁한 의존적인 부분의 투사라고 느꼈고, 동일자는 이 곤궁한 의존적인 부분을 신뢰할 수 없는 약한 것으로 느꼈다. 나는 이러한 불신을 신뢰하고, 신뢰감을 불신하거나 의심하게 되었다. 전이 속에서 그것을 거듭 검토할 때까지는 말이다.

최근에 나는 매우 교란된, 그리고 타인을 교란시키는 환자로부터 믿을 수 없는 사람이라는 비난을 받았고, 따라서 나는 나에 대한 자신감을 잃어버린 적이 있다. 내가 생각하기에 우리가 만족스럽게 작업했던 주週의 정점에서 이러한 일이 발생했다. 간호사에게 특히 집중해야 한다고 지시할 필요를 느낄 때까지 나는 통찰력 있는 반응이 유지되고 있었다고 생각했다(환자는 주기적으로 도망치고 상당한 피해를 발생시킨, 충동적이고 망상적인 사람이었다).

그가 아침에 소변에서 검은색을 보았다고 보고하고, 어머니의 주목으로부터 자유롭다는 생각이 들었다는 여름 휴가에 대해 언급할 때, 나는 회기 동안 어느 정도 불편감을 느꼈다. 그는 자신과는 아무 상관 없는 직업적 일에 대한 관심을 강조하고 있었고, 나는 그가 자기 자신의 직업, 자신의 정신적 건강이나 병과는 관련 없는 것에 대해 이야기하고 있는 것이라고 생각했다. 더는 이야기할 것이 없었다.

분위기는 우호적이었고 '솔직'했다. 내가 불편했던 것은 신뢰하지 않는다는 특성이었다. 나는 우호적인 분위기에도 불구하고, 내가 대답해야 할, 그러나 할 수 없었던 너무나도 많은 질문을 받았다. 이틀 후 갑자기, 그러나 이상하리만큼 통찰력 있게 우리는 한 주간 전체의 평화가 거짓된 약속 관계에 근거하고 있음을 깨달았다. 나는 여러 미친 행위를 허용하고 있었던 것이다. 실제로는 약속된 것은 아니었지만 [부지불식 중에] 약속되고 결정되었다. 우리는 공모적 관계 속에 있었다. 이러한 공모적 관계 속에서 그의 광기에 대한 나의 모든 자연적인 반감이 묽어져서 소모할 수 있는 많은 양의 소변이 되었던 것이다. 그는 내 일을 장악하는 데 성공했고, 모든 좋은 모성적 돌봄으로부터 마치 자유로운 사람이 된 것 같았다.

내가 나름의 방식으로 믿을 수 없는 사람이며 신뢰감을 불러일으키지 못한다는 사실이 [나에 대한 그의] 찬사였던 것이다.

임상 재료

내가 보고하고자 하는 첫 번째 사례는, 직업적 능력이 많아 큰 조직에 고용된 26세의 남성에 관한 것이다. 그는 지적이었지만 일에 어려움을 느꼈다. 하지만 자신이 일하는 부서의 바로 위 상급자가 말했던 더 높은 지위를 얻게 될 것이라고 종종 믿었다. 그러나 그는 이 방향으로 거의 나아가지 못했다.

분석에서의 이러한 특수한 단계 이전에 그는 내가 보기에 상당한 과대망상증의 시기 – 과대망상증이 생겨난 기간에 그와 대화했던 사람들은 그를 상당히 칭찬했다 – 를 보냈으며, 여름 휴가 때는 이와 더불어 심각한 불안장애를 겪었다. 또한 '식사가 자신에게 좋지 않다'는 이유로 오랜 기간 그는 섭식장애를 겪었다. 분석 회기에 다시 왔을 때 정신병 발병의 명백한 징후는 존재하지 않았지만, 주기적으로 우리는 그의 경험과 그것의 공포스럽지만 풍부한 성격의 중요성에 대해 상기했다. 그의 경험의 공포스러운 성격은, 마치 나쁜 모든 것을 성공적으로 배출했다evacuate는 것을 확증해준다는 듯이 회기의 후반부에서 나에게서 나쁜 냄새가 난다는 믿음과 관련 있었다. 달리 말하면, 이 경우는 그가 나쁜 것을 배출했기 때문에 느낄 수 있는 결과였다.

그가 갖고 있던 문제는 직장에서 자신의 견해를 프레젠테이션하는 것이었다. 프레젠테이션은 커다란 어려움과 그를 마비시키는 불안을 낳았다. 내가 보고한 재료 바로 전에 그는 자신이 기대했던 월급 인상에 실패했다. 부서에서의 그의 행동에 문제가 있었고 업무 수준을 유지하지 못했기 때문이라고 부서장은 인내심을 갖고 설명했다. 나의 환자는 이러한 거절에 격노했다. 그는 자신의 상사가 출타 중이었기 때문에 곧 미팅을 소집하고 사회를 봐야 하는 상황이었다. 또한 그는 업무 절차의 새롭고 창의적인 체계를 소개할, 해외업무 부서에서 온 직원을 소개해야 했다. 이제 그는 이 모든 일을 잘 처리할 능력이 있다고 확신했다. 이에 대해 그는 미팅 2주 전에 [내게] 보고했다. 그러나 이 특수한 경험이 있던 아침에 분석 회기는 절차 전체가 실패하게 될 것이라는 점, 따라서 필연적으로 나와 정신분석이 그를 돕는데 실패할 것이라는 점에 전적으로 집중되었다. 그리고 그 초청 연사가 그가 원래 해야 할 일이 무엇인지 모든 사람에게 알게 해줄 것이라고 확신했기 때문에 걱정했다.

그는 한 꿈에 대해 보고했다. 그는 'X 7' 자동차를 운전하고 있었다. 그는 그 모델 중 가장 작은 차종을 소유하고 있었는데(현실에서), 꿈에서는 가장 큰 차종을 타고 있었다. 그것은 새 차였다(꿈 속 자동차의 이름은 부분적으로는 그의 상사의 이름과, 공격성과 경쟁심을 원래 함축하는 추가적 이름으로 구성되어 있었다). 자동차는 멋지게 달렸고 그가 제시하는 '모든 지시'에 반응했다. 그는 그가 과거에 관계를 가진 적이 있다고 생각했던 한 여자를 보았다. 그는 그녀에게 말을 걸었고, 후에 암묵적으로 성적 만남을 갖기로 약속했던 것 같다. 처음으로 그는 나로 하여금 그 여자가 유대인이라는 사실에 주목하도록 했고, 그의 부모가 얼마나 반유대주의적인 사람들인지, 그리고 그들이 얼마나 그녀를, 그녀가 유대인이라는 사실을, 그리고 그녀의 검은 피부색을 혐오했는지 내게 생각나게 했다. 그는 또한 얼마나 그들이 그의 형수가 유대인이 아니었음에도 그녀를 증오했는지 내게 생각나게 했다. 그 순간에 나는 그들이 "우리는 그녀를 증오해"라고 반복적으로 말함으로써 그녀에 대한 증오심을 표현했다는 것을 기억했다. 이 꿈에서 그는 결합된 부모와 동일화했음이 분명하다. 다음날 그가 데이트했던 그 여자를 증오할 수 있는 그들[부모]의 능력, 그리고 나를 증오할 수 있는 그들의 능력 속에서 결합된 부모 말이다.

그 이전 며칠 동안 그는 자신감 있게 전지성을 유지했다(이는 그의 멋진 자동차가 그가 제시하는 모든 지시에 반응하는 꿈에서 드러났다). 그는 또한 자신의 필요성에 대한 모든 앎, 그리고 자신의 필요성과 도움에 관한 모든 언급을 증오했다. 자동차 소유에 관한 분석에서 그가 나의 역할을 탈취했던 것처럼 그는 자신의 상사의 역할을 탈취했다. 이렇듯 새로운 동일자가 명확하게 드러나면서 잘못된 자신감을 낳았는데, 이 새로운 동일자는 도움을 요청하는 자신의 의존적이고 곤궁한 부분 – 그는 필요할 때 도움을 거의 얻을 수 없었다 – 에 대한 증오에 상응하는 것이었다. 그러나 그 꿈에서 가장 중요한 것은, 신참자와 낯선 사람을 증오하는 부모와의 결합에 의해 산출된 능력을 박탈당하는 것이었던 것처럼 보인다. 분석 회기의 중간 무렵 그가 자신을 방문객 또는 손님으로 간주했다는 것도 매우 낯선 경험이었다.

다음날 그는 격노했다. 그는 내가 돼지이고 나쁜 냄새를 풍긴다고 했다. 그는 분석가를 바꿔야 하는지 '자신에게' 질문했다고 회기에서 보고했다. 그리고 그는 한 꿈을 보고했다. 이번에는 AB 모델을 운전하고 있었다. 그것은 (자신이 소유하고 있는 차의) 모델 시리즈 중 작은 차종이었다. 배터리에 결함이 있고 충전이 필요하다는 듯이 자동차는 점점 속도를 줄였다. 그는 나의 행동에 대해 다시 불평하기 시작했다. 내가 그의 문제를 이해하지 못했다는 것이다. 아주 갑자기, 침묵하던 그가 말했다. "나는 당신을 증오해요."

마치 '자신'의 특수한 부분들이 그의 분석가를 바꿔야 하는지 그것들[자신의 특수한 부분들]에게 질문하는 것 같았다. 그것은 '다른 분석가, 더 좋은 분석가'로 바꾼다는 것에 대해서만 언급한 것이 아니라, 미움받고 절뚝거리는 작은 자기를 발견한 더 좋은 어떤 것으로 내가 변화되어야 하는지에 대한 언급도 내포하고 있었다(자동차는 낯선 이름을 갖고 있었는데, 그것은 실제로 왜소함과 악의를 암시했다). 이 모든 것은 [꿈속의 배터리처럼] 생기를 얻어야 하는, 자신의 실제적인 병든 의존적인 부분이었다. 그러나 '도움'은 다시 한번 "우리는 너를 미워해"라고 말하는 결합된 부모로부터 왔고, 이는 그를 동일한 과정을 통해 전지성(도움이 필요 없는)의 위치로 되돌려 놓았다.

전날 회기에서 나는 어려움 중 몇몇을 이해할 수 있었기 때문에 그 속에 어떤 변화를 낳을 수 있었고, 따라서 그를 자신의 곤궁한 부분에 노출시켰던 것 같다. 전날의 회기에서 이러한 나의 역할이, 시기심에 가득 찬 이러한 공격 –'우리는 너를 미워해'라는 광적이고 성공적인 경험 속에서 부인된 공격– 을 불러일으킨 것처럼 보인다. 그리하여 그는 독재적인 전지성으로 되돌아간 것이다. 이러한 위치를 재달성하기 위해 채택된 절차는, '우리는 너를 미워해'에 의해 생겨난 정식formulation인 '나는 나 자신에게 질문한다'에 의해 발생하게 된 융합인 것처럼 보인다. 이를 유지하고 강화하기 위해 그는 나를 검고 경멸스러운 형수sister-in-law, 검은 유대인 소녀로 간주해야 했다. 느릿느릿한 작은 자동차에 대한 느낌을 내 속으로 투사함으로써, 그리고 이제 나를 생기를 얻어야 하고 냄새를 제거해야 할 사람으로 만듦으로써 말이다. 이와 유사한 어려움들이, 장애물로 뒤덮인 승리감 및 쉽게 무너지는 진전과 더불어, 이 느리고 힘든 분석 과정 속에 종종 등장했다.

다음 사례 역시 직업이 있는 한 남성에 관한 것이다. 그는 내가 치료했던 다른 환자들 –그들은 나르시시즘 문제의 먼/'정상적' 극단end에 위치한 집단을 형성한다– 중 몇몇처럼 매우 좋은 사람이었다. 상대적으로 정상적인 분량의 내사적 과정이 발생하는 이러한 환자들에서는, 우울적 불안과 회복 과정이 생겨나게 함으로써 나르시시즘적 조직화의 엄격성과 지속성을 완화시킬 수 있다. 이 환자는 자신을 평가절하했지만, 그의 우울적 요소를 다루기 시작한 후에 우리는 한 문제에 직면했다. 그는 좋아졌다고 느껴 대학원 과정을 밟기로 결정했지만, 새로운 요소가 분석에 등장했다.

그는 내가 어떤 것을 말하면 바로 그 순간에 그것들을 모두 잊어버리곤 했다. 그는 내 말을 듣는 모든 사람이 자신처럼 내 말을 이해할 수 없을 것이라고 확신했다. 그러나 진정한 어려움은 그러한 문제가 전에는 결코 존재하지 않았다고 그가 생각하는 것에 있었다. 점차적으로 그는 내가 말한 모든 것을 즉시 배출했다는 생각을 하게 되었다. 이러한 직접적인 경험은, 그가 치료실을 떠날 때 또는 치료실 출구 계단에서 회기를 놓쳐버릴 것이라는 경험과 교대로 발생했다.

우리는 어떻게 그가 대학에서 공부했는지 알게 되었다. 그는 할 수만 있다면 강의나 세미나에 결코 참여하지 않았고, 자신의 방에서 책을 읽음으로써 토론해야 할 주제를 발견했다. 시험이 다가오면 물론 열심히 공부했지만, 그는 전적으로 공허하다고 느꼈다. 이럴 때마다 어머니는 그가 능력이 있다고 안심시켜주곤 했다. 이러한 장면에 대한 그의 보고는 흥미로웠다. 어머니는 교사였지만 그가 공부하는 과목에 대해 아는 것이 없었다. 그녀는 그의 불안을 완화시키는 데 명백히 도움이 되었지만, 그는 그녀를 도움을 주는 어머니가 아니라, 그가 관심을 갖고 있는 일에 관해 명백히 알고 있는 어머니로 경험했다. 따라서 그가 합격하리라고 그녀가 말했을 때 그는 안도감을 느꼈다(이러한 과정은 나르시시즘적 조직화와 도착증의 관계와 관련 있다. 그러나 이에 대해서는 여기에서 상세히 논의하지 않겠다). 우리는 우리가 지금까지 언급한 요소들 중 몇몇에 대해 살펴보기 위해 필요한 만큼만, 이 사람이 기술한 내용을 다룰 것이다.

그는 한 꿈에 대해 보고했다. 그는 휴가 동안 외국에 갔다. 그리고 슬럼가의 창문에서 그에게 손짓하는 여자를 보았다. 그는 그녀가 자신에게 매력을 느낀 창녀(그의 표현)라는 것을 깨달았다. 그는 그녀의 방으로 갔고, 그녀는 그를 향해 돌아섰다. 그는 그녀가 자신의 아내라는 것을 깨달았다. 꿈속에서 그는 조금 놀랐을 뿐이다. 그는 그녀로부터 떠나 커다란 미술관에서 열리는 자신의 작품 전시장에 있었다. 그는 그 미술관을 알고 있으며, 이 곳에서는 모든 것이 훨씬 더 생기 있어 보였다. 이 곳에는 보통 때는 존재하지 않았던 생생함과 활기가 있었다. 그는 휴가 동안 자신의 집으로 돌아가는 길에 이상한 경험을 했다고 덧붙여 말했다. 그는 한 미팅에 참석했는데, 거기에서 어떤 사람이 말하는 것을 들었다. 그 사람은 그가 감탄할 수 밖에 없는 말솜씨를 갖고 있었고 뛰어난 감각의 소유자였다. 또한 그는 얼마 전부터 알게 되었지만, 그의 아버지가 결혼 초기 몇 년 동안 극히 방탕한 생활을 했다는 이야기를 들었다고 했다. 그는 그동안 나에게 숨겨왔지만 (내가 비난할까 봐 두려워서) 자신도 최근에 의미 없는 연애 관계를 가졌다고 주저하면서 말했다. 이 연애 관계는 아내가 병들어 입원한 기간과 일치했다. 그의 아내는 최근에 그림을 그리기 시작했는데, 그는 자신도 그림을 그릴 수 있으면 좋겠다고 느꼈다.

따라서 나의 작업과 그의 아내의 그림, 그리고 (그 배후에 있는) 어머니의 모성과 진정한 도움 사이에 연결이 존재하는 것처럼 보였다. 그는 어머니의 의도의 진리를 도착시킴perverting으로써, 그리고 과대망상적이고 노출증적으로 아내의 재능과 '이해할 수 없는 나의 말'을 평가절하하고 탈취함으로써 이 세 가지 기능 모두를 시기심에 차 공격하는 것 같았다. 그의 학업과 분석에서의 고립withdrawal, 그리고 자기만족 – 이러한 고립과 자기만족 속에서 그는 분석 작업에 대한 시기심에 직면했다 – 속에서 동일자가 형성된 것처럼 보였다.

이 사례와 관련해 다음 질문이 생겨난다. 왜 이것은 특수한 대상 또는 부분대상 – 특수한 대상 또는 부분대상 속에서 시기심은 이 대상 또는 부분대상이 갖고 있는 기능을 침범하고, 그것을 이 사례에서처럼 이해할 수 없는 것으로 만듦으로써 의미를 탈취한다 – 에 부착되어 있는 특수한 기능에 대한 시기심에 찬 공격으로 간주될 수 없었는가?

이에 대한 대답은 두 영역에 놓여 있다. '일반적인' 시기심에 찬 공격의 경우에는 환자 속에, 또는 보복에 대한 두려움에 관한 재료 속에 항상 징후들이 존재한다. 그러나 이 환자의 경우 그것은 명백히 부재했다. 기능을 전적으로 탈취하는 일이 발생했으며, 승리감에 찬 방식으로 고립이 발생했다. 그리고 이 환자는 시기심을 느끼지 않았을 뿐 아니라(다른 환자들의 경우에는 시기심이 생겨날 수 있지만), 마치 동일자에 의해 보호받는다는 듯이 특수한 만족감을 얻었다. 이는 역전이에서 어떤 결과를 낳았다. 독특하게도 분석 과정에서 두려움이라는 특성이 존재하지 않았다. 모든 방식의 감정이 분석에서 발생했다. 그러나 두려움은 생겨나지 않았다. 나는 왜 이런 일이 일어났는지 설명하지 않았다. 우리가 나르시시즘의 문제를 다루고 있다고 내가 확신하는 다른 이유는 꿈의 구조 속에서 내게 암시되었다. 허버트 로젠펠드는 개인적 대화를 통해 어떻게 이러한 환자들의 꿈속에 특수한 성격이 존재하는지 내게 지적해주었다. 동일자는, 마치 멀리 떨어진 곳에 있다는 듯이 [영향을 행사한다], 그리고 이 꿈에서처럼 슬럼가와 그 장면으로부터 멀리 벗어난 곳에 있다는 듯이 영향을 행사한다. 그는 몇 마일 떨어져 있는 곳, 전시장에 있다. 바로 그곳으로부터 생생함과 흥미가 발생하며, 아마도 거절당한 여자 속에 시기심에 찬 반응을 불러일으키는 것 같다.

이 견해를 확증해주는, 이 환자에 대한 마지막 논점은 같은 주의 후반부에 꾼 꿈이다. 그는 아내와 함께 침대에 있는 꿈을 꾸었다. 그는 남근이 발기되어 아내와 사랑을 나누고 있었는데, 그녀의 질이 변했음을 발견했다. 마치 질이 그의 남근 모양으로 완전히 변형되어 질의 모양 전체를 점령한 것 같았다.

이제 나는 정신병 환자에서 나타나는 이러한 문제들에 대해 언급하고자 한다. 이러한 환자들의 경우에는 질병 그 자체 때문에 과정이 아주 더 복잡하다. 망상적 전이(이 시기에 그것은 동일자와 동의어라고 생각될 수 있었다)는 투사적 동일화에 근거하고 있다(투사적 동일화 속에서 환자는 자신 또는 자신의 일부가 대상 속에 존재하고, 투사된 대상이 행할 수 있는 역할을 취하고 있다고 느낀다). 이는 대상, 더 일반적으로 말하면 부분대상 – 대상 또는 부분대상은 분석가의 인성의 내부에 있거나, 분석가의 내부로 투사되었다고 느껴질 수도 있으며, 이는 환자에게 충분히 커다란 어려움을 야기한다 – 에 대해 실제적으로 경험된 관계에 근거한 유아적 전이와 혼동될 수 있다. 이러한 환자들은 전이에 대한 모든 언급을 혐오한다. 그들은 전이가 존재한다는 사실을 혐오하며, 전이의 효과를 특히 스스로의 힘으로 중립화하기 위해 너무나 많은 시간을 소모한다. 다른 한편으로는, 나르시시즘적 조직화와 그것의 전능성은 (나르시시즘과 나르시시즘적 믿음의 유지를 위해) 좋은 대상의 계속적 현존에 의존한다는 역설에 대한 앎이 분석가의 정신 속에 명확히 존재한다.

우리는 이 환자들에서 특수한 자기만족에 직면한다. 이 자기만족은 나르시시즘적 조직화를 성공적으로 획득했다는 믿음뿐만 아니라 그것의 공정성에 대한 믿음 때문에 강화된 전능성을 보유하고 있다. 그들에게 아주 나쁜 것이라고 우리가 느끼는 것을 그들은 그 자체로 매우 좋은 것이라고 믿는다. 우리는 반복적인 선전, 공정성과 성공의 결합에 대한 찬미에 직면하고, 가장 나쁜 경우에는 이러한 과정에 대한 우리 자신의 강력한 증오 – 이는 우리의 통상적인 치료적 접근을 전적으로 무화시키는 경향이 있다 – 의 문제에 직면한다.

간단한 예를 들어보자. 43세의 남성 XY 씨는 망상적 특징을 보이는 장기간의 정신병으로 고통받고 있었다. 몇 개월간 분석을 받은 후 어느 날 그는 대기실에 왔다. 치료실은 오른쪽 방향인데 그는 마치 물품보관소와 화장실에 가려는 듯이 왼쪽으로 돌아갔다. 그는 물품보관소의 문앞에 도착하자 행동을 교정했다. 일정 기간 우리는 그의 포획자의 감금, 잔인성, 기만 등에 관한 망상적 기억에 관심을 가졌다. 우선 그 포획자는 그의 고용주들이거나 고용주들의 적일 수 있다. 이 재료는 명백히 인성의 정신병적인 잔인한 측면이 분별력 있는 온전한 정신을 잔인하게 예속시키는 것과 관련 있었다. 동시에 그는 모든 기억의 실제적 진리성을 믿어야 하며, 그 기억들이 정신적 파국의 부분들이라고 우리가 생각해서는 안 된다는 것을 암묵적으로 계속 요구했다. 그리고 그러한 파국적 결과들을 나의 정신 속으로 투사하려는 소망이 존재했다. 그러한 소망은 예속된 무조건적인 믿음 속에 반영되어 있었다.

이 환자는 자신이 잘못된 방향으로 걸어갔다는 것에 대해 언급하지 않았다. 나는 화장실로 그가 향한 것이, 내 항문 속에 또는 내 정신의 항문적 영역 속에 그의 한 부분이 기생하고 탈취하는, 또는 둘 다인 좋은 것이 존재한다는 혼란 또는 믿음을 배출하는 행위인지 아닌지 알지 못한다. 침묵이 존재했다. 나는 환자의 정신이 화장실로 향하고 있다는 생각에 비합리적인 분노를 느꼈고, 동시에 내가 그것을 인지하지 못했기를 바랐다. 나는 후자가 나의 분노와 관련 있다고 생각하지 않는다. 마치 내가 생각해야 할 것에 주목하지 말라는 유혹에 내가 반응하는 것 같았다. 단지 이것이 나를 더욱 화나게 했다. 나는 담배를 피우고 싶었다. 이는 내가 정신병 환자들과 작업하는 동안 해본 적이 없는 행동이었다. 이는 얼마만큼 나의 사고가 교란되었고, 얼마만큼 내가 환자의 부차적인 그러나 건강한 부분의 역할을 행하고 있는지 깨닫게 해주었다.

그러고 난 후 그는 한 꿈에 대해 보고했다. 그는 뒷 부분이 열려 있는 랜드로버 자동차 안에 있었다. 그는 서 있었다. 아무도 운전을 하지 않았지만 자동차는 움직였다. 꿈에서 그는 그 부분을 무시했다. 그는 자동차 뒤에 매달려 있는 트레일러에 더 관심이 있었다. 트레일러에는 죽은 것으로 보이는 야생동물로 가득 차 있었다. 가죽의 가치가 높았기 때문에 그는 계속해서 그것을 보았다. 깨어났을 때 그는 공포심을 느꼈다. 그는 보수주의자였고, 이윤을 얻기 위해 야생동물을 죽이는 화물자동차를 갖고 있지 않았기 때문이다(몇 년 전 이 회기가 이루어졌을 때 나는 랜드로버를 갖고 있었고, 치료실로 오기 위해 그는 그 자동차 옆을 지나가야 했다). 이는 문제들을 예시해주는 모든 요소를 담고 있지만, 재료들에 대해 상세히 논의하지는 않겠다. 나는 전이와 역전이 상황의 몇몇을 예시하기 위해 그것을 사용했다. 어떻게 전이에서의 잔인성이 분석가 속에 역-잔인성couter-cruelty을 불러일으키는지, 그러나 어떻게 꿈의 보고가 명료화와 이해로 우리를 이끄는지 예시하기 위해서 말이다.

중요한 임상 재료는 23세의 J와 관련 있다. 그는 7명의 자녀 중 다섯째 아이로 태어났다. 그의 부모는 14년간 별거하다가 이혼했다. 어머니는 8년 전에 재혼했다. 그는 자신의 아동기에 특이한 일이 없었다고 묘사했다. 그러나 그의 아동기의 즐거움은 그가 앞으로 무엇이 될 것인지에 관한 지속적인 환상 때문에 아주 종종 망쳐졌다고 한다. 그는 이것 또는 저것, 위대하거나 유명한 무엇이 될 것이며, 이런저런 멋진 것들을 소유할 것이다. 그의 학업도 특별한 것이 없었다. 그가 갑자기 공부의 방향을 바꾸어 새로운 공부로써 '아버지를 도울' 수 있었던 지난 몇 년 이전까지는 말이다. 대학 첫해에 망상적 믿음이 동반된 혼란 상태가 생겨났다.

그 이후로 너댓 차례의 정신병적 에피소드가 발생했다. 그는 이 단계 동안 상상적인 사업 계약에 관해 극히 몰두했고, 엄청나게 돈을 낭비하면서 방황했다. 그는 공산주의자들에게 박해받는다고 느꼈고, 그들이 그의 집과 나라를 침입할 것이라는 위협을 느꼈다. 그는 아버지의 집과 사업이 '공산주의적 탐욕'을 특히 자극한다고 생각했다. 그는 여기 런던에서 입원했다. 혼란의 단계들이 있었고, 그는 집으로 도망갔다가 다시 되돌아왔으며, 때때로 상당한 소동을 일으켰다. 분석받기를 아주 싫어했지만, 그는 즉흥적으로 추가적 분석을 받기 위해 계속 전화를 걸었고, 끊임없이 다양한 요구를 했는데, 주된 요구는 그의 계획 체계들이 내 정신을 통해 여과됨으로써 구체적 성과가 산출되어야 한다는 것이었다. 이 모든 것은 그가 내 정신을 전적으로 다시 구성함으로써 내가 가지고 있던 기존의 모든 견해를 변화시키고, 그의 소망을 따르도록 만들고 싶어 한다는 것을 의미한다. 이 환자는 상당한 정도로 증상적 우둔함을 보인다는 점에서 정신적으로 극히 단순했다. 그는 첫 해석 – 그것은 전이 해석이었다 – 을 매우 충격적으로 느꼈다. 그는 지리학적 딜레마를 해결하거나, 그가 착수할 수 있는 새로운 직업에 대한 단서를 제시하는 대답을 기대했다. 몇 개월이 지나면서 점차적으로 그는 분석에 익숙해졌다. 그는 갑작스럽게 잠들 수 있었다. 이를 통해 그는 어떤 순간 – 우리는 후에 이것이, 항상 원하는 위치에 있기 위해 그가 퇴각하며, 또한 어떤 특정한 견해를 불변으로 유지하는 순간이라는 것을 알게 되었다 – 의식으로부터 퇴각할withdraw 수 있었다. 갑작스럽게 잠드는 것은 멈추었다. 그러나 나는 의식의 상실이 없는 퇴각은 여전히 존재한다고 확신했다.

그는 항상 책 속에서 자신의 꿈을 수집했지만, 그것들에 대해 상담한 적은 없었다. 그는 분석 초기의 한 꿈에 대해 놀라워했다. 그것은 두 부분으로 이루어져 있는데, 그 꿈에서 그는 가족과 알고 지내는 노인들과 대화하고 있었다. 그들은 그가 a) 피아노 연주자, b) 오케

스트라 지휘자가 될 수 있을 것이라는 놀라운 가능성에 대해 이야기 했다. 이 '될becoming' 수 있다는 가능성에 대한 대화는 자주 그의 꿈에 등장한다. 그러나 오직 이 꿈에서만 갑자기 내 얼굴이 등장해 이 '바보같은 대화'에 반대하는 것을 그는 보았다. 그 꿈의 다음 단계에서 그는 한 교수와 이야기를 하고 있다. 그 교수는 그가 X 시市에서 분석을 받아야 한다고 조언했지만, 내가 그를 다시 잡아당겼고 치료실로 가라고 그에게 말했다.

분석 작업에서 위치가 확립되었다. 우리는 이해에 도달했다. 또는 우리는 하나의 문제 – 그는 외국으로 돌아다니는 것을 좋아했는데, 이는 목적이 있는 상업적 활동으로 항상 위장되었다 – 에 대한 이해에 도달했다고 느꼈다. 그것은 역사적으로 그의 나라에서의 자유분방한 여행과 관련 있었는데, 표면적으로는 중요한 직업상의 이유로 분석을 중단하겠다는 갑작스러운 충동자극과 연결되곤 했다. 이 말을 하기 전에 그는 종종 오랫동안 침묵했다. 침묵하는 동안 그는 자신이 할 수 없었던, 또는 나와 나누기를 원치 않았던 자신의 개인적 생각에 몰두하곤 했다. 또는 분석 시간에 존재한다고 느껴지는 모든 주제로부터 완전히 벗어나곤 했다. 명백히, 그의 이러한 방랑은 대규모의 사업적 거래 때문에 돌아다니는 아버지와의 동일화였다. 그러나 (과거의 실제 사건에서 또는 환상 속에서 그는 항상 두 개의 특별한 가족 농가 중 한 곳에서 방랑을 끝냈기 때문에) 이 배후에서 어떤 결합이 동일자 속에서 일어나는지 우리는 분석할 수 있었다. 때때로 그것은 스키를 타는 부모, 별거하기 전의 이상화된 부모 판본이었다. 이는 특히 교란적인 동일화였다. 그것은 망상적 성격을 갖고 있었고, 새로운 현실의 대리자인 어머니의 재혼에 대한 상당한 증오심을 낳았다. 또는 그것은 이와 다른 항해의 형태 —항해는 부모 중 한 명을 의미했다— 를 취했다. 아버지가 거짓말하는 것 등을 알게 된 특수한 아동기 경험 때문에 배를 타는 아버지는 진리에 대한 공격을 의미하게 되었다.

이 단계에서 그는 한 꿈에 대해 이야기했다. 한 번도 본적이 없는 악마, 또는 마찬가지로 한 번도 본적이 없는 악령이 외국에 있었다. 그들은 난폭했고, 로자와 그녀의 순수함을 증오했다(로자는 부모가 별거하던 때 그를 아주 잘 돌봐주었던 하녀였다). 악마들은 그녀를 철로에 묶었고, 자신의 순수함을 버리지 않으면 그녀는 다가오는 기차에 치여 죽을 것이다. 그는 멀리서 기차가 가까이 다가오는 소리를 들을 수 있었다. 그는 로자의 위험 때문에 극히 불안해졌다. 그는 그녀를 너무나 사랑했던 것이다. 그는 자신이 그녀에게 성적 사랑을 하도록 허락하라고 그녀를 설득했다. 그렇게 하면 그녀는 안전해질 것이고 악마들이 떠날 것이기 때문이다. 그녀는 주저하면서 동의했다. 그들은 성행위를 했고 기차가 떠나는 소리를 들었다. 그는 그 꿈이 이상하다고 느꼈다. 그는 로자에 대해 성적 소망을 품은 적이 없었다. 어쨌든 그녀는 그에게 너무 좋은 사람이었고 그를 잘 돌봐주었다. 명백히 꿈은, 분석과 분석 작업이 그것의 진리와 순수함에 관해 그가 느꼈던 것에 의해 위협받는다는 것을 함축했다. 그것이 진리를 대리하거나 진리를 말하는 한, 그것은 그의 악마적인 느낌, 즉 여기에서는 로자 —로자는 분석가가 그의 시기심의 선동자가 아닌 시종servant임을 또한 보여주었던 시종이었다— 에 대한 느낌에 의해 위험에 처했다. 그의 의존성과 그것에 대한 그의 악마적인 증오와의 연결이 분명히 드러났다. 이 예증에서 시기심은 성공적으로 진리를 공격했고, 진리 대신에 그 자신의 미친 가설적 판본을 설립했다. 이러한 종류의 꿈들의 특징은 멀리서 최후의 잔인성을 들을 수 있다는 것이다. 그러나 이러한 가설적인 구세주의 기원의 실제적 본성에 대해서는 그 당시에 작업이 이루어지지 않았다. 후의 작업은, 그것이 어떤 아버지 기능과 행위의 유사 도착증semi-perversion적 판본이었지만, 그것이 그의 꿈과 삶에서 (그가 모든 것에 대해 호언장담하면서) 성스러운 척하며 하찮은 말을 하는 것과 밀접하게 관련 있음을 보여주었다.

그는 B 가족을 특히 칭찬했다. B 가족의 아버지는, 그의 아버지의 시기심과 질투를 유발할까 봐 두려워 그가 항상 은밀하게 찬미했던 변호사였다. 분석을 시작한 이후로 그는 B 씨를 더욱 드러내놓고 찬미했고, 최근에는 법 공부를 조심스럽게 시작했다. 그는 꿈을 꾸었다. 그는 그들이 등장하는 겨울 휴가를 기억했다. 그는 특이한 스키장에 있었다. 거기에는 자동 리프트가 없어 스스로 체인을 당겨 경사를 올라가야 했다. 그는 자기 몸에 체인을 묶고, 꼭대기에 있는 그들의 집을 향해 끌어당겼고, 곧 그들의 집에 도착해 그들과 함께 있기를 기대하고 있었다. 그들은 친절하고 아주 사이가 좋은 가족이었다. 갑자기 그는 새로운(존재하지 않는) 신문의 이름을 짓는 데 몰두했다. 그는 자신의 나라에서 독립적으로 살기를 간절히 바랐다. 그들, B 가족 구성원들은 평화 및 호의와 연관되었고, 따라서 이전 상황의 진리와 연결되었다. 이러한 연결은 이제, 그에게 자신의 방식으로 뉴스를 독립적으로 전달하는, 그 자신의 망상적인 출판 기관에 의해 공격받고 대체되고 있음이 분명했다. 그리고 그 새로운 신문이 존재한다는 것(단지 이름이 없을 뿐)이 분명하게 느껴졌고, 그의 뉴스 체계를 바라보는 자신만의 방식을 갖고 있는, 나의 독립적인 분석적·해석적 뉴스 체계를 탈취하고 대체했다.

연결에 대한 공격은 곧 힘든 작업과 그것에 대한 그의 혐오라는 개념과 결합되었다. 특히 그는 분석이 그에게 요구하고 있다고 그가 느낀 작업을 혐오했다. 그리고 그 주의 후반부에서는 이 꿈 재료에 대한 작업으로부터 도출된 이해를 통해 존재하게 된 앎이 무너졌다. 다음 꿈에서 그는 B 가족의 딸과 결혼했다. 그의 고국의 모든 여자가 그를 찬미했지만 그는 그들에게 너무 늦었다고 말했다. 이제 그는 신문의 소유자가 되어 그것에 이름을 붙였다(나는 그 이름을 말할 수 없다. 그러나 그것은 부모의 부분들을 결합시킨 것임이 분명했다. 이 결합은 아버지의 산업적 기능 중 하나에 의해 공고해졌다). 이 꿈의 중요한 부분은, 그가 결혼하는 [이 이상화된 가족], 그리고 그에게 이 새로운 존경받는 위치를 부여한 이 이상화된 가족이 실제로는 그의 정신병에 대해 안다는 것, 그리고 B 가족이 그의 아버지와 어머니 쪽 사람들을 위해 법률적 작업을 해주었다는 정도의 관계만을 그와 맺고 있다는 것이다. 그는 실제로는 그 변호사를 싫어했다. 그가 결혼에 관해 어떤 생각도 할 수 없다는 것을 그[환자]에게 분명하게 해주었기 때문이다. 그리하여 그는 이 생각할 수 없는, 그리고 분리되어 있는 것들을 꿈속에서 결합시켰고, 전능하게, 매우 전능한 방식으로 자신이 병들었다는 사실에 대한 앎을 또한 삭제했다. 그는 여전히 이 꿈에 대해 두 개의 망상적 결합을 유지하고 있었다. 그는 언제라도 [B 가족의] 딸과 결혼하게 될 것이라고, 그러나 동시에 그 아가씨에 대한 자신의 '약속된' 깊은 애착에 위험하게 사로잡혀 있다고 느낀다.

얼마 후 우리는 그가 커다란 수치심을 느꼈던 것처럼 보이는 회기를 가졌다. 나는 그가 수치심을 느꼈다는 것을 알지 못했다. 그러나 나는 치료실에 극히 광적인 환자가 있다는 것은 알고 있었다. 그는 모욕적이고 경멸적이었다. 어떤 단계에서 나는 그가 나를 때리고 싶을 것이라고 생각했지만, 그는 나를 때리지 않았다. 그는 내 해석에 대해 전혀 주의를 기울이지 않았다. 회기는 끝났다. 그리고 그날 저녁 치료실 문을 두드리며 환자가 왔고, 회기를 갖고 싶다고 내게 말했다. 나는 그를 들어오게 했다. 내가 옳았기 때문에 그는 미안하다고 내게 말하기 위해 왔다고 했다. 그리고 그는 왜 내가 옳았다고 느꼈는지 많은 정보를 주었다. 아주 의미 있는 과정이 진행되고 있는 것처럼 보였고, 그는 자신이 묘사하는 상황을 분석에서 진행되었던 여러 상황과 연결시켰다.

그러고 난 후 그는 "아 나는 X에 대해 생각하고 있어요"라고 내게 말했다. 그녀는 그가 몇 년 전에 알았던 여자였다. 그녀가 교태부리는 여자라는 말을 들었기 때문에 그는 그녀를 버렸다. 그는 말했다. "그녀를 버렸던 밤에 내가 했어야 하는 일은 두 가지 문제에 직면하는 것이었어요. 용기를 갖고 그녀가 어떤 사람인지, 교태 부리는 여자인지 아닌지 알아내야 했거나, 쿤닐링구스를 해줘야 했어요." 그러나 이 추가적 회기의 끝에 도달했을 때 상황 전체는 갑자기 변화했다. 그의 미친 부분이 그가 교태 부리는 사람이라고 비난했다. 여기에 와서 내가 옳았다고 결정했으며, 분석이 의미가 있었다고 말하고, 그의 말의 혀로써 나를 빨아주는 행위를 했기 때문이라는 것이다.

나는 여성 성기가 되었고, 우리는 분석하고 분석받는 것에 어떤 정확하고 옳은 것이 있었다고 그가 결정하기 이전의 상황으로 즉시 되돌아갔다.

그는 내가 옳고 대답할 가치가 있는 사람이라는 것을 인정해야 하는 의존적 위치에 있다는 것을 견딜 수 없었다. 이러한 위협이 (내가 기술한 바 있는) 갑작스러운 변화를 낳았던 것이다. 이 분석은 어렵게 계속되었다.

제시된 재료의 본질은, [첫째] 그것이 시기심에 대한 모든 느낌이나 앎을 삭제하기 위한 '성공적인' 방어를 예시한다는 것에 있다. 아마도 그것은 시기심에 찬 성공적인 공격에 봉사했을 것이다. 둘째, 그것은 의존에 대한, 그리고 아마도 그의 결핍과 병에 대한 모든 앎을 없앴다. 셋째, 그것은 성공적인 동일자를 생산함으로써 나르시시즘적 조직화를 유지해야 했다.

요약

다양한 강도와 지속성을 가진 나르시시즘적 조직화의 발달을 예시하기 위해, 자족적인 정상인인 것처럼 보이는 사례로부터 명시적으로 정신병적인 사례에 이르기까지 여러 임상 사례를 제시했다.

달리 말하면, 내인적intrinsic 전능성을 강화시키는 (투사적 동일화를 통한) 동일화가 발생해, 내가 동일자라고 부르는 것이 욕망 대상desired object이 되었다고 [환자로 하여금 믿게 만든다], 그리고 이를 통해 이 거짓된 방식으로 조직화된 자아 구조 속에 탈취된 대상 또는 부분대상의 특징과 기능이 존재한다고 환자로 하여금 믿게 만든다. 나는 이러한 동일화 과정의 다양한 형태에 대해 예시했다. 이러한 '성공적인 방어' 책략의 기능은, [첫째] 시기심에 대한 앎의 느낌을 없애는 것이다. 그러한 기능이 자신 속에서 시기심에 가득 찬 공격을 행하고 있을지라도 말이다. 둘째, 이 방어 책략의 기능은 의존감을 없애고, 따라서 곤궁(필요성)과 질병에 대한 앎을 또한 없애는 것이다. 셋째, 그것은 성공적인 동일자를 생산함으로써 나르시시즘적 조직화를 유지한다.

참고문헌

Freud, S. (1921) 'Identification', in 'Group psychology and the analysis of the ego', *SE* 18.'

—— (1933) 'The dissection of the psychical personality', *SE* 22.

Klein, M. (1955) 'On identification', in New *Directions in Psychoanalysis*, London: Tavistock, 309-45.

Rosenfeld, H. (1964) 'On the psychopathology of narcissism: a clinical approach', *International Journal of Psycho-Analysis*, 45, 332-7.

—— (1971) 'A clinical approach to the psychoanalytical theory of the life and death instincts: an investigation into the aggressive aspects of narcissism', *International Journal of Psycho-Analysis*, 52, 169-78.

6장

방어적 조직화에 관한 임상 연구

에드나 오쇼네시Edna O'Shaughnessy

이 논문은 1979년 11월 영국정신분석협회에서 발표한 논문의 수정본이며, 1981년 『국제정신분석학회지』 62권에 처음 출간되었다.

몇몇 환자는 자신 또는 대상과 접촉을 유지할 수 있는 희망이 없고, 반대로 이들로부터 벗어날 수 있는 도피처가 필요할 때 분석받기를 원한다. 그들이 분석을 시작하게 되면 그들의 첫 번째 목표는 거의 압도적인 불안을 야기하는 내적·외적 대상들에 대해 방어적 조직화를 설립(실제적으로는 재설립)하는 것이다.

내가 염두에 두고 있는 환자들의 일상적 삶은, 많이 수정되지 못한 유아적 불안으로 가득 차 있다. 그들은 약한 자아를 갖고 있는 환자들이다. 그들은 정상 범위를 넘어서는 박해감을 갖고 있으며, 유아기 때 클라인(1935)이 정의한 바 있는 우울적 위치의 경계에 도달했지만 그것을 통과하지 못하고 방어적 조직화를 형성한 사람들이다.

그러나 방어적 조직화는 위태로운 것임이 드러난다. 약한 자아와 급성적 불안의 결합은 우울적 위치를 통과하는 것을 불가능하게 만들며, 그들이 방어적 조직화를 유지하는 것 또한 불가능하게 만든다. 그들의 삶은 노출의 시기와 제약의 시기 사이에서 동요한다. 방어적 조직화가 실패하면 그들은 대상으로부터 오는 강력한 불안에 노출되고, 그것이 다시 확립되면 견딜만하지만 제약된 대상관계를 겪는다.

이 논문은, 분석이 제공하는 조건들 속에서 확립되고 유지되는 방어적 조직화가 어떻게 자아를 강하게 하고 불안의 영역을 감소시킬 수 있는지 보여주는 것을 목표로 한다. 이러한 방식으로 노출과 제약 사이에서의 동요는 중단되고, 환자는 (자신에게 열려 있는 특수한 방식으로) 자신의 발달을 진행할 수 있다. 이 논문은 또한 방어적 조직화의 본성에 대해 검토할 것이다.

M 씨의 12년에 걸친 긴 분석을 통해, 나는 방어적 조직화의 발달에서 나타나는 여러 연속적인 단계 – 모두 네 단계 – 를 연구할 기회를 가졌다. 첫 번째 단계에서 나는 방어적 조직화가 실패했을 때 노출된 그의 절망적인 상황을 볼 수 있었다. M 씨가 방어적 조직화를 재확립할 수 있었던 그다음 시기에, 나는 그의 방어적 조직화가 근거하고 있는 제한된 대상관계들과, 그것이 그에게 제공해준 안도감과 이익에 대해 연구할 수 있었다. 후에 세 번째 단계에서 나는 어떻게 그가 자신의 잔인성과 나르시시즘의 만족을 위해 방어적 조직화를 이용했는지 관찰할 수 있었다. 끝으로, 마지막 단계에서 M 씨는 이제 몇몇 신뢰할 수 있는 대상을 갖게 되었고, 다시 한번 발달의 진전을 보였다. 나는 그의 자아가 많이 강해졌지만, 방어적 조직화를 계속 사용했기

때문에 특징적인 방식으로 또한 분열되었음을 관찰할 수 있었다.

임상 재료의 양을 줄이기 위해 나는 분석을 처음 시작할 때부터 끝날 무렵까지 간추려 보고할 것이다. 그의 최초의 곤경이 무엇이었는지 완전하게 제시하기 위해, 그리고 그의 이러한 곤경에 대한 방어적 조직화를 독자들에게 이해시키기 위해 분석의 시작 부분에 대해 기술할 것이다. 그리고 분석의 마지막 단계의 M 씨와 초기 단계의 M 씨를 대조시키기 위해 분석의 끝부분을 보고할 것이다. 중간 단계들에 대해서는, M 씨의 꿈으로부터 나온 이미지들의 도움에 의존해 분석가와 환자가 어떻게 작업을 진행했는지 간략히 서술할 것이다. 그리고 M 씨의 분석의 네 단계는 각각의 특징이 무엇인지 명확하게 구별하여 서술할 것이다. 각 단계의 전조와 퇴행 – 각 단계 속에 당연히 존재하는 전조와 퇴행 – 에 대한 기술은 생략했다.

환자의 곤경

M 씨는, 오랜 제왕절개 수술로 고생 후에 출생한 독자였다. 그의 어머니는 그러한 고생을 다시는 견딜 수 없기 때문에 아이를 더 낳지 않았다고 그에게 말했다고 한다. 또한 그녀는 6개월 동안 그에게 모유를 먹였고, 그 기간 동안 매우 우울했다고 그에게 말했다. M 씨는 어머니가 부담스럽기는 했지만 자신을 잘 돌봐주었다고 느꼈다. 그의 아버지는 선의를 가진, 그러나 차갑고 초연한 사람이었고, 직업적으로 인정을 받지 못했다는 사실에 대해 불만이 많았다.

M 씨는 자신의 아동기가 불행하고 외로웠으며, 때때로 공포스러웠다고 회상했다. 밤에 그는 침실에서 전등을 켜야 했으며, 또한 부모의 침실로 가기 위해 복도에서도 전등을 켜야 했다. 그는 자면서 발작을 일으켰고, 야뇨증이 있었다. 일곱 살 때 그는 급성적인 신경과민 증세를 보였고 악몽에 시달렸다. 이는 그의 방어적 조직화가 실패했던 시기였음이 틀림 없다. 그의 부모는 그를 분석가에게 데려갔고 2년 동안 치료를 받았다. 그의 부모는 이 아동 분석 치료가 그의 문제들을 제거하지는 못했지만 그에게 도움이 되었다는 의견을 갖고 있었다. 나는 이 점에서 M 씨의 부모의 의견이 옳았다고 생각한다. 그의 첫 번째 분석은 바탕에 놓여 있는 곤경을 변화시키지는 못했지만, 그에게 매우 필요한 방어적 조직화를 재확립하는 데 도움이 되었다. M 씨는 학업을 계속했지만 그것을 싫어했고, 다른 아이들을 두려워했다. 격리되고 불행한 상태에서 그는 대학에 진학했다. 그의 아버지는 다른 분석을 받도록 그에게 권유했지만 M 씨는 이를 원치 않았다. 2년 후 그의 아버지가 갑자기 사망했다. 처음에 M 씨는 아버지의 죽음을 받아들일 수 없었다. 후에 어머니와 함께 살면서 M 씨는 우울해졌고, 점점 더 병이 드는 것을 느꼈고, 두려웠다. 22세 때 그는 나와 함께 분석 작업을 시작했다.

예비 면담에서 나는 약하고 매우 불안해하는 젊은이를 보았다. M 씨는 죽음과 신체 절단의 공포, 성적 환상과 과도한 자위행위의 재난에 관해 이야기했다. 그는 이 모든 것이 자신을 미치게 만든다고 말했다. 그는 대학 시절 한두 명의 여자에게 접근하려 했지만 성적으로 무능력했다고 또한 말했다.

첫 번째 회기에 그는 공포심을 감추기 위해 웃으면서 도착했다. 그는 '구순적 거세', '동성애' '성적 무능력', '레즈비언'에 관한 왜곡된 재료들을 쏟아냈다. 그는 혼란에 빠진 정신분석가처럼, 그리고 마치 그의 정신이 견딜 수 없는 압력을 받고 있다는 듯이 말하고 있었다. 그는 자신의 정신 속에 존재하는 압력과 혼동, 그리고 나에 대한 공포에 관해 내가 제시한 몇몇 해석을 경청할 수 없었다. 그러나 한 지점에서 나는, 그가 나를 두려워하기 때문에 내게 '분석적' 대화를 하고 있으며, 아마도 그가 하고 싶은 다른 말이 있을 것이라고 말했다. 이 해석에서 그의 정신 없는 말이 멈추었다. "몽상하기는 어려워요. 노력하지만 안 돼요. 사람들이 나를 산만하게 만들어요. 그러나 몽상할 때 나는 혼자 내 생각에 집중할 수 있어요. 생각 외에는 아무것도 하지 않죠." 그는 강렬하게 동경하듯이 말했다. 이것이 나와의 방해받지 않는 평화로운 관계 – 그가 '몽상'이라고 부르는 것을 할 수 있는 관계 – 에 대한 그의 갈망을 최초로 표현한 것이었고, 후에도 종종 반복되었다. 전이 속에서의 심리적 아버지로서 내가 이미 그를 방해했던 것이다. 나는 그를 두렵게 했고, 그는 나를 통제하기 위해 내 속으로 자신을 투사했고, 그러고 난 후 나와 혼동되었다. 그는 이렇듯 방해하는 사람들로부터 벗어나기를 간절히 원했다. 그러나 '생각 외에는 아무것도 하지 않고 혼자 있기'를 갈망하지는 않았다. 후에 M 씨가 분석에서 설립한 방어적 조직화가 달성한 것이 정확히 그것이었다. 방어적 조직화는 '방해하는 사람들'로부터 그를 벗어나게 해주었고, 그가 갈망하던 나와의 관계를 그에게 제공해주었다.

그러나 분석의 첫 번째 단계에서 M 씨는 매우 혼란에 빠졌다.

아버지의 죽음으로 인한 충격이 몇 개월간 지속되면서 그의 불안정한 방어적 조직화를 붕괴시켰고, 그를 혼란과 압도적인 불안에 노출시켰다. 나는 어느 금요일 회기가 시작될 무렵에 생겨난, M 씨가 겪었던 어려움에 대해 더 자세히 묘사하고자 한다. 회기가 시작될 때 M 씨는 치료실로 들어오기를 두려워하는 것처럼 보였다. 치료실로 들어와 카우치로 가는 도중에 그는 걸음을 멈추었고, 몸을 굽혀 내 의자의 좌석을 응시했다(나는 아직 앉지 않았다). 그는 매우 두려워했고 불규칙하게 호흡하고 있었다. 카우치에서 그는 말하기 시작했다. "양복을 바꿔 입으셨네요. 줄무늬가 있네요. 나는 여기에 올 때 불안했어요." 이미 날카로워진 그의 불안이 더 커지고 있었다. 나는 그가 자신이 매우 두려워하고 있음을 내가 알기를 원한다고 말했다. 그가 대답했다. "내 호흡이 비정상적이에요. 비정상적인 리듬에서는 정상적인 숨쉬기로 돌아갈 수 없어요. 사실 지난밤에 꿈을 꾸었어요." 자기 예찬의 톤으로 갑자기 바뀌면서 그는 "어떤 꿈을요!"라고 말했다.

그는 즉시 불안에 다시 빠져들었고, 마치 자신이 보고하는 꿈을 보고 있다는 듯이 말했다. "아는 옛날 영화를 보고 있었어요. 주인공인 듯한 여자가 내게 혐오감을 줬어요. 그녀는 너무 나이가 많았어요. 그녀가 이 역할을 한다는 것이 혐오스럽게 느껴졌죠. 더 젊었어야 했어요. 그녀와 항상 같이 있던 남자 두 명이 있었어요. 그녀가 침대에서 가슴을 드러내고 있었고, 두 남자가 그녀의 양쪽에 있었죠. 그들은 곧 사랑을 나누거나 무언가를 하려고 했어요. 그러나 갑자기 한 남자가 불만스럽고 거만한 목소리로 무언가 이야기했어요. 나는 이에 놀랐죠. 그러고 난 후 그 남자는 큰 칼을 꺼내어 그녀의 가슴

사이로 그녀를 자르기 시작했어요. 그리고 나는 어느 정도 그 남자에게 빠져들었는데, 그는 칼로 그녀의 살 위에 자신의 이름을 쓰고 있었어요. 그녀는 비명을 질렀죠." 그는 말을 중단했다.

내가 무언가를 말할 수 있기도 전에 그는 화가 나서 고함쳤다. "선생님은 아무 말도 하지 않았어요. 가치가 없는 일이 돼버렸어요. 선생님에게 [내 꿈을] 낭비한 거죠." 내가 더 빨리 말하지 않아서 그가 화가 난 것이라고 나는 그에게 말했다. 이 때문에 그는 내가 자신의 꿈 – 그가 나를 위해 꾼 여주인공 영화 꿈 – 을 무시했다고 느꼈다(그는 낄낄 웃었다). 그러나 그는 또한 그의 꿈이 실제적인 것이 되었고, 성행위가 여기 회기에서 실제로 발생하고 있다는 두려움을 갖고 있었다. 내가 그를 내 의자로 데려가 그로 하여금 그 성행위를 보도록 만들고, 내가 영화 속 그의 정신 속으로, 그리고 또한 그의 호흡 속으로 들어갈지도 모른다고 두려워했다. M 씨는 주의를 집중하고 있었다. 나는 다음과 같이 말했다. 처음에 그는 내가 꿈속의 비명지르는 어머니로 실제로 변화한 것을 두려워했다. 아마도 내 양복의 줄무늬가 그에게는 비명처럼 보였을 것이다. 그러자 M 씨는 안도의 웃음을 조금 지었고, 그의 호흡도 잠잠해졌다.

그러고 난 후 다음 순간에 그는 약간 자랑스럽게, 그러나 또한 절망에 차 이렇게 말했다. "그 꿈은 매우 생생했어요. 보통 나는 꿈들을 기억하지 못해요. 그것들은 일관성이 없어요. 나는 그 꿈을 기억하려고 애썼어요. 그것은 매우 생생했어요." 그는 나로 하여금 자신의 성행위 꿈 – 나는 이렇게 부를 것이다 – 에 대해 계속 이야기하도록 만들기 위해 절망적으로 반복해 말했다. 나는 조용히 있었다. 갑자기

M 씨가 완전히 지치고 생기 없는 목소리로 말했다. "사실 다른 꿈도 꾸었어요. 나는 도로에서 자동차를 얻어타려 했어요. 많은 차가 오고 있었어요. 그런데 두 명의 노인을 봤어요. 그들도 히치하이킹을 하려 했죠. 그러나 내가 히치하이킹을 하려고 기다리는 동안 차들이 말라 버렸어요. 그러고 난 후 나는 커다란 셰퍼드와 함께 있었어요. 나는 '이런 개와 함께 있으면 차를 절대 얻어탈 수 없겠구나'라고 생각했어요."

후에 나는 M 씨의 노인에 관한 꿈이 반복되는 꿈임을 알게 되었다. 이날 꿈은 자동차의 흐름, 즉 회기의 흐름이 멈추게 되는 주말 때문에 등장한 것이었다. 나는 M 씨가 히치하이킹하는 몸짓을 취하는, 즉 엄지손가락을 움직이고 선택받기를 원하는 아기 부분이 존재한다고 느낀다고 [해석해주었다], 그러나 그의 꿈은, 그리고 갑작스러운 피곤한 기분은, 그를 도울 수 없고 그를 피곤하고 죽은 자로 만드는 노인들과 함께 버림받았다고 그가 느꼈다는 것을 암시한다고, 그리고 그는 차를 얻어 타거나 그 노인들에게 생기를 불어넣어야만 했다고 해석해주었다. 나는 회기에서 방금 전에 우리가 우리 둘 – 그와 나 – 에게 생기를 불어넣기 위해 그의 성행위 꿈에 대해 이야기하기를 그가 원했다는 것을 상기시켜주었다.

회기가 거의 끝날 무렵이었다. M 씨는 두서없이 말을 쏟아냈다. "위험해요, 그건 선생님의 책상이에요…" 그는 동요되었다. 그는 자신의 생각을 파편화시켰고, 자신으로부터 '위험'을 제거하기 위해, 그리고 나를 자신으로부터 떨어뜨려 놓기 위해 계속 말했다. 그는 내가 그를 돌보거나 스스로 잘 살아갈 수 없는 '노인'이라는 것에 공포심을 느꼈다. 주말에 그가 함께 시간을 보냈던 홀어머니가 그랬듯이 말이다.

이 회기에서 그는 불안과 혼란에 의해 거의 압도되었다. 처음부터 치료실, 카우치, 분석가 등 모든 것이 공포의 대상이었다. 그것들은 변한 것처럼 보였다. 그것들은 실제로 그에게 그의 성행위 꿈의 세계가 된 것이나 다름 없었다. 그의 몸 내부에서 일어나는 비정상적인 호흡도 그를 긴장시켰다. 이는 분석가와 환자가 내적 성행위를 하는, 구체적인 신체적 표현이었다. 혼란을 겪고 무질서하고 구체적인 방식으로 기능을 하는 경향이 있기는 했지만, 그가 현실에 대한 이해와 사고력을 완전히 잃어버린 것은 아니었다. 하지만 그는 엄청난 공포에 사로잡혀 있었다. 그가 거의 호흡을 하지 않았다는 점도 주목할 만하다. 치료실과 호흡에 대한 그의 공포심이 이해되고 해석되었을 때 그는 약간의 안도감을 얻었지만, 곧 다른 불안이 엄습했다. 그의 대상들이 성행위를 멈출 때, 그들은 움직이지 않으며 우울한, 그에게 자동차를 얻어타기를 원하는 '노인들'이 되었다. 그러나 그것은 불가능한 요구였다. 그는 주말에 버림받고 죽어간다고 느꼈기 때문이다. 죽어가는 우울한 대상이 야기한 박해적 불안과 우울적 불안의 혼합은 컨테인할 수 없는 엄청난 동요를 M 씨 속에 불러일으켰다. 이러한 동요 때문에 M 씨는 회기가 끝날 무렵 그 동요를 파편화하고 축출하고자 했다.

다른 방어들과 마찬가지로 이러한 방어는 회기 동안에, 예를 들면 그의 빈약한 허세('성행위 꿈')를 불러일으켰다. 또는 성행위 꿈을 영화로 봄으로써 그는 무섭고 구체적이며 침투적인 성행위 꿈으로부터 거리를 취하거나 성애화를 위해 성행위 꿈을 이용했다. 그러나 이러한 방어는 거의 즉시 실패했고, M 씨를 다시 한번 다양한 불안에 노출시켰다. 그의 약한 자아는 방어를 결코 유지할 수 없었다.

M 씨의 자아는 너무 약해서 대상들의 힘에 저항할 수 없었다. 예를 들면 성행위 꿈에서 그는 살해적인 성행위로 이끌려갔다. 회기에서 그가 무력하게 내 좌석으로 이끌려갔듯이 말이다. M 씨가 사용한 다른 중요한 방어 —투사적 동일화— 를 무력화시킨 것이 바로 자아의 응집력의 결여였다. 이는 그가 심리적 아버지-분석가와의 투사적 동일화 상태에서 도착했지만, 혼란스럽고 과도하게 격앙되었고 공포를 느꼈던 첫 번째 회기에서 이미 명백하게 드러났다. 아버지 전이는 매우 중요했다. M 씨는 차갑고 냉소적이며 까다로운 아버지로서의 나를 두려워했다. 많은 꿈속에서 괴물로 묘사된 아버지 말이다.

또한 이 회기에서, 훨씬 나중의 분석에서 등장할 수 있었던 M 씨의 다른 측면이 흥미롭게도 이미 예견되었다. 그것은 노인 꿈의 끝에서 등장한 셰퍼드 개다. 그것은 배반적이고 파괴적이며 소유적인 그의 측면을 대리한다. 그것이 등장할 때 그는 절망한다. 꿈속에서 그는 "내가 그 개와 함께 있으면 차를 얻어탈 수 없어요"라고 말한다. 후에 그것이 완전하게 등장했을 때 그것은 그와 내게 절망의 원인이 되었다.

그러나 현재의 첫 번째 단계에서 M 씨를 괴롭힌 것은 그의 충동 자극이 아니었다. 자아의 약하고 혼란스러운 상태와 그를 긴장시키는 대상들이, 그를 압도하는 [불안을], 정신병 상태에 빠질지도 모른다는 불안을 야기하는 원인이었다. M 씨는 대상들이 그들의 또는 그의 느낌들을 컨테인할 수 있다고 믿지 않았고, 그 자신도 짧은 순간 이상으로 자신의 정신 상태를 유지할 수 있다고 믿지 않았다. 특히 M 씨는 평온함과 안정성unchangingness, 즉 자신의 경계성 상태에 대한 방어적 조직화를 다시 획득할 필요성을 느꼈다. 그는 다음과 같이 상실한 피난처에 대한 갈망을 계속해서 표현했다. "나는 울고 싶어요." "어려움에 빠지지 않기 위해 나를 치워버리고 싶어요." "이전의 평온함을 되찾고 싶어요." 한 회기에서 그는 "내게 평화를 주세요"라고 부탁했다.

M 씨가 나의 해석에 대해 의심했고, 그 해석이 그를 자극하거나 조롱하고, 또는 그 해석은 고통과 죽음, 불안에 대한 나의 토로일지도 모른다고 두려워했지만, 그는 내가 해석을 제시하기를 원했다. 이는, 자신이 죽은 듯한 상태임에도 대상들에게 활기를 불어넣으려고 노력하는 것처럼, 부담스럽고 두려운 존재인 대상들 역시 그를 돌보기 위해 노력한다는 그의 믿음의 전이를 표현하는 것이었다. 특히 그에게 안도감을 준것은 그의 불안, 그리고 무질서와 혼란의 느낌이 극단에 있음을 인식한 해석이었다(M 씨가 더욱 불안에 빠지기 전에 그의 불안, 무질서, 혼란의 느낌이 정식화될 수 있었다면 좋았을 것이다. 물론 이는 결코 쉬운 일이 아니다). 그리하여 그는 자신을 지탱해줄 만큼 충분히 강한 분석가 옆에 도달했다고 느꼈고, 동일화 속에서 자아가 강해지면서 점차적으로 불안 수준 – 비록 그 수준은 높았지만 – 이 약해지기 시작했다. 8개월 동안 지속되었던 이 첫 번째 시기의 끝에서 나에 대한 M 씨의 관계의 성질 전체에 변화가 발생했다.

방어적 조직화의 설립

이전과는 달리 두 번째 단계 때 M 씨는 제시간에 와서 벨을 세게 눌렀다. 또한 이전과 달리 자기 자신 또는 분석가에 대한 변화하는 불안들에 관해 토로할 때 그는 그 불안들을 잊었다. 그리고 그는 나에게 활기를 불어넣기 위해 노심초사하지도 않았다. '자극하는' 성애화된 재료는 더 이상 존재하지 않았다. 그 대신 그는 머리가 잠으로 쌓여 있다는 듯이 초연하고 묵직하게 나를 통제하고 꼼짝 못하게 하려는 듯이 약화된, 그리고 약화시키는 방식으로 말들을 뱉어냈다. M 씨는 불안으로 채워진 자신의 부분들을 분열시켰고, 환상 속에서 자신을 아버지의 차가운 남근 속으로 투사했다. 그리고 그것을 치료실에서의 교란 – 나와 카우치 – 을 멸절시키는, 차갑고 치명적인 말을 하기 위해 사용했다. 이러한 방식으로 그는 엄마-분석가로서의 내 속에 자신을 위한 변하지 않는 텅 빈 장소를 만들었다. 자아가 더 강해지자 그는 이제 나를 지속적으로 통제하고, 혼란 없이 투사적 동일화의 상태에 머물고, 자신의 원치 않는 부분들이 복귀하여 재침투하는 것을 막을 수 있게 되었다.

M 씨는 말했다. "교란받지 않기 위해 나 자신을 치워버리고 싶어요." 이제 그는 거의 그렇게 했다. 회기들에서 M 씨는 그가 자신을 보관해두는 대상 속으로 나를 집어넣었고, '교란'으로부터 자유롭게 되었다. 이전의 요동치고 흥분되는 전이 상황 대신에 이제 M 씨와 나 사이에 제한되고 통제된 관계가 존재했다. 그는 카우치의 느낌과 나의 목소리만이 그를 침범하는, 일종의 몽상 상태에 있었다. 그는 거

의 불안을 느끼지 않았다. 그리고 최소한의 방식으로 그는 자신이 필요로 하는 것에 대한 감각을 유지했다. M 씨는 평온함을 느꼈다. 그의 평온함은 커다란 위안이 되었다. 그는 곧 닥칠지도 모르는 정신병적 상황으로부터 구원받았다고 느꼈다.

M 씨는 자신이 견딜 수 없는 교란의 장소에 나를 집어넣음과 동시에, 그의 정신의 원치 않는 부분을 분열시켜 내 속으로 투사했다. 그는 변함없는 차갑고 반복적인 행동을 통해, 무자비한 대상에 의해 취급당한다는 느낌, 무력감, 약화되어 정신병에 걸릴 지경으로 고통받는다는 느낌, 내가 좋아하지 않는 것들을 그가 견뎌야 한다는 느낌 등을 내 속으로 투사했다. M 씨는 과거의 고통받는 유아 부분을 내 속에 투사했으며, 그가 나로 하여금 견디게 만든다고 그가 느끼는 것을 통해 또한 증오와 분노를 표현했다. 내가 그의 내부에 강제적으로 집어넣는 것으로 그가 경험한 [어떤 해석도], 그리고 나의 불안이나 호기심 – 그는 자신의 정신 상태와 자신의 존재에 관한 거의 모든 정보의 결여를 통해 내게 불안 또는 호기심을 불러일으켰다 – 의 증거로 그가 여겼던 어떤 해석도 그는 받아들일 수 없었다. 동요가 다시 찾아왔다. 즉시 그는 자신의 새로운 평온한 상태를 보호하기 위해 단조로워졌고, 해석을 약화시켰다.

개략적으로 볼 때 M 씨는 이제 멜라니 클라인(1955)이 기술한 바 있는 여러 방어, 전능한 통제와 부인, 그리고 여러 형태의 분열과 투사적 동일화를 연동시켜 사용함으로써 방어적 조직화를 형성했고, 그 속에, 그리고 그와 대상들 사이에 관계를 조직했다. 임상적으로 그는 분석에서 방어적 조직화의 작동에 특징적인, 통제하는 정적인 전이를 형성했다. 평온한 상태로 머물기 위해 그가 필요로 하는 대상 속으로 나를 집어넣고, 나를 그 대상에 제한하기 위해 그는 내게 강력한 압력을 행사했다. 그리고 그는 이러한 방어적 조직화가 부여한 넓은 틀 속에서 5년 동안 분석 작업을 수용했다.

용어상의 문제가 있다. 분석적 용법으로부터 벗어난 것이지만, 나는 윌리 호퍼(1954)가 도입한 '방어적 조직화'라는 용어를 M 씨가 설립한 종류의 방어 체계에 대해 사용할 것을 제안하고 싶다.[4] 발달의 정상적 부분인 – 단편적이고 다소간 일시적이며 반복되는 – 방어와 달리 방어적 조직화는 하나의 고착이다. 이는 발달 과정에서 해결할 수 없는, 그리고 거의 압도적인 불안이 발생할 때 생겨나는 심리적 형성물이다. 클라인의 용어로 표현하면 방어는 망상분열적 위치와 우울적 위치를 타협시키는 정상적 역할을 한다. 그러나 방어적 조직화는 전자나 후자에, 또는 둘 사이의 경계선에서 고착된 병리적 형성물이다. 시걸(1972)은 M 씨보다 더 교란된 환자의 방어적 조직화에 대해 기술한 바 있다.

M 씨의 방어적 조직화로 되돌아가자. 그의 재료에서 구순적·생식기적 관념은 항문적 관념에 의해 침투되어 있었다. 그리고 항문적 용어와 과정 그 자체가 매우 우세했다. M 씨는 대변 보는 소리를 내면서 말했다. 모든 생각과 느낌은 그에게 그가 배출하기를 원하는, 원치 않는 배변의 의미를 가졌다. 그의 고도로 통제된 대상들은 배변으로 변한 것처럼 느껴졌다. M 씨의 활동과, 대상에 대한 그의 관계

4) 호퍼의 용어의 애매성을 해결하기 위해 실제로 리히텐버그와 슬랩이 1971년에 상이한 다른 제안을 제시한 바 있다.

는 이제 주로 항문적 의미를 종종 갖고 있었고, 이러한 의미에서 그의 방어적 조직화는 또한 항문적 조직화였다.

그는 평온함을 얻기 위해 필요한 대상이 어떤 종류의 대상인지 다음 꿈을 통해 생생하게 묘사했다. 생활이 불안정하고hand-to-mouth, 부서진 창고warehouse 안에 있는 아무도 쓰지 않는disused 방에서 잠을 자는 친구를 만나는 꿈이었다. 그러나 그의 친구는 그곳이 안전하다고 말했다. 이 꿈은 '손에서 입으로의 삶'를 영위하는 M 씨에 관한 꿈이다. 그는 종종 입에 손을 댔으며, 부서지고 거의 움직일 수 없는 분석가-어머니 안에 있는 방 – 회기들 – 에서 잠을 잤다. 그리고 M 씨가 아버지의 남근을 통제했기 때문에 성행위도 아기도 존재하지 않았다. 분석가-어머니는 버려진disused 사람이었던 것이다. 나는 그가 자신을 보관해두는 창고-어머니였으며, 또한 그의 '앎'의 집('aware' house), 즉 그가 원치 않는 앎의 컨테이너였다.

교란이 발생하지 않았기 때문에 평온함을 가질 수 있었지만, 그가 자신을 자유롭게 받아들이는 대상과 자유롭게 관계를 맺는 평화를 얻은 것은 아니었다. 부서진 창고-어머니 속에 자신을 보관하는 것 – 그가 느끼고 있었듯이 이는 어머니의 자궁 속에 있는 것, 또는 평화롭게 어머니의 품에 누워 있는 것과 유사했다 – 이 그가 얻을 수 있는 최선의 대안일 뿐이었다. 그리고 비록 엄청난 위안을 얻었지만 M 씨는 여전히 안전하지 못하고, 병들었으며, 또한 '나쁘다'고 느꼈다. 그는 항상 교란을 발생시키는 무언가가 발생할까 봐 경계해야만 했다. 그가 언젠가 말했듯이 그는 귀를 쫑긋 세우고 있는 개와 같았다. 그가 앎을 분열시켰기 때문에 그는 졸렸으며, 그가 침해한 대상이 그의 머리속으로 침투했기 때문에 그의 머리는 둔탁하고 낯설게 느껴졌다. 평온함을 얻기 위해 M 씨는 대상들이 자신에게 평온함을 주도록 그것들을 조직해야 했다. 그는 대상 속으로 침투해 그것의 교란적 속성을 파괴하고, 자신의 필요에 맞추기 위해 그것을 통제해야 했다. 대상을 배변으로 거의 변화시키거나 파괴할 정도로 말이다. 그리고 그는 자신이 '나쁜' 사람이라는 불안 때문에 고통을 받았다.

몇 개월이 지난 후 그는, 어느 집을 침입했다고 신문에 대서특필된 괴물인 '혐오스러운 눈사람'에 대해 골똘히 생각하기 시작했다. 이는 M 씨의 느낌 – 그가 사무실의 초인종을 거칠게 누르는 바로 그 순간에 내 속으로 침입한다는 느낌 – 을 표현한 것이다. M 씨는 반복적으로 질문했다. "'혐오스러운 눈사람'은 실존하는 괴물인가?" 그는 자신이 혐오스러운 존재이며 타인을 통제한다는 것을 알고 있었다. 그러나 그가 그렇게 괴물스럽게 된 것이, 대상이 그가 견딜 수 없는 느낌을 그에게 불러일으켰기 때문이었을까? 아니면 그 자신이 정말로 괴물이었기 때문이었을까? 그는 결정할 수 없었다. 그러나 작은 괴물의 징후, 즉 미래에 그의 방어적 조직화가 전개되리라는 징후가 존재했다. M 씨는 꼼짝 못하게 된 나의 상황으로부터, 그리고 나로 하여금 그의 증오의 투사를 견디게 만드는 것으로부터 사디즘적 쾌락을 얻는다는 것을 깨달았다. 때때로 나는 M 씨의 단조로운 목소리에 숨겨진 능글맞은 웃음을 보았다. 그러나 보통의 경우 내가 그것을 지적하면, 오랜 침묵이 그러한 웃음과 해석을 파괴했다. 아주 가끔 그는 자신이 방어하고 있을 뿐만 아니라 만족하고 있다는 것을 보여주었다. 그는, 절반은 포유류지만 턱에 긴 주둥이가 발달한, 낯설고 상처 입은 동물에 관한 꿈을 가져온 적이 있었다. 이 꿈에서 M 씨는 그 동물에 대한 책임감을 느꼈고 매우 혼란스러웠다. 그는 그 동물을 오물에 주둥이 넣기를 좋아하는 새끼돼지와 연결시켰다. 그 꿈은 긴 주둥이를 발달시킴으로써 자신을 보호해야 할 필요가 있는 상처 입은 유아로서의 자신에 대한, 그러나 또한 나를 통제하고 나를 오물로 만들기 위해 주둥이를 사용하는 것으로 잔인한 쾌락을 얻는 유아로서의 자신에 대한 묘사였다. 이 시기에 자주 있는 일은 아니었지만, 꿈의 분석은 회기에서 커다란 불안을 야기했다. 다음날 M 씨가 새끼돼지-자기piglet-self에 관한 당혹스러움을 분열시켰을 때, 나는 그가 내 속으로 투사한 불안과 우울로 거의 가득 채워졌다. 그러나 주로 M 씨는 회기를 거의 변화 없고 둔감하게 만들기 위해, 그리고 자신을 동요되지 않고 평온하게 유지하기 위해(경계심을 느끼고 있었음에도 불구하고) 자신과 대상들을 조직하는 데 성공했다.

그가 평온함을 유지해야 할 필요성을, 그리고 그 자신 또는 나로부터 유래하는 잠재적 혼란을 파괴해야 할 필요성을 갖고 있음을 내가 이해했다는 것이 그에게는 중요했다. 그리고 때때로, 자유로운 접촉을 두려워하기 때문에 통제되고 둔감한 방식으로 우리 모두를 붙잡고 있다는 사실에 관한 해석들은, 잠시동안 그로 하여금 더 생생하고 살아 있는 재료들을 표현할 수 있도록 해주었다. 그는 자신 속으로 원치 않는 느낌을 강요하지 않는다고 그가 경험하는 해석만을, 또는 그를 괴물이라고 비판하지 않는다고 그가 느끼는 해석만을 받아들일 수 있었다. 그가 받아들일 수 있었던 해석들은, 그의 평온한 상태와는 다른 경험을 그에게 제공했다. 그는 그 해석들이 '자신의 머리를 맑게 해주었고', 그로 하여금 '다른 느낌'을 갖게 해주었다고 보고했다. 그것들은 훨씬 더 살아 있는 관계가 우리 사이에서 일어나고 있다는 경험이었다.

분석 5년차에 M 씨의 삶은 여러 가지 면에서 진전되었다. 그는 대학 과정을 마쳤고 직업을 얻었다. 한 번 실패했지만, 그는 집에서 어머니와 함께 사는 것 – 물론, 그는 분석 회기를 통해 나와 함께 사는 대신에 어머니와 함께 살고 있었다 – 으로부터 벗어나 아파트에 정착하는 데 성공했다. 그는 친구 한두 명을 사귀었다. 그의 자아가 아주 강해지고 있었고, 내가 그에게 점점 덜 두려운 존재가 되어가고 있음이 분명해졌다(전반적으로 불변적인, 분석 회기들의 특징이 존속했음에도). 그러나 그는 자신 또는 대상들이 더 통합되는 것을 견딜 수 있기 위해 이러한 진전을 사용하지 않았다. 도리어 그는 아주 정반대로 이러한 진전을 사용했다.

방어적 조직화의 남용

지금까지 M 씨를 분석해 나타난 결과 중 하나는, 대상으로부터 오는 혼란으로 가득 채워질지도 모른다는 두려움이 감소했다는 것이다. 그는 자신이 원하는 고정된 방식으로 나를 사용했다. 그는 원치 않는 느낌들을 내 속으로 투사했고, 내가 그의 느낌들을 압도하지 않을 것이라고 믿었다. 또는 내가 그의 내부로 투사를 되돌려주지 않을 것이라고 믿었다. 그렇게 사용된 대상은 또한 남용될 수 있다. M 씨는 이러한 관계를 남용하기 시작했다. 그것[대상]은, 그의 나르시시즘과 잔인성이 등장해 더욱 전능한 방식으로 작용할 수 있다 – 대상으로부터 오는 불평에 의해, 또는 자신[M 씨]의 개입에 의해 제약되지 않은 채 – 고 그가 느낀 장소가 되었다.

처음에는 M 씨의 방어적 조직화의 가장 중요한 작용은 방어였다. 그러나 이제는 그렇지 않았다. 그의 방어적 조직화는 또한, 주로 나르시시즘과 잔인성의 전능한 만족을 위한 수단이 되기도 했다. 그의 대상관계는 이제 로젠펠드(1971)가 연구한 유형의 나르시시즘적 조직화를 형성했다. 이러한 새로운 형태에서 그의 방어적 조직화는 여전히 방어 기능에 봉사했다. 그것은 M 씨의 왜소하고 느리다는 느낌, 자신이 결코 진정으로 변화하거나 회복되지 못할 것이라는 두려움[으로부터 그를 방어해주었다], 그리고 모든 새로운 불안과 죄책감 – 그가 대상들을 통제, 분리하고, 비활성적으로 만드는 것, 그리고 더 나아가 승리감에 가득 차 대상들을 잔인하게 훔치는 것 때문에 생겨난 방어적 조직화의 사용과 (이제는 또한) 남용의 불안과 죄책감 – 으로부터 그를 방어해주었다.

회기들에서 그는 이제 공공연하게 잔인해질 때가 잦았다. 내게 재료를 보고하지 않았으며, 자신이 의사소통을 더 잘할 마음이 있는지, 더 잘할 수 있는지 (내가 이를 알아차렸을 때) 혼란스러워했다. M 씨는 자신의 잔인성과 무질서한 재료에 대해 내가 허둥대는 것 때문에 흥분했다. 그는 이제 '혐오스러운 눈사람'에 대해 골똘히 생각하지 않았고, 그대신 전능하게 자신의 초자아를 분열시켰다. 그는 자신의 진전을 도착적으로 사용했고, 이 때문에 좌절하고 실망한 나에 대한 그의 승리감은 고조되었다.

M 씨는 점점 더 [대상들을] 매력적으로 느꼈다. 그는 앞서 기술했

듯이 초자아뿐만 아니라, 자신의 나르시시즘에 개입하는 현실들을 분열시키기 위해 투사 메커니즘을 사용했다. 급증하는 환상들 속에서 그는 자신의 내부에 있으며, 그 내부에 아버지의 전능한 남근뿐 아니라 어머니의 상징물들, 즉 어머니의 가슴, 활기를 주는 그녀의 아름다움 등을 갖고 있다고 느꼈다. 그는 자신이 내가 욕망하는 남근 또는 가슴이라고 [느꼈다], 그리고 자신의 긍정적·부정적 오이디푸스 콤플렉스를 완성할 수 있으며, 영원히 분석에 머무를 수 있다고 느꼈다(거의 믿었다). 분석은, 최근에 한 저자가 '황금 환상'(Smith 1977)이라고 불렀던 것의 실현이었다. 한두 번 실패한 후 M 씨는 일상적 삶에서 성적 능력을 되찾았으며, 이번에는 그를 따라다님으로써 그에게 자신이 능력 있고 매력적이라는 느낌을 주는 여러 여자를 발견했다. 이제 그는 나와의 작업이 필요없다고 느꼈다. 그는 '평범하다'고 생각하는 해석을 경멸했고, 또한 앎을 경멸했고, '평범하다'고 느끼는, 더 현실적인 자신의 부분들을 경멸했다. '평범하다'는 것은 당시 그가 가장 좋아하던 단어였다.

그의 흥분된 상태는 한 꿈에서 잘 묘사되었다. 꿈에서 M 씨는 온몸에 빗들이 삐져나와 있는 한 동료를 보았다. M 씨는 생각했다. "저 친구는 진정되어야 해." 빨강, 노랑, 빨강이라는 잘못된 순서로 켜지는 신호등이 있었고, 그 동료 역시 잘못된 길을 바라보고 있었다. 이 꿈에 대해 이야기한 후 M 씨는 더 이상 주의를 기울이지 않았다. 그는 뒤죽박죽된 순서로 새로운 주제로 넘어갔고, 나는 아무 일도 할 수 없었다. 나는 그 자신이 꿈속의 동료임을 보여주고자 노력했다. 그 자신이 과시적인 격앙 위로 삐져나온 빗comb, 과도하게 멋 부리는 사람coxcomb이라고 말이다. 그는 회기 동안 꿈속에서 살고 있으며, 잘못된 신호등처럼 내게 잘못된 순서로 재료를 제시하는 것에 흥분감을 느끼고, 잘못된 길을 바라보고 있다고 나는 말했다. 이 과도하게 멋부리는 사람에 대해 그에게 말해주는 [꿈], 그리고 그는 진정되어야 한다는 것을 말해주는 꿈을 그가 파악하지 못한다고 말이다. 나는 그렇게 주장했고, 그는 매우 화가 났으며, "당신은 나를 화나게 해요"라고 그가 경멸적으로 말하면서 밖으로 나감으로써 회기는 끝났다. 능글능글하게 웃음 짓는 작은 돼지는 공공연하게 경멸적이며 전능한 멋쟁이로 성장했다.

이 단계에서 그는 자신이 무엇을 행하고 있는지 인식하고 있는 [자신의 부분을], 그가 위험하게 흥분하고 있고 따라서 진정되어야 한다는 것을 알고 있는 자신의 부분을 점점 더 원치 않았다. 그는 그 부분으로부터 자유로워지기를 원했다. 그는 현실, 건전성, 불안, 죄책감 등 모든 '혼란'으로부터 '자유로워'지기를 원했다. 그는 자신이 이상화시킨 자신의 잔인한 나르시시즘적 부분과, 인식하고 느끼며 사고하고 판단할 수 있는 자신의 부분 – 그는 이 부분을 부인했다 – 을 점점 더 분열시켰다. M 씨의 자아의 분열은 프로이트가 「방어 과정에서의 자아의 분열」(1940)에서 기술한 유형의 분열이다. 프로이트의 견해에 따르면 이러한 분열은 '자아 속에서의 결코 치료되지 않는 균열'이다. 두 부분 간의 균열의 본성은 변화했지만, M 씨의 자아 속의 분열은 계속해서 존재했다.

이 단계에서는 그의 전능한 부분이 지배적이었고, 계속적으로 그의 건강한 부분으로부터 분리되고자 했다. 이러한 과정은 M 씨가 일시적으로 망상적 상태에 빠졌던 분석 6년 차 말에 행동화되었을 때 정점에 달했다. 그는 일을 그만두었고, 분석을 중단했으며, 휴가 이후에 회기에 오지 않았다. 그는 광범위한 여행을 하려는 비현실적인 계획을 세웠다. 그 시기의 마지막 몇 주 동안 그는 흥분과 전능성의 느낌 때문에 관계를 끊고 살았고, 따라서 나는 그와 거의 접촉할 수 없었다. 나는 그의 계획을 분석을 중단하겠다는 의도의 표현이라기보다는 전능한 환상의 실행enactment이라고 보고 계속해서 분석했다. 그러자 그는 자신의 모든 감각과 건강함을 내 속에 넣었다. 휴가 이후에 그는 분석을 다시 시작했다. 그는 여행은 재난이었다고 말했다. 그의 회사는 직장에 다시 나오라 그에게 권유하지 않았고, 그는 다른 일을 찾아야 했다. 휴가 동안 그의 경험들은 그의 전능성과 흥분을 진정시키고 파괴했으며, 그를 두렵게 만들었다. 더 의식적인 부분이 정신 속으로 강하게 다시 침투했고, 이제 그는 자신이 '미쳤다'고 느꼈다.

그러나 그는 이를 오랫동안 견딜 수 없었다. 그는 자신의 전능한 느낌이 미친 것이라는 앎을 분열시켰고, 분석을 받으러 되돌아온 것에 대한 변화되고 왜곡된 판본 – 내 욕망을 그가 실현한다는 판본 – 에 몰두했다. 곧, 그는 전과 마찬가지로 전반적으로 방어적이고 매우 병리적인 방식으로 나와 관계를 맺게 되었다.

나는 이 반복적이고, (개략적으로 말하면) 변하지 않는 전이 상황에 대해 작업했다. M 씨가 나를 거의 절망의 상태에 빠뜨린 적도 여러 번 있었다. 내가 절망한 것은 분석에서의 진전이 일어나지 않아서 걱정했기 때문이다. 나는 우리가 계속 작업을 해야 하는지 의문을 가졌다. 그러나 그것은 또한 내 속으로 투사된, 내가 분석했던 M 씨의 절망이기도 했다. 분석을 붙잡고 소유하고자 했으며, 자신의 전능성과 나르시시즘을 부풀리고, 그것들을 움직이고 살아 있는 것으로 만들려 하지 않았으며, 따라서 결코 자신이 살아 있다고 느끼지 못할 것이라는 M 씨의 절망 말이다. 이 시기에 오래 전 초기의 꿈, 즉 위에서 서술한 노인들에 관한 꿈에서 예견되었던 것이 완전히 출현했고, 이에 대해 분석했다. 그 꿈의 마지막 부분에서 셰퍼드가 등장했고 그 꿈에서 M 씨가 "나는 그 개와 함께 있으면 결코 차를 얻어타지 못할 것이다"라고 말했던 것을 독자들은 기억할 것이다. 내가 그를 포기하지 않고 그와의 작업을 계속했다는 것이 그에게는, 대상이 파괴됨 없이 그[M 씨] 속에 있는 셰퍼드 – 그의 무자비하고 배신적인 소유욕 – 를 이겨낼 수 있다는 증거였다고 나는 생각한다.

치료의 진전

8년 차 분석 기간에 M 씨의 방어적 조직화가 약화되기 시작하면서, 더 활발하고 덜 제약된 우리 사이의 접촉에서 점차적으로 뚜렷한 징후가 생겨났다. 모든 혼란을 배제하기 위해 자신의 내적·외적 관계를 총체적으로, 그리고 영구적으로 조직하는 대신에 M 씨는 더욱 일시적으로 방어를 사용하고, 당황스러운 지각과 감정이 자신에게 도달하도록 허용하기 시작했다. 연관된 다른 변화들이 생겨났다. 그의 말투가 변했다. 그는 이제 대화를 원했다. 분석에서 다룰 수 있는 범위가 더 넓어졌다. 그의 현재의 삶이 회기 동안 그의 생각 속에 등장했다. 그는 우울적 위치의 경계에 놓여 있었던 문제들 – 과거에는 방어적 조직화가 많이 필요한 도피 수단이었던 문제들 – 을 자신이 다시 다루기 시작했다는 것을 알기 시작했다. M 씨는 이제 반복적으로 발생하는 불안에 의해 압도되지 않았다. 그는 더 잘 준비가 되었다. 그의 자아는 더 강해졌고, 더 응집성이 생겼으며, 불안을 더 잘 견딜 수 있었고, 불안의 영역 그 자체도 축소되었다. 죽어가는, 과도하게 침입적인 차가운 옛 대상들과 더불어, 그는 더 따뜻하고 더 강하며 더 컨테인된 살아있는 대상들과 새로운 관계를 맺었다.

이러한 특징적인 모습과 더불어 M 씨는 자신의 발달 문제에 직면하기 시작했다. 이러한 모습은 방어적 조직화 – 본 논문에서 사용된 의미에서, 즉 거의 압도적이고 해소될 수 없는 불안을 발달이 야기할 때 환자가 필요로 하는 병적이고 정적인 형성물(static formation)이라는 의미에서 – 를 오래 사용한 결과였다. M 씨의 자아는 분열되었다. 한 부분은 앎awareness과 느낌에 대한 능력을 갖고 있었고, 불안이 불쑥 등장해도 치료되기 위해 애썼다. 전능한 다른 부분은 대상들과의 투사적 동일화의 상태에 머물러 있기를 원했고, 발달을 위한 '평범한' 노력을 방해했고 경멸했다. 그러나 전과는 달리 M 씨의 의식적aware 부분은 이제 종종 지배적이 되었고, 여전히 M 씨에게 방어적 조직화 – 그의 전능한 부분은 이 방어적 조직화의 침전물이었다 – 처럼 방어 기능을 행하는 전능한 부분을 면밀히 조사하기 시작했다. 내가 생각하기에 자아 속에서 분열과 깊은 대립이 존재하는 것, 그리고 전능한 부분에 대해 계속 방어를 사용하는 것은 방어적 조직화 특유의 후유증이다.

결론을 내리기 전에, 나는 이러한 특정적 모습이 작동하고 있음을 보여주는 9년 차의 한 회기에 대해 보고하고자 한다. 본 논문의 서두에서 보고한 회기와 비교할 때, 이 회기 역시 M 씨의 변화를 보여주며, 또한 우리를 평화에 대한 그의 갈망으로 되돌아가게 하고, 이에 대해 새로운 빛을 던져준다.

그것은 금요일 회기였다. M 씨는 적대적이고 비웃는 목소리로 따분하다고 말하기 시작했다. 그러고 난 후 다른 목소리로 피곤하다고 말했다(그는 실제로 피곤해 보였다). 그는 다시 적대적이고 비웃는 목소리로 변했고, 자신은 복종해야 한다고, 즉 출구exit door를 지날 때 머리를 옆으로 숙여야만 한다고 말했다(실제로 그는 치료실로 가는 과정에서 거리를 향해 난 문쪽으로 머리를 숙였다).

나는 그의 대립적인 느낌들에 대해 논평했다. 그는 나를 미워하고 있으며, 내가 그로 하여금 이것을 인정하라고 강요한다는 느낌은 출구일exit day, 즉 금요일이기 때문에 생겨난 것이며, 따라서 그는 피곤함도 느낀다고 말이다.

노골적으로 그는 주말의 성적 계획sexual plans에 대해 이야기했고, 그가 관계를 맺고 있는 유부녀인 X와 다시 성관계를 했다고 말했다. 그러고 난 후 그는 잡지에 광고를 낸 어떤 여자 Y에 대해 이야기했다. 그는 그녀의 광고에 답신을 보냈고 역시 주말에 만나 성관계를 갖기로 했다는 것이다. 그는 이 두 여자와 엮여 있다고 했다. 그 후 그가 토요일 밤에 초대했던 흥미롭고 친절한 젊은 유대인 여자, Z에 대해 이야기했다. 그는 자신이 그녀에 대한 흥미를 잃을까 봐 걱정했다. X나 Y와 만나는 것이 친절한 젊은 유대인 여자에 대한 자신의 흥미를 파괴하게 될까 봐 그는 걱정하는 것이었다. 나는 그녀를 그에게 관심을 갖고 있는 나의 한 측면과 연결시켰고, 그가 어떻게 느끼는지 알아차렸다. 나는 그가 내게 이 모든 성적 이야기를 함으로써, 출구일, 즉 금요일에 엄습한 피곤과 우울에 대한 흥미를 그가 이미 잃어버렸다고 지적했다. 해석이 M 씨에게 도달한 것처럼 보였고, 침묵이 흘렀다.

그는 더 가볍고 생기 있는 목소리로 다시 말하기 시작했다. 그는 회기에 처음 도착했을 때보다 지금은 기분이 더 좋다고 말했다. 기분이 별로 좋지 않았지만, 이제는 마치 짐을 내려놓은 것처럼 안도감을 느낀다고 했다. 그러고 난 후 M 씨는 다음과 같이 말했다. 그는 자신의 아파트가 얼마나 추운지 생각하고 있다. 그래서 문풍지를 사서 출입문에 붙였지만 틈이 너무 넓어서, 문풍지가 꼬이고 구부러지고 별 효과가 없었다. 나는 다음과 같이 해석해주었다. 그는 문풍지, 주말의 성적 계획, 회기에서 내게 했던 말들에 대해 내게 설명하고 있다. 이것들이 주말에 찾아오는 단조로움과 피곤을 차단하는 그의 방법이다. 그는 이러한 방법들이 틈을 정말로 메워주지 못하며, 또한 그것들이 그를 꼬이고 굽게 만든다고 내게 말하고 있다. M 씨는 사려 깊게 "그래요. 도착적이죠. 알고 있어요"라고 말했다.

잠시 후 그는 말했다. "내가 두 개의 집이 있다는 것을 생각하면 재밌어요. 하나는 여기에, 하나는 A에 있어요… 나는 A가 좋아요"(최근에 그는 A에 있는 재산에 관심이 있다고 말한 적 있다). 그는 계속해서 말했다. "A에 있는 유대인 묘지에 관한 이미지가 떠올라요. 그 옆을 종종 지나가곤 했어요. 어떤 때는 무덤에 나치의 상징이 그려져 있었어요. 지나다니는 사람pedestrian이 많았죠." '지나다니는 사람(평범한 사람)'이라는 단어에 대해 그는 친절하게 웃으며 말했다. "선생님이 무슨 생각을 할지 알아요. 무덤 옆에는 길이 있었고, 나는 가끔 그리로 걸어 다녔어요." 나는 다음과 같이 해석해주었다. 두 개의 집에 대한 그의 생각이 그가 나에 대해 느끼는 두 가지 방식을 표현하고 있다. 그가 처음 분석 회기에 왔을 때 그는 적대감을 느꼈고, 내가 주말에 강제로 그를 혼자 내버려 두기 때문에 나를 미워했다. 그리고 그는 나를 나치로 묘사했으며, 지루한 노인의 분석보다 흥분시키는 주말의 여자들을 더 좋아한다. 이제 회기의 중간 즈음에 그는 나와 함께 집에 있다고 느꼈고, 나를 좋아하며, 의사소통이 된다고 느꼈다. 또한 나는 다음과 같이 말했다. '사람들이 걸어다니는(평범한) 길'이 중요하다. 오늘 그는 '유대인 묘지' 옆을 걷지 않았다. 그는 그가 종종 사람들이 걸어다니는 길로 생각하는 것 위에 있다. 상황이 어떤지 관찰하면서 말이다. 그리고 나는 다음과 같이 해석해주었다. 회기의 앞부분에서 그가 그렇게 했듯이 나와 관련해 삶과 죽음에 대해 말함으로써 그는 나를 묘지로 격하시켰고, 그 후 그 묘지는 그의 내적 세계 속으로 들어와 그를 피곤하고 우울하게 만들었다.

회기가 끝나가고 있었다. 우울과 자신의 출구를 두려워했기 때문에 M 씨는 자신의 의식적인 부분을 분열시켰다. 갑자기 그는 카우치에서 다른 환자처럼 되었다. 그는 자신의 여자들, X와 Y에 대해 이야기했고, 흥분된 상태에서 동성애자에 관한 한 영화에 대해 묘사했다. 그는 낄낄 웃었다. 그리고 회기에서 다룬 내용들이 좋았으며, 그것 중 하나를 주말에 다시 생각해보겠다고 말하면서 회기를 끝냈다.

이 회기에서 M 씨는 많은 혼란스러운 문제에 직면하기 시작했다. 또는 적어도 그런 방향으로 나아갈 수 있었다. 출구일exit day, 즉 강제로 배제된다는 박해감, 그의 도착적이고 파괴적인 방어, 그리고 피곤과 우울, 진정한 죽음 – 그가 자신의 내적 세계에 만들었다고 그가 두려워하는 무덤으로부터 유래하는 – 말이다. 또한 우리는 M 씨의 두 부분의 상호작용을 볼 수 있다. 그 두 부분이 등장해서 처음에는 서로 교대로 나타났다. 회기가 진행됨에 따라 그는 의식적인 부분이 지배적이 되었고, 의사소통하며, 자신의 왜곡된 방어에 대해 사고했다. 그리고 그는 자신이 좋아하는 집을 갖고 있다는 것, 그리고 자신 속에 나치, 죽은 대상들의 존재, 우울이 있음을 인식했다. 그러나 회기가 끝날 때 M 씨는 이 단계에서 여전히 불안해했다. 그는 자신의 의식적인 부분을 분열시킬 필요가 있었다. 전능하고 방어적이며 왜곡된 부분이 그를 탈취했다. 이러한 일은 부분적으로 주말에 발생했다.

이러한 회기 분위기가 분석의 마지막 네 번째 단계의 많은 회기에서 나타나는 특징이었다. M 씨는 자신의 적대감을 느끼고 보여줄 수 있었다. 또한 그는 애정을 느낄 수 있었다. 그의 말과 생각은 분석 초기에는 구체적이고 무질서했지만, 이제 그것들은 아주 다른 방식으로 작동했다. M 씨는 이제 시간적 여유를 가질 수 있다. 그는 초기에 그랬던 것처럼 미쳐 날뛰지 않았고, 처음으로 자신의 방어적 조직화에 대해 이야기했을 때처럼 죽은 듯이 조용하지 않았으며, 후에 방어적 조직화를 남용했을 때 종종 그랬던 것처럼 위험할 정도로 흥분하지도 않았다. 나는 M 씨가 "두 개의 집을 갖는 것은 흥미로워요"라고 말했을 때, 그가 스스로 변화를 표현했다고 생각한다. 그것은 집, 즉 자신을 받아들일 것이라고 그가 믿는 대상을 갖고 있다는 그의 느낌이었다. 실제로 그는 두 개의 집을 갖고 있다고 느꼈다. 하나는 M 씨에게 진정한 평화의 느낌을 주기 시작하는 그의 부분이었다. 이 평화는 혼란스럽지 않기 위해 자신과 대상들을 조직하고 제약함으로써 얻게 된 평온함과는 다른 것이었다. 회기가 보여주듯이 이러한 종류의 평화는 혼란과 양립할 수 있다. 실제로 이는 혼란을 이길 수 있도록 해주는 집을 갖고 있다는 것에 근거한다.

분석의 마지막 해들에서는 M 씨의 의식적인 자기와 전능한 자기 사이의 미묘한 갈등이, 그리고 때로는 동맹이 드러났다. 점차적으로 그는 그가 종종 사용했던 표현에 따르면 '허용될 수 없는 증거'였던 것 중 몇몇 – 이는 전능성 아래에 숨겨진, 분리에 대한 그의 공포와 그러한 분리에 대한 거부를 포함하고 있었다 – 에 직면했다. 그리고 그는 자신의 방식대로 우울적 위치의 느낌과 불안 중 몇몇을 극복할 수 있었다. 부서지고 사용되지 않는 창고warehouse, 즉 그에게 안식처를 주었던 어머니에 대한 이미지는 한 중요한 꿈에서 파괴되지 말았어야 할, 그리고 국가 재단이 재건해야 할 아름다운 역사적 저택으로 등장했다. M 씨의 점점 증가하는 신뢰가 이런 일을 행했던 것이다.

긴 12년간의 분석이 끝났을 때, 비록 전능한 부분이 갑자기 그의 관계들 속에 등장해 그것들을 망가뜨리곤 했지만, 그리고 그가 박해감 또는 과도한 죄책감을 느낄 때 갑자기 대상들에 대한 흥미를 잃고 전능하고 도착적이 되기 쉬웠지만, 이러한 정신 상태는 일시적이었다. 이러한 정신 상태가 그의 안정적인 관계 – 이러한 관계 중 중요한 것은 그에게 상당한 만족을 가져다준 결혼이었다 – 를 심각하게 교란시키지는 않았다.

요약

이 논문은 삶이 과도하게 제약된 대상관계의 (방어적 조직화에 근거한) 시기와, 방어적 조직화가 실패할 때 생겨나는, 대상에 대한 거의 압도적인 불안에 노출된 시기 사이에서 동요하는 환자들에 관한 것이다. 이 논문은 방어적 조직화가 무너진 한 젊은 남성의 12년간의 분석에 대해 보고한다. 이 임상 재료는, 분석이 제공하고자 노력하는 상황 – 해석적 이해, 감정적 컨테이닝, 분석적 인내 – 속에서 어떻게 그가 우선 자신의 방어적 조직화를 재확립하고, 그 후 [불안에 대한] 노출과 제약 사이의 동요를 멈추게 하고 발달을 다시 시작할 수 있을 만큼 충분히 오랫동안 그 방어적 조직화를 유지하는지 보여준다.

이러한 임상적 연구 과정을 통해 나는 방어적 조직화의 본성 그 자체에 대해 검토했다. 나는 방어와 방어적 조직화를 구분해야 한다고 제안했다. 방어는 불안에 대한 작업을 허용하며, 발달의 정상적 부분이다. 방어적 조직화는 전반적인 병리적 형성물, 즉 진전이 불가능할 때 생겨나는 대상관계의 고착이다. 그것은 대상관계에서 유래하는 불안을 제거하는 이득이 있지만, 임상 재료가 보여주듯이 근본적으로 그러한 대상관계는 남용의 가능성을 제공한다.

테크닉과 관련해 이 논문은 방어적 조직화의 틀 속에서 환자가 장기간 분석받을 필요가 있음을 보여주었다. 이를 통해 자아가 강해지고 불안의 영역이 감소할 수 있다. 이러한 변화를 통해 환자는 종종 수년이 지난 후 비로소 자신의 발달을 다시 시작할 수 있다.

참고문헌

Freud, S. (1940) 'Splitting of the ego in the process of defence', *SE* 23.

Hoffer, W. (1954) 'Defensive process and defensive organization: their place in psycho-analytic technique', *International Journal of Psycho-Analysis*, 35, 194-8.

Klein, M. (1935) 'A contribution to the psychogenesis of manic-depressive states', in *The Writings of Melanie Klein*, vol. 1, London: Hogarth Press (1975), 262-89.

—— (1946) 'Notes on some schizoid mechanisms', in M. Klein, P. Heimann, S. Isaacs, and J. Riviere, *Developments in Psycho-Analysis* London: HogarthPress (1975) 292-320 (also in *The Writings of Melanie Klein*, vol. 3, 1-24).

—— (1955) 'On identification', in *The Writings of Melanie Klein*, vol. 3, 141-75.

Lichtenberg, J. D. & Slap, J. W. (1971) 'On the defensive organization', *International Journal of Psycho-Analysis*, 52, 451-7.

Rosenfeld, H. (1971) 'A clinical approach to the psychoanalytic theory of the life and death instincts: an investigation into the aggressive aspects of narcissism', *International Journal of Psycho-Analysis*, 52, 169-78.

Segal, H. (1972) 'A delusional system as a defence against the re-emergence of a catastrophic situation', *International Journal of Psycho-Analysis*, 53, 393-401.

Smith, S. (1972) 'The golden phantasy. A regressive reaction to separation anxiety', *International Journal of Psycho-Analysis*, 58, 311-24.

7장

임사 중독

베티 조지프Betty Joseph

이 논문은 1981년 5월 20일 영국 정신분석학회에서 최초로 발표되었고, 1982년 『국제정신분석학회지』 63권에 처음 출간되었다.

매우 악성적인 유형의 자기파괴성이 존재하는데, 우리는 환자 중 소수 그룹이 이러한 유형에 속한다는 것을 알고 있다. 이 유형은 내가 생각하기에 중독, 즉 임사near-death 중독이라는 속성을 갖고 있다. 그것이 이 환자들의 삶을 지배한다. 오랫동안 그것은 그들이 자신의 재료를 분석에 가져오는 방식과, 그들이 분석가와 맺는 관계의 유형을 지배한다. 그것은 그들의 내적 관계, 사고하기, 그리고 자신과 의사소통하는 방식을 지배한다. 그것은 니르바나(열반) 유형의 평화나 위안을 향하는 충동이 아니다. 그것은 이러한 유형과 철저히 구분되어야 한다.

이러한 환자들이 보여주는 이미지는 익숙한 것이라고 나는 확신한다. 외적 생활에서 이 환자들은 점점 더 깊이 절망에 빠지며, 정신적으로는 물론 육체적으로도 자신을 파괴하는 활동에 몰두한다. 예를 들면 매우 과로하고 거의 잠을 자지 않으며, 적절한 섭식을 회피하거나, 몸무게를 줄일 필요가 있을 때 몰래 과식하고, 점점 더 과음하며 관계를 단절한다. 다른 환자들의 경우, 이러한 유형의 중독은 그들의 일상적 삶에서 아마도 덜 두드러지게 나타날 수 있지만, 분석가 및 분석과의 관계에서는 마찬가지로 중요하다. 실제로 이 모든 환자에서, 죽어가는 상태로의 접근이 가장 분명하게 드러나는 것은 전이에서다. 내가 이 논문에서 예시하고자 하듯이, 이 환자들은 매우 특수한 방식으로 재료를 가져온다. 예를 들면 그들은 절망과 가망 없음을 전달하거나, 그것들을 마치 자신이나 분석가 속에 창조하기를 의도한다는 듯이 이야기한다. 얼핏 보기에는 이해를 원하는 것 같지만 말이다. 이는 단지 그들이 진전을 보이거나, 혹은 진전을 망각하거나, 잃어버리거나, 그것에 대한 책임을 지지 않는다는 말이 아니다. 그들은 종종 말없이 강력한 부정적 치료반응을 보인다. 그러나 이러한 부정적 치료반응은 더 넓고 더 은밀한 모습의 한 부분에 지나지 않는다. 이러한 환자들이 절망과 죽음을 향해 이끌리는 것은, 내가 말했듯이 노고로부터 자유롭고 평화롭고자 하는 갈망이 아니다. 실제로 이러한 환자들은 자신들이 매력적임에도 불구하고 단지 죽기를 원하는 것이 아니다. 자신이 파괴된다는 것을 봄으로써 만족을 느끼고 싶은 것이다.

따라서 나는 여기에서 강력한 마조히즘이 작용하고 있다는 것을 강조하고 싶다. 이러한 환자들은 분석가 속에 절망을 창조하고, 이어서 그를 절망과 공모하도록 이끌기 위해 노력한다. 또는 분석가로 하여금 환자에 대해 이런저런 방식으로 비판적인 또는 사디즘적인 태도를 취하도록 만들기 위해 노력한다. 자신에게 상처를 입히는 데, 또는 절망을 창조하는 데 성공하면 환자들은 승리감을 느낀다. 이렇게 되면 분석가는 분석적 균형 또는 이해하고 도울 수 있는 능력을 상실하며, 따라서 그 후 환자와 분석가 모두 실패하게 된다. 이와 동시에 분석가는 현실적인 불행과 불안이 존재한다는 것을 감지할 것이다. 그는 상황을 잘 정리해서 현실적인 불행을, 불행에 대한 마조히즘적 사용 및 남용과 구분해야 할 것이다.

논문 전체 내용의 한 부분으로서 내가 논의하고자 하는 다른 영역은, 환자의 자신과의 내적 관계와 특수한 유형의 의사소통이다. 이러한 모든 환자에서 우리는 비난적인 또는 자기비난적인 유형의 사건들이나 예상되는 일들 – 환자는 이것들에 완전히 몰두하게 된다 – 에 관해 반복적으로 숙고하는 정신적 행위를 발견할 수 있다.

나는 이 입문적 논의에서 죽음충동의 견인, 임사near-death 상태를 향한 추동 등 일종의 벼랑 끝 전술에 대해 기술했다. 자기self가 도움을 받을 수 없다는 딜레마 속에 있다는 것이 이것의 본질적 측면이다. 그러나 삶과 건강을 향한 추동력이 어디에 있는지 고찰하는 것도 중요하다. 나는 환자의 이러한 부분이 분석가 속에 놓여 있다고 믿는다. 이 점이 환자가 극단적으로 수동적이며 진전에 무관심한 이유를 부분적으로 설명해준다. 나는 후에 이에 대해 논의할 것이다.

이 입문적 논의에서 내가 개괄적으로 설명한 많은 것이 이미 분석 문헌에서 논의되었음을 보게 될 것이다. 예를 들면 프로이트(1924)는 마조히즘에서의 죽음충동의 작용에 대해 논의하고, 부정적 치료

반응에서의 내적 갈등의 본성을 도덕적 마조히즘에서 나타난 내적 갈등의 본성과 구분한다. 논문의 끝부분에서 그는 "심지어 주체의 자기파괴도 리비도적 만족 없이는 발생할 수 없다"고 덧붙인다. 내가 기술하는 환자들의 경우, 자기의 파괴에 근접한 상태near-destruction는 커다란 고통이 동반되기는 하지만 상당한 리비도적 만족과 더불어 발생하는 것처럼 보인다. 그러나 내가 논의하고 싶은 중요한 추가적 측면은, 이러한 문제들이 전이 속에서 그리고 환자의 내적 관계와 사고하기 속에서 느껴지도록 만드는 방법[에 관한 것이다], 그리고 이러한 유형의 마조히즘적 상황과 매혹의 깊은 중독적 본성에 관한 것이다. 후에 나는 이러한 환자들이 겪은 유아기 역사의 몇몇 측면에 관한 논평을 덧붙일 것이다. 이제 한 꿈에 대해 이야기하면서 문제의 중심부로 들어가고자 한다.

이 꿈은 앞서 말한 유형에 전형적으로 속하는 환자의 꿈이다. 그는 몇 년 전에 분석을 시작했는데, 당시 그는 냉정하고(잔인하다기보다는) 사랑할 줄 몰랐으며, 매우 유능하고 지적이었으며, 발음이 정확했고 직업적으로도 성공했지만, 근본적으로 매우 불행했다. 치료를 받는 동안 그는 훨씬 더 따뜻해졌고 진정한 관계를 맺기 위해 노력했으며, 감정적으로 깊게, 그러나 양가적으로 한 젊은 여자 – 재능은 있지만 아마도 정신적으로 혼란스러운 젊은 여자 – 와 연루되었다. 이는 그에게 매우 중요한 경험이었다. 또한 그는 분석에 깊은 애착을 갖게 되었다. 이전에는 분석에 대해 이야기하지 않았고, 분석을 인정하지 않았으며, 종종 회기에 늦게 왔고, 인간으로서의 나에 관해 거의 주목하지 않거나 알지 못하는 것처럼 보였지만 말이다. 그는 자주 갑자기 나에 대한 커다란 증오심을 느꼈다. 다음은 수요일 회기에서 언급된 한 꿈에 관한 이야기이다. 월요일에 그는, 말없이 생겨난 특수한 유형의 도발과 잔인성에 대해 우리가 행했던 작업을 확고하게 잘 진행했다. 회기가 끝날 무렵 그는 안도감을 느끼고 접촉을 잘 유지하는 것처럼 보였다. 그러나 화요일에 그는 자신의 회기가 거의 끝날 무렵에 전화를 해서 방금 일어났다고 말했다. 그는 매우 힘들어 하는 것 같았고, 밤에 거의 자지 못했다며 다음날 오겠다고 말했다. 수요일 회기에 왔을 때 그는 월요일에 일어난 일에 대해 이야기했다. 월요일 회기 때 좋은 느낌을 가졌지만 그날 밤 그는 커다란 공포를 느꼈고, 신체적으로 위胃에서 강렬한 느낌이 있었고, 모든 점에서 힘들었기 때문에 매우 놀랐다고 했다. 그는 여자친구 K에 대해 훨씬 더 따뜻하게 느꼈고 진정으로 그녀를 보고 싶었지만, 그녀는 저녁에 외출했다. 그녀는 집에 돌아오면 전화하겠다고 말했지만 그렇게 하지 않았고, 그는 좋지 않은 상태로 누워 밤을 새웠음이 틀림없다. 또한 그는 자신이 분석받기를 매우 원하고 있다는 것을 알게 되었고, 지난 회기 이후부터 등장한다고 그가 느꼈던 강력한 긍정적 느낌을 표현했다. 그는 월요일 회기에 우리가 했던 작업이 매우 설득력 있었으며, 지금까지의 분석 작업의 진정한 정점이었다는 것을 깨달았다. 이례적으로 그는 아주 감사하는 듯했으며, 월요일에 붕괴되어 잠을 못자고 화요일 회기에 불참한 것의 완전한 의미가 무엇인지 아주 궁금해했다.

월요일 밤의 고통과 불행에 대해 묘사하면서 그는 월요일 회기가 시작될 때 자신이 표현했던 느낌 — 내가 그를 결코 도울 수 없다는, 또는 그를 탈출시켜줄 수 없다는 두려운 상태에 자신이 깊이 빠져 있었다는 느낌 — 이 생각났다고 말했다. 동시에, 그 회기 동안에 그리고 그 회기 직후에 통찰과 더 많은 희망의 느낌이 생겨났다고 했다.

그러고 난 후 그는 꿈에 대해 이야기했다. 그는 아주 긴 동굴 속에 있었다. 어두웠고 연기가 자욱했다. 그는 다른 사람들과 함께 강도에게 포로가 된 듯했다. 포로들은 술에 취한 것 같았고, 그래서인지 그곳은 혼란스러웠다. 포로들은 동굴 벽을 따라 줄지어져 있었고, 그는 젊은 남자 옆에 앉아 있었다. 이어서 그는 이 사람이 20대 중반이고 짧은 콧수염이 있으며 점잖게 생겼다고 묘사했다. 마치 동성애자처럼 그 남자가 갑자기 그를 향해 돌아섰고, 그를 잡아채 성기를 움켜쥐었고, 칼로 찌르려 했다. 그는 엄청난 공포를 느꼈다. 그는 자신이 저항하면 그 남자가 칼로 찌를 것이고, 엄청난 고통을 느끼게 될 것임을 알고 있었다.

이 꿈에 대해 이야기한 후 그는 지난 이틀 동안 일어난 일 중 몇몇에 대해 계속해서 묘사했다. 우선 그는 특히 K에 대해 이야기했다. 그 후 그는 자신이 참석했던 미팅에 대해 이야기했다. 이 미팅에서 사업 파트너가 다음과 같이 그에게 말했다고 한다. 한 동료가 그를 무척 두려워한다고 자신[사업 파트너]에게 전화했다는 것이다. 그는 놀랐지만, 이 내용을 내가 월요일에 (내가 다른 꿈의 요점에 관해 질문했을 때 그가 나를 어떻게 매우 차갑고 잔인하게 다루었는지 논평하면서) 그에게 보여주었던 어떤 것과 연결시켰다. 이러한 연상은, 점잖게 생겼지만 잔인하게 행동했고 따라서 자신[환자]과 연결되어 있음이 틀림없다고 그가 느꼈던 꿈속의 젊은 남자와 연결되었다. 그러나 콧수염은 무엇인가? 갑자기 환자는 D. H. 로렌스를 떠올렸다. 환자는 로렌스의 새로운 전기를 읽고 있었고,

사춘기 때 그에게 엄청나게 매혹되었으며, 그와 동일화했음을 기억했다. 로렌스는 약간 동성애적이었고, 명백히 낯설고 폭력적인 사람이었다.

그와의 작업을 통해 나는, 이 어둡고 긴 동굴은 그가 서 있는 장소, 즉 그가 자기 자신 또는 나에 의해 너무 멀리 끌려갔다고 느꼈던 장소를 의미하는 것처럼 보인다 – 마치 그 동굴은 그의 정신 또는 그의 몸의 일부인 듯하다 – 는 것을 확인했다. 그러나 '너무 멀리 갔다'는 느낌은, 그가 강도에게 완전히 사로잡히고 포획되었을 것이라는 생각과 연결되어 있을 것이다. 강도들은 명백히 그 자신과 연결되어 있고, 젊은 남자는 자신[환자]의 일부로 경험되는 로렌스와 연결되어 있다. 또한 우리는 이 강도에게 복종하는 것이 절대적 두려움을 야기했으며, 완전한 악몽이지만 성적 흥분을 불러일으켰다는 것을 알 수 있었다. 그 남자는 그의 성기를 움켜쥐었다.

여기에서 다음 사실을 덧붙여 말할 필요가 있다. 나는 이 환자 그리고 유사한 어려움이 있는 한두 명의 다른 환자의 절망과 자기파괴에 대해 한동안 깊은 인상을 받았고, 실제적인 절망이나 회기에서의 절망에 대한 묘사가 구체적으로 경험되는 진정한 마조히즘적 흥분을 포함하고 있다는 결론에 도달하지 않을 수 없었다. 우리는 이러한 것을, 환자들이 자신의 불행, 실패, (죄책감을 느껴야 한다고 느끼는) 여러 가지 것에 대해 숙고하는 방식 속에서 볼 수 있다. 마치 그들은 분석가로 하여금, 자신의 불행 또는 자신이 불행에 대해 묘사한 내용에 동의하도록 만들기 위해 의식적으로 노력하는 듯하다. 또는 그들은 분석가로 하여금 비판적이거나 혼란스러운 해석을 제시하도록 만들기 위해 무의식적으로 노력하는 듯하다. 이는 그들이 말하는 방식의 매우 중요한 패턴이 된다. 이러한 환자들이, 자신을 지배하고 수감시키는 자기self의 부분에 종속되어 있다고 느끼면서도 이것으로부터 탈출하려 하지 않는다는 것은 우리에게 잘 알려져 있고, 정신분석 문헌에 잘 기술되어 있다(Meltzer 1973, Rosenfeld 1971, Steiner 1982). 내 환자가 표현했듯이, 삶이 동굴 바깥에서 손짓하는 것을 그들이 보고 있음에도 말이다. 내가 여기에서 덧붙이고 싶은 요점은, 환자들이 이러한 고통과 지배를 당하면서도 성적 만족을 경험한다는 점이 죽음이 그들을 엄습하는 가장 중요한 이유 중 하나라는 것이다. 이러한 환자들은 문자 그대로 성적 만족에 '사로잡혀 있다enthralled'. 예를 들면 이 환자 A의 경우에 통상적인 쾌락 – 생식기적이든, 성적이든, 또는 다른 어떤 것이든 – 은 무시무시하고 자극적인 자기파괴적 유형의 쾌락 – 이는 또한 대상을 파괴하고, 다소간 중요한 관계의 근거가 된다 – 만큼 기쁨을 주지 못한다.

따라서 나는, 그 꿈은 월요일 밤에 다른 사람과 데이트를 하는 여자 친구 K와, 이에 대해 점점 더 많은 혼란을 느끼면서 침대에 누워 있는 A에 대한 반응일뿐만 아니라(그는 이에 대해 의식하고 있다), 자신이 더 나아진다고 느꼈다는 [사실], 자신의 불행과 자기파괴 – 동굴 – 로부터 벗어나는 것을 허용할 수 없다는 [사실], 또는 자신이 탈출할 수 있도록 내가 돕기를 허락하지 않는다는 사실에 대한 반응이기도 했다고 생각한다. 그는 본질적으로 사도마조히즘적인 자신의 부분 때문에 퇴행할 수밖에 없었다. 이 부분은 또한 부정적 치료반응으로 기능했으며, 여자 친구 때문에 생겨난 고통을 연료로 사용했다. 또한 나는, 우리의 작업과 지난 몇 주간의 희망이 파괴되고 그와 내가 침몰

했을 때 그가 나에 대해 승리감을 느꼈다는 점을 강조했다. 이에 대해서는 후에 다시 논의할 것이다.

따라서 여기에서 나는 그가 나의 작업을 통제하고 파괴하고자 애쓰는 공격적인 자기의 부분에 지배되고 있을 뿐만 아니라, 이 부분이 자기의 다른 부분 – 마조히즘적으로 이 과정에 사로잡혀 있는 부분 – 에 대해 적극적으로 사디즘적으로 행동하고 있다는 점, 그리고 그는 이것에 중독되었다는 점을 언급하고자 한다. 이러한 과정은 내적으로 항상 동시에 일어나는 것이며 환자는 진정으로 자기파괴에 몰두한다고 나는 믿는다. 이러한 내적 상황이 그들의 사고하기, 그들의 평온한 순간들, 숙고할 수 있는 그들의 능력 또는 그러한 능력의 결핍 등을 강력하게 지배한다. 우리는 이러한 환자들에게서 다음 사실을 볼 수 있다. 그들은 자신의 정신 속에서 또는 외적 관계 속에서 진행되고 있는 어떤 것을 즉시 선택해, 그들이 완전히 사로잡혀 있는 어떤 잔인한 유형의 정신적 행위 속에서 그것을 반복적으로 사용하기 시작한다. 그리고 그들은 현재 일어나고 있거나 예상되는 동일한 문제에 대해 반복적으로, 거의 동일한 방식으로 숙고한다. 이러한 정신적 행위는 매우 중요하다. 내가 생각하기에 이러한 정신적 행위를 가장 잘 묘사하는 단어는 'chuntering'이다. 『옥스포드 영어 사전』은 이 단어의 의미가 '중얼거림', '투덜댐', '불만을 표현하기', '흠잡기', '불평하기'라고 기술한다. 예를 들면, 내가 A에게서 이러한 마조히즘에 대한 복종을 밝혀내기 위해 노력하던 시기의 어느 날 그는, 다른 사람과 데이트를 한 K 때문에 얼마나 혼란스러웠는지 묘사했다. 그는 자신이 이에 대해 K에게 무슨 말을 할지 머릿속에서 계속 예행연습을 했다는 것을 깨달았다. 예를 들면 그녀가 다른 남자와 돌아다니는 동안에, 그는 그녀가 그런 일을 하는 것을 자신이 얼마나 싫어하는지, 어떻게 그녀와의 관계를 포기할지, 그리고 자신은 이런 식으로 살 수 없다고 어떻게 말할지를 끊임없이 생각했다. K에게 말하려고 계획했던 것에 대해 그가 계속해서 내게 이야기하는 동안, 말하는 내용뿐만 아니라 어조를 통해 나는 그가 K에게 말하고자 했던 것만을 생각한 것이 아니라, 그녀와의 적극적이고 잔인한 유형의 대화에 사로잡혀 있다는 느낌을 받았다. 그 후 서서히 그는 자신에게 떠올랐던 생각과, 어떻게 자신이 머릿속에서 상황들에 대해 반추했는지 설명했다. 이러한 계기와 다른 계기를 통해 그는 다음 사실을 깨달았다. 예를 들면 그는 자신이 어떤 잔인한 것을 말하고 있으며, 그의 환상 속에서 K가 대답하거나 울거나 또는 간청하고 매달리다가 도발적이 되고, 자신[환자]은 이에 대한 반응으로 그녀에게 다시 잔인하게 된다는 생각을 한다는 것이다. 달리 말하면, 당시에 그가 '자신이 말하려는 것에 대해 생각하기'라고 불렀던 것이 실제로는 도발적인 사도마조히즘적 환상 – 이러한 환상 속에서 그는 상처를 주는 동시에 상처를 받았으며, 동일한 생각을 반복했고, 굴욕감을 느꼈다. 그리하여 마침내 환상 행위가 그를 사로잡아 그것이 거의 자신의 생명을 갖게 되었고, 환상의 내용 자체는 부차적인 것이 되었다 – 이었던 것이다. 이러한 상황에서, 만일 내가 그들이 이러한 환상에 사로잡혀 있다는 문제를 인식하지 못해서 그들로 하여금 이러한 환상에 주목하도록 만들지 못한다면, 이러한 환상은 이런저런 방식으로 의식된다고 할지라도 결코 분석되지 못할 것이다. 이러한 행위, 즉 '불평하기chuntering'에 사로잡혀 있는 환자들은 그 당시에 자신들이 사고하고 있다고 믿는 경향이 있다. 그러나 물론 그들은 실제로는 사고와 완전히 반대되는 경험을 하고 있다.

어떤 환자는, 내가 사도마조히즘적 생각이 그를 지배하고 있음을 마침내 아주 명확하게 드러낼 수 있었을 때, 여가의 2/3를 그러한 행동에 몰두하면서 소모한다고 느낀다고 내게 말했다. 그러고 난 후 그가 그러한 생각을 버리고자 노력하던 시기에 그러한 생각을 하지 않고 그럭저럭 살 수 있기 시작했을 때, 그는 시간이 너무 많다고 느꼈고, 막연한 환멸 – 이러한 내적 대화의 자극적인 고통을 포기하는 것 때문에 생겨난 환멸 – 의 느낌이 든다고 했다.

순환적인 정신적 행위가 사고의 반대물이라는 나의 언급은 물론 분석 상황에서 중요한 의미를 갖는다. 나는 내적 대화인 'chuntering'이 이러한 환자들의 삶에서뿐만 아니라 분석적 대화 속에서도 경험된다는 점을 강조하고자 한다. 이러한 환자들은 명시적으로는 분석하고 이해해야 할 재료들을 제시하면서 분석 시간의 많은 부분을 사용하지만, 실제적으로는 다른 목적을 위해 무의식적으로 이를 사용한다. 분석가를 교란시키고, 그로 하여금 동일한 일을 반복하게 하고, 환자를 비난 또는 비판하도록 만드는 방식으로 이야기하는 유형의 환자들에 우리는 친숙하다. 그들은 무의식적으로 이를 의도한다. 자신을 공격하는 환자의, 은밀하게 용의주도하며 마조히즘적인 부분이 이러한 방식으로 분석 시간을 사용한다. 이를 통해 분석 시간에 외적 '어려움'이 확립되어 내적으로 영구화될 수 있으며, 환자는 침묵하고 상처 입거나, 또는 내적 대화 속에 머무른다. 우리는 환자가 마치 이해를 원하는 것처럼 말하지만, 그들이 원하는 것은 '이해'

가 아니라는 것을 알 수 있다. 이러한 자기파괴적인 환자는, 어떤 한 차원에서 A가 그랬듯이 아주 종종 소극적 삶을 살아가는 것처럼 보인다. 그러나 자신이 얼마나 적극적인지 알 수 있게 되었을 때, 그들은 투사적 동일화를 통해, 예를 들면 내가 기술한 바 있는 일종의 도발을 통해, 또는 사고와 환상을 통해 매우 중요한 한 걸음을 내딛는다. 그러나 분석 시간에 이러한 유형의 자기파괴를 표현하는 다른 방법이 존재한다. 예를 들면 어떤 환자는 '실제적' 상황에 대해 이야기하지만, 이는 조용하고 매우 설득력 있는 방식으로 분석가로 하여금 희망을 갖지 못하게 하거나 절망케 하기 위함이다. 환자도 그렇게 느끼는 것 같다. 나는 여기에서 투사적 동일화가 작동하고 있다고 생각한다. 이 투사적 동일화 때문에 분석가는 너무나 커다란 절망에 빠져 그것에 압도당하고, 출구를 찾을 수 없게 된다. 그러고 난 후 분석가는 이러한 형태로 환자에 의해 내면화된다. 그리고 환자는 이 파괴적인 그리고 파괴된 내적 상황에 사로잡히며, 마비와 깊은 만족이 생겨난다.

이로부터 두 가지 문제가 생겨난다. 첫째, 일반적으로 이러한 유형의 환자는 이러한 방식으로 성취한 무시무시한 쾌락을 발견하고 인정하는 데 매우 커다란 어려움을 겪는다. 둘째, 환자가 우리에게 진정한 절망, 우울, 두려움, 박해 등에 관해 이야기하고 의사소통하는지 그렇지 않은지 분명하게 아는 것이 기술적으로technically 매우 중요하다. 그가 그것들을 이해하고 그러한 문제를 해결하기 위해 우리의 도움을 원하는지, 아니면 그가 우선적으로 마조히즘적 상황을 창조하기 위해 그것들에 대해 이야기하는지 우리가 명확히 알아야 한다는 것이다. 분석 상황에서 순간순간 이러한 구분이 명확해지지 않는다면, 마조히즘적 표층 때문에, 그리고 환자가 그것을 사용하기 때문에 우리는 바닥에 놓여 있는 그의 깊은 불안을 적절하게 분석할 수 없다.

더 나아가 나는 내가 논의하고 있는 불안에 대한 마조히즘적 사용과 극화dramatization를 아주 명확하게 구분할 필요가 있다고 생각한다. 여기에서 나는 극화보다 훨씬 더 심각하고 절망적인 어떤 것에 대해 기술하고 있다.

실제적 불안과, 마조히즘적 목적을 위해 불안을 이용하기(그리고 진정한 박해감과, 마조히즘적 목적을 위해 거짓망상증을 형성하기) 사이의 이러한 연결을 보여주기 위해 예를 하나 제시하고자 한다. 다음은 환자 A가 엄청난 고통 속에 있던 시기의 재료이다. 그는 일하던 회사에서 매우 높은 직책으로 승진될 가능성이 높다는 언질을 받았다. 그러나 그는 대표와 관계가 나빠졌다(환자 자신이 까다롭고 남을 괴롭히는 사람이었을 것이다). 약 2년 동안 상황은 조용히 악화되었고, 결국 조직 재편 때 그는 강등되었다. 그는 깊은 혼란에 빠졌고, 낮은 지위로 가느니 차라리 회사를 떠나겠다고 결심했다. 그러나 그의 위치라면 그가 다른 높은 위치와 급여가 좋은 자리를 발견하는 데 어려움을 겪을 가능성이 거의 없다는 사실을 기억할 필요가 있다.

이번에는 월요일 회기의 재료에 대해 언급하고자 한다. 환자는 아주 고통스러운 상태에서 회기에 왔고, 문득 수표를 갖고 오지 않았다는 것을 알게 되었다. 그래서 그는 그것을 다음날 가져오기로 했다. 그러고 난 후 그는 주말의 사건과 금요일에 회사 대표와 나눈 대화에 대해, 그리고 직장 때문에 그가 얼마나 걱정했는지에 대해 묘사했다. 여자 친구 K는 도움을 주었고 친절했지만, 그는 마치 그녀가 성행위를 원하기라도 한다는 듯이(이는 그에게 상당한 두려움을 주었다) 그녀에게 성적으로 무감각하게 되었다. 그러고 난 후 그는 "'내가 그녀에게 잔인하기를 원하나요?"라고 질문했다. 이러한 질문은 이미 그 자체로 약간 의심스러운 무엇을 갖고 있다. 그가 그녀에게 잔인하려고 애쓰고 있으며, 따라서 그가 일종의 자기 비난에 사로잡혀 있다는 것에 마치 내가 동의하고 있다는 뉘앙스이다. 그 질문 그 자체가 사고에 근거한다기보다는 마조히즘적이다. 그러고 난 후 그는 꿈에 대해 이야기했다. 꿈에서 그는 옛날 풍의 상점의 계산대에 있었다. 그는 계산대 높이 정도의 키를 가진 작은 사람이었다. 그 뒤에는 상점 여직원이 있었다. 그녀의 옆에는 회계장부가 있었고, 그녀는 그의 손을 잡고 있었다. 그는 그녀에게 "당신은 마녀인가요?"라고 질문했다. 마치 그녀로부터 그녀가 마녀라는 대답을 듣기를 원하면서 끊임없이 질문하고 있다는 듯이 말이다. 그는 그녀가 자신에게 질려가고 있고, 그래서 자신이 그녀의 손을 놓으려 한다는 느낌을 받았다. 꿈에서 사람들이 어딘가에 줄지어 서 있었고, 그는 자신이 행했던 무언가 때문에 비난받고 있다는 막연한 느낌이 들었다. 상점에서 누군가가 플라스틱처럼 보이는 하얀 재료 – 사람의 신발 뒤축에 사용할 수 있는 재료의 모양과 크기의 – 로 말에 신발을 신기고 있었다.

연상을 통해 그는 당시 K와의 관계와 성sexuality에 대한 불안에 대해 이야기했다. 그는 꿈에 등장한 아이만큼 작았던 것이다. 그는 밤에 엄청난 공황과 불안을 느꼈다. '나는 무엇을 해야 하는가? 정말

돈이 바닥나게 될 것인가? 그리고 나의 위치 전체에 어떤 일이 발생할 것인가?' 우리는 이러한 현실에 대해 조금 더 이야기했다.

꿈에서 그는 아이처럼 신발을 신은 많은 말을 보았고, 말의 발굽에 쇠 냄새가 배어 있던 것을 기억했다. 그는 직장에서 자신이 발생시켰다고 스스로 느끼는 상황에 대한 죄책감에 대해 이야기했으며, 회사 대표에게 매우 오만하게 행동했다는 것, 그리고 이것이 아마도 상황을 악화시키는 데 일조했다는 것을 깨달았다.

나는 그가 잊어버린 수표와 재정적 불안을 회계장부와 연결시켰다. 그는 당시에 자신이 성적 흥미를 상실한 것에 대해 걱정했다. 그러나 그는 내가 수표에 대해, 그리고 K가 그의 리비도 결핍에 대해 불평하기를 원하는 것처럼 보였다. 꿈에서 그는 그 여자가 스스로 마녀라고 말하기를 원했고, 이러한 태도는 이미 오래전부터 그가 갖고 있는 태도일 것이다. 그는 어린아이의 키를 가진 사람이었기 때문이다. 그는 자신이 직장에서 잘못 처신한 것, 오만과 거친 태도 – 이것들이 직장에서의 심각한 문제를 야기했다 – 에 대해서만 죄책감을 느낀 것이 아니었다. 그는 이러한 것들을 그의 정신 속에서, 그리고 또한 적극적으로 전이 속에서 사용했다. 나로 하여금 그의 절망에 대해 동의하도록 하고, K와의 관계에서 드러난 그의 오만을 비난하고 그를 파괴하도록 만들며, 우리 속에 절망감과 우리가 무용한 사람이라는 느낌을 만들어내기 위해서 말이다. 이것이 그의 정신에서의 그리고 회기에서의 마조히즘적 불안의 사용이다. 그러고 난 후 우리는 매우 잔인한 형태의, 성애화된 흥분에 관한 무언가를 볼 수 있었다. 편자를 박는 말에 대한 연상을 통해 이는 드러났다. 불타는 쇠가 말의 발굽에 박히는 장면이 있었고, 그는 아이처럼 이것에 매혹되고 두려움을 느꼈다. 그는 실제로는 그렇지 않다는 것을 곧 알게 되었지만, 말에게 상처를 입힐 것이라고 느꼈다. 그리하여 나는 꿈과 회기에서 불행과 절망과 거짓망상을 형성시키면서 가시적으로 진행되는, 엄청나게 마조히즘적인 태도에 그가 빠져 있다는 것을 그에게 보여줄 수 있었다. 이 꿈에는 단편적인 통찰이 존재한다. 꿈속의 여자가 자신이 마녀인지 아닌지 말해줄 것을 그가 요구하고, 그녀가 마녀라고 말하기를 그가 바라고 있다는 것을 그가 막연하게나마 알고 있었기 때문이다. 우리가 이것을 검토했을 때 그는 다시 한번 아주 명확하게 이에 대해 알기 시작했고, 그의 태도 전체는 더 사려 깊고 평온하게 되었다. 물론 천천히 그는, 이러한 종류의 성적 흥분과 공포가 너무 커서 그 밖의 어떤 것도 자신에게 중요한 것은 없다고 덧붙여 말했다. 그가 처음으로 이 말을 했을 때 통찰과 진리에 대한 깨달음의 느낌이 존재했다. 그러나 회기에서 다른 느낌도 생겨나기 시작했다. 마치 그것에 대해 자신이 할 수 있는 것은 아무것도 없다는 것을 그가 정말로 의미한다는 듯이 말이다. 심지어 통찰도 다른 메시지를 포함하기 시작했다. 그리하여 나는 이러한 형태의 자위적 흥분에 사로잡혀 있음에 대한 통찰, 불안, 절망만이 존재하는 것이 아니라, 이제 승리감과 나에 대한 사디즘적 공격 –마치 그가 불타는 쇠를 내 심장에 박아넣고, 우리가 성취하고 있는 그 어떤 것도 사실 가치가 없으며, 결국 할 수 있는 일은 아무것도 없다는 것을 나로 하여금 느끼게 하려는 듯이– 도 존재한다는 것을 그에게 보여주었다. 다시 한번 그는 이를 볼 수 있었고, 성애화된 절망적인 마조히즘적 흥분을 그의 내적, 외적 대상에 대한 승리감에 가득 찬 정복과 연결시켰다.

이 사례를 통해 나는 어떻게 이러한 마조히즘적 흥분이 당시에 그의 직장 상황에 의해 야기된 깊은 불안 – 이는 거절, 무용함, 실패, 죄책감과 연결되어 있었다 – 을 은폐했는지 보여주고자 했다. 그러나 마조히즘적 사용과 착취를 우선적으로 다룰 때만 이것들에 도달할 수 있다. 우리가 이 일을 하지 않는다면, 우리는 이러한 환자들에게 너무나 일반적으로 등장하는 상황, 즉 해석을 경청하는 것처럼 보이지만 환자의 인성의 어떤 부분이 분석가를 경멸하고 조롱하는(비록 경멸과 조롱을 명시적으로 보이지는 않을지라도) 상황에 직면하게 될 것이다.

그러나 우리는 왜 이러한 유형의 마조히즘적 자기파괴가 그렇게 자기-영속적인가라는 중요한 질문을 아직 다루지 않았다. 왜 그것이 이러한 유형의 환자를 지배하는가? 내가 이 논문에서 논의했던 하나의 이유 – 냉혹한 마조히즘을 다른 어떤 것보다도 철저히 성적으로 즐김 – 를 부인할 수 없지만, 일반적으로 그러한 환자들이 자신이 중독에 빠져 있다는 것, 그리고 이러한 종류의 자기 파괴에 '매달려' 있다는 것을 발견하는 것은 오랜 시간을 요할 만큼 매우 어렵다. A의 경우, 우리가 동굴에서의 성적 공격에 관한 꿈에 도달했을 때 우리는 이의 많은 부분에 대해 작업했으며, 그는 자신이 중독의 지배 하에 있음(그리고 그는 이러한 중독에서 벗어나기를 원한다고 믿었다)을 의식적으로 느낄 수 있었다. 그러나 그는 자신의 이러한 부분을 해방시킬 수 없었다. 중독의 매력도 컸기 때문이다. 그는 이를 이해할 수 없었다.

이 문제는 내가 이 논문의 서두에서 어떻게 삶과 건강을 향한 추동력이 분열되어 분석가 속으로 투사되는지 기술하면서 언급한 바 있는, 이러한 환자들의 수동성이라는 관점에서 고찰할 필요가 있다.

우리는 이를, 몇 년간 진행되는 심각한 사례의 경우 전이 속에서 볼 수 있다. 환자가 와서 이야기하고, 꿈을 꾼다. 그러나 우리는, 변화하고 치료되고 기억하고 치료와 더불어 어디론가 더 나아가기를 그가 원한다는 인상을 거의 받지 못한다. 천천히 그림이 드러난다. 마치 환자의 모든 능동적인 부분이 분석가 속으로 투사되었다는 듯이, 분석가만이 변화, 진보, 발달에 적극적으로 관심을 갖는 유일한 사람인 것처럼 보인다. 분석가가 이를 알지 못하고, 따라서 이러한 과정에 자신의 해석을 집중시키지 않는다면, 공모가 발생할 수 있다. 분석가가 주의 깊게, 아마도 용의주도하게 환자의 관심을 얻거나, 환자에게 경각심을 불러일으키기 위해 [권위주의적 방식으로] 노력하게 된다는 것이다. 그리하여 환자는 즉시 조용하게 다시 뒤로 물러나 다음에 해야 할 일을 분석가에게 떠맡기고, 정신병리의 중요한 부분이 전이 속에서 행위화된다acted out. 끊임없이 환자는 일종의 치명적인 마비와 거의 완전한 수동성으로 되돌아간다. 환자의 살아 있는 이러한 부분들은 끊임없이 분열된다. 이는 그의 능력 전체 – 실제적인 전체대상 관계에 필요한 재료를 원하고 평가하고 그리워하며, 그러한 재료를 상실했을 때 혼란을 느낄 수 있는 능력 전체 – 가 분열되고, 계속적으로 중독 상태에 머무르며, 이러한 중독 상태와 싸울 수 있는 심리적 수단을 박탈당한다는 것을 의미한다. 따라서 이러한 명백한 수동성의 본성을 이해하는 것이 기술적으로technically 우선 중요하다. 더 나아가 그것은, 이러한 분열과 더불어 사랑의 능력과 양가감정과 죄책감을 광범위하게 회피하는 일이 발생한다는 것을 의미한다. 이러한 환자들이 회복되고 더 통합되며 관계가 더 현실적인 것이 되었을 때, 그들은 때때로 신체적인 – 분화되지 않았지만 극히 강력한— 것으로 경험되는 심각한 고통을 느끼기 시작한다.

죄책감에 가까운 고통과 문제가 경험되기 시작하는 분석의 단계에서 종종, 우리는 유아기와 아동기의 행동에 본질적으로 연결되어 있는 고통을 회피하기 위한 초기의 마조히즘적 방법으로 환자들이 신속히 퇴행하는 것을 관찰할 수 있다. 아주 간략한 예를 들어보자. 좋은 분석을 경험한 후 A는, 죽었거나 죽어가는 어머니가 널빤지 또는 소파에 누워 있는 꿈을 꾸었다. 그는 그녀의 얼굴 한쪽에서 햇볕에 그을린 조각들을 벗겨내어 먹었고, 공포를 느꼈다. 좋은 경험을 망치고 있다는 것을 인식하거나 그것에 대해 죄책감을 느끼는 대신에, 그는 어떻게 다시 (그것을 먹음으로써) 자신의 상처 입은 대상과 동일화하는지 그녀에게 보여주고 있다고 나는 생각한다. 그의 고통스럽고 자극적인 신체적 공포와, 그가 더 이전에 손톱을 물어뜯고 피부를 벗긴 적이 있다는 사실이 이 꿈에서 연결되어 있음 — 이는 우리에게 친숙한 일이다 — 을 파악하는 것이 또한 중요하다.

물론 프로이트는 「애도와 멜랑콜리」(1917)에서 이러한 동일화 과정에 대해 기술한다. 그리고 그는 또한 "멜랑콜리에서의 자기 고문은… 의심의 여지 없이 향유의 대상이다"라고 덧붙여 말한다. 몇몇 중요한 유사점에도 불구하고 내가 기술하고 있는 환자들은 '멜랑콜리 환자'가 아니다. 그들의 죄책감과 자기 비난은 마조히즘을 통해 회피된다.

나는 이러한 환자들이 아동기의 병리성 때문에, 좌절이나 질투 또는 시기심으로부터 벗어나 단지 퇴각된withdrawn 상태로 들어간 것이 아니라는 인상을 받았다. 그들은 대상에 대해 분개하고 고함칠 수도 없었다. 나는 그들이 폭력의 비밀스러운 세계 속으로 퇴각한 것이라고 생각한다(이 세계 속에서 자기self의 부분이 공격적인 대상의 부분들과 동일화된 자기의 다른 부분, 몸의 부분들에 대항하고 있다). 그리고 이러한 폭력은 고도로 성애화되고, 본질적으로 자위적이며, 종종 신체적으로 표현된다고 나는 생각한다. 예를 들면 우리는 이를, 머리를 돌리고, 주먹에 손톱을 박아 넣으며, 머리카락을 당겨 통증을 느낄 때까지 비틀고 뜯는 행동에서 볼 수 있다. 그리고 그것은 끊임없이 계속되는 불평하기chuntering에서도 볼 수 있는 것이다. 우리가 이 영역으로 들어가고 환자들이 이러한 명백한 자기 공격으로부터 자신이 얻는 흥분과 쾌락을 인식하게 됨에 따라(일반적으로는 처음에는 아주 어렵게, 그리고 분노하면서), 그들은 자기 자신이 개인적으로 특히 좋아하는 것이 무엇인지 우리에게 보여줄 수 있다. 이 유형에 속하는 나의 젊은 남성 환자 한 사람은, 분석이 잘 진행되고 있을 때도 머리카락을 잡아당기고 뜯었다. 불평하면서 얼마나 많은 시간을 소모했는지에 관해 이야기했던, 좀 더 나이 많은 남성 환자는 커다란 혼란이 찾아왔을 때, 마치 리드미컬한 신체적 경험에 대한 광포한 탐닉에 사로잡혀 있다는 듯이 술을 마시면서 라디오를 최대한 크게 틀어놓고 바닥에 누워 있곤 했다. 진전하는 대신에, 그리고 진정한 관계 및 사람들과의 접촉을 사용하는 대신에(또는 어린아이처럼 육체와 접촉하는 대신에) 그들은 환상 속에서, 또는 격렬한 신체적 행위로 표현되는 환상 속에서 명백히 자신 속으로 퇴각하고, 이러한 성애화된 방식으로 관계를 경험했다. 그리고 인간관계를 향하는 추동력보다 훨씬 더 강력한 깊은 마조히즘적 상태가 그들을 지배한다. 때때로 이는 도착증의 한 측면으로 간주될 수 있다. 달리 말하면 그것은 성격 도착증의 한 부분이다.

이 논문에서 나는 중독의 방어적 가치에 대해서는 논의하지 않았다. 그러나 글을 마치기 전에 언급하고 싶은, 이 문제의 어떤 측면이 있다. 그것은 고문(고통) 및 생존과 관련 있다. 내가 이 중독 그룹에 속한다고 특히 생각하고 있는 환자 중에서, 예를 들면 따뜻한 접촉과 진정한 이해의 결여로 인한, 그리고 아주 폭력적인 부모로 인한 매우 심각한 유아기 경험을 했던 사람은 아무도 없었다(심리적으로는 어떤 의미에서 유아기 경험이 매우 나빴다고 할지라도). 그러나 전이 속에서 우리는, 내가 언급한 바 있듯이 사태의 극단까지 이끌려지고 있다는 느낌을 받으며, 환자와 분석가 모두 고통받고 있다고 느낀다. 이러한 환자들이 경험하는 어려움 – 기다릴 때 느끼는 어려움, 결핍이 존재함을 인식함으로써 생겨나는 어려움, 그리고 심지어 아주 사소한 것이라고 할지라도 자신이 죄책감을 느낀다는 것을 인식할 때 생겨나는 어려움 – 으로부터 나는, 그들이 유아기 때 잠재적으로 매우 심각한 우울한 경험, 고통스러운 경험을 했다는 [인상을 받는다], 그리고 그들은 고통을 받아들이고, 자신에게 정신적 고통을 가함으로써 그러한 경험을 제거하고, 그것을 도착적 흥분의 세계 속으로 끼워 넣는다는 인상을 받는다. 이러한 상황이, 우울적 위치를 향한 모든 진정한 진전을 필연적으로 방해하는 것이다.

우리의 환자들이 진정한 관계의 불확실한 쾌락을 위해 그러한 무시무시한 쾌락을 버리는 것이 가능하다고 생각하기는 매우 어렵다.

요약

이 논문은 소규모의 환자 그룹에서 발견되는 매우 악성적인 유형의 자기파괴에 대해 기술했다. 자기파괴는 그들이 삶을 살아가는 방식 속에서 능동적 역할을 하며, 전이 속에서 치명적 방식으로 출현한다. 이러한 유형의 자기파괴는 특수한 사도마조히즘적 유형의 중독의 본성에 속하며, 이러한 환자들은 그것에 저항할 수 없다고 느낀다. 그것은 절망으로, 그리고 죽음에 가까운 상태로 항상 이끌려가는 것 같다. 따라서 환자는 과정 전체에 매혹당하고 그것에 의해 무의식적으로 자극받는다. 나는 이러한 중독이 환자가 분석가와, 그리고 내적으로 자기 자신과 의사소통하는 방식을 어떻게 지배하는지, 그리고 이러한 중독이 그들의 사고 과정에 어떻게 영향을 미치는지에 관해 기술했다. 이러한 환자들이 더 현실적이고 대상관계적인 향유를 향해 진전하는 것이 매우 어렵다는 것은 분명하다. 이는 그들이 모든 소비적인 중독적 만족을 포기한다는 것을 의미하는 것이기 때문이다.

참고문헌

Freud, S. (1917) 'Mourning and melancholia', *SE* 14.

——(1924) 'The economic problem of masochism', *SE* 19.

Meltzer, D. (1973) *Sexual States of Mind*, Perthshire: Clunie Press.

Oxford English Dictionary. Compact Edition (1979) London: Oxford University Press.

Rosenfeld, H. (1971) 'A clinical approach to the psychoanalytic theory of the life and death instincts: an investigation into the aggressive aspects of narcissism', *International Journal of Psycho-Analysis*, 52, 169-78.

Steiner, J. (1982) 'Perverse relationships between parts of the self: a clinical illustration', *International Journal of Psycho-Analysis*, 63, 241-52.

8장

병리적 조직화와 망상분열적 위치, 그리고 우울적 위치 간의 상호작용

존 스타이너John Steiner

이 논문은 1985년 2월 20일 영국정신분석학회에서 처음 발표되었고, 1987년『국제정신분석학회지』68권에 처음 출간되었다.

이 논문에서 나는 어떻게 방어들이 병리적 조직화로 결집되어 인성에 깊은 영향을 미치는지 논의할 것이다. 병리적 조직화는 분석 중인 환자가 통찰력의 결여와 변화에 대한 저항이라는 특징을 보이는, 고착된 정신 상태를 발생시킬 수 있다. 나는 이러한 조직화의 임상적 중요성을 강조하고, 어떻게 그것이 망상분열적 위치 및 우울적 위치와의 균형 속에 존재하는지 보여줄 것이다. 이 위치들에 대해서는 우리가 이제 잘 알고 있기 때문에 이것들의 특징을 간략하게 기술할 것이다. 그러나 나는 이 위치들 사이에서 발생하는 변천transitions을 강조할 것이다. 그것은 간과되기 쉬울 뿐만 아니라, 특히 병리적 조직화를 발전시키는 지점이라고 나는 믿기 때문이다.

클라인은 불안과 방어에 관한 두 개의 중요한 유형, 즉 망상분열적 유형과 우울적 유형을 구분했는데, 이는 중요한 개념적 도구임이 입증되었다. 이것은 어떻게 정신 구조가 발달의 상이한 차원들에서 조직화되는지 더 용이하게 검토할 수 있도록 해주었다(Klein 1952, Segal 1964). 이는 임상적으로 중요한 도움을 준다. 우리로 하여금 환자가 어떤 차원에서 기능하는지 잘 평가할 수 있게 해줌으로써 임상 재료에 대해 잘 파악할 수 있도록 우리를 도와주기 때문이다. 우리는 환자의 불안, 정신적 메커니즘, 대상 관계 등이 일차적으로 우울적인지 또는 망상분열적인지 평가하는 법을 배울 수 있으며, 이는 우리가 어떻게 해석해야 할지를 결정해줄 것이다.

두 위치 사이에서의 계속적인 운동이 발생하기 때문에 두 위치 중 어느 하나가 완전하게 또는 영원히 지배하지는 않는다. 우울적 위치로 이끄는 통합의 시기, 또는 망상분열적 상태를 낳는 분해와 파편화의 시기를 관찰하면서, 실제로 우리가 임상적으로 추적하고자 하는 것이 바로 이러한 동요fluctuations이다. 분석이 진전됨에 따라 그러한 동요는 몇 개월 그리고 몇 년에 걸쳐 발생할 수 있다. 그러나 분석이 진행되는 아주 미세한 순간에도 이러한 동요를 관찰할 수 있다. 환자가 의미 있는 진전을 보일 때 우리는 우울적 위치 기능을 향한 점진적인 변화를 관찰할 수 있다. 그러나 그가 악화된다면, 예를 들어 부정적 치료 반응에서 발생하는, 망상분열적 기능으로의 복귀를 볼 수 있다. 이러한 관찰을 통해 비온(1963)은 이 두 위치는 서로 균형을 유지하며, 따라서 양방향의 화살, 즉 PS↔D에 의해 결합된다고 제안했다. 이러한 논의 방식은 역동적 성질을 강조하며, 한 방향 또는 다른 방향으로의 변화를 낳은 요인들에 주목한다는 것을 의미한다.

간략히 요약해보자. 망상분열적 위치의 불안이 갖는 일차적 특징은 미성숙한 자아를 위협하고 원초적 방어를 가동시킨다는 것이다. 분열, 이상화, 그리고 투사적 동일화가 작동해, 박해하는 나쁜 대상들로부터 분리되어 있는 이상화된 좋은 대상들로 구성된 초보적 구조를 창조한다. 개인의 충동자극들도 이와 유사하게 분열되고, 그 개인은 자신의 모든 사랑을 좋은 대상으로, 모든 증오를 나쁜 대상으로 향하게 한다. 투사의 결과로 망상적 불안이 주도적 불안이 되며, 자기self의 생존에 몰두한다. 자기와 대상 간의 혼동 – 이는 투사적 동일화의 결과 중 하나이다(Segal 1957) – 때문에 사고하기는 구체적이다.

우울적 위치는, 전체대상을 인식하기 시작하고 양가적인 충동자극이 원초적 대상을 향하게 되는, 중요한 발달을 의미한다. 이러한 변화는 경험들을 통합할 수 있는 증가된 능력으로부터 유래한다. 그리하여 자기의 생존에 대해 일차적으로 관심을 갖는 것에서 벗어나 개인이 의존하는 대상에 대해 관심을 갖는 것으로 이행한다. 파괴적 충동자극은 상실과 죄책감을 낳으며, 이것들이 더 완전하게 경험되어 애도가 발생할 수 있도록 해준다. 뿐만 아니라 상징적 기능의 발달과 회복의 능력이 출현한다. 이는 사고하기가 더 이상 구체적인 것으로 남아 있지 않을 때 가능해진다.

두 위치 간의 구분은 매우 명쾌하지만, 때때로 우리로 하여금 다음 사실, 즉 이 위치들 내에는 매우 상이한 성질을 가진 정신적 상태가 존재한다는 사실을 잊게 만든다. 망상분열적 위치에서는 앞서 기술한 유형의 분열이 정상적인 것으로 간주될 수 있고, 따라서 분해적 분열로부터 유래하는 파편화 상태와 구분될 수 있다. 그렇다면 폭력적 유형의 투사적 동일화는 다음 결과를 낳을 수 있다. 즉, 자아의 투사된 부분과 대상이 모두 미세한 파편으로 쪼개지고, 이인증depersonalization과 극단적 불안을 종종 동반하는 박해 상태를 만들어 낸다. 이러한 일이 발생할 때 좋은 것과 나쁜 것 사이의 정상적 분열은 쉽게 붕괴되며, 이는 혼란 상태를 낳는다(Rosenfeld 1950). 이러한 상태는 특히 견디기 어려우며 분해적 분열로 이끌 수 있다. 후에 논의하겠지만 정상적 분열의 이러한 붕괴로 인해 환자는 병리적 조직화의 영향을 받게 된다. 이러한 병리적 조직화가, 혼란스럽고 무질서한 정신 상태를 다룰 수 있는 일종의 거짓 구조pseudo-structure를 환자에게 제공하는 것이다(Meltzer 1968).

또 하나의 중요한 구분이 우울적 위치 내에 존재한다. 잊기 쉬운 일이지만, 우울적 위치에서도 분열은 중요한 역할을 한다. 클라인(1935)은, 좋은 대상이 전체대상으로 내면화되고 그것에 대한 양가적 충동자극이 우울적 상태 – 이러한 우울적 상태에서 대상은 상처 입고 죽어가거나 죽었으며, '자아에 그것[대상]의 그림자를 던진다'고 느껴진다 – 로 이끌 때, [이러한 우울적 상태를 방어하기 위해] 주체가 분열에 의존하게 된다는 점을 강조한다. 좋은 대상을 소유하고 보존하려고 하는 것은 우울적 위치가 행하는 일에 속한다. 이 때문에 분열이 재개renewal되는데, 이는 좋은 대상의 상실을 막고 공격으로부터 그것을 보호하기 위함이다. 이 단계에서 우울적 위치의 목적은, 대상을 구체적으로 내면화하여 소유하고 그것과 동일화함으로써 대상 상실의 현실을 부인하는 것이다. 이것이 애도의 초기 단계에서, 대상을 상실한 사람에게 발생하는 상황이다. 이는 정상적 단계에 속한다. 이 단계는 대상 상실을 인정하는 경험이 발생하기 전에 통과할 필요가 있다.

대상에 대한 통제를 포기하는 과업에 직면해야 할 때, 우울적 위치에서 위기의 지점이 발생한다. 우울적 위치를 통과하고 대상에게 독립성을 허용할 수 있으려면, 주체가 대상을 소유하고 현실을 부인하는 것을 목표로 삼는, 이전의 상태가 역전되어야 한다. 무의식적 환상에서 이는, 개인이 대상을 보호할 능력을 갖고 있지 않다는 사실에 직면해야 한다는 것을 의미한다. 그의 심리적 현실은, 자신의 사디즘에 의해 창조된 내적 재난에 대한 인식, 그리고 자신의 사랑과 회복 소망이 대상을 보존하기에는 충분치 않다는 앎을 포함해야 한다. 주체는 대상이 죽는다는 사실을, 그리고 이러한 죽음이 슬픔, 절망, 죄의식을 발생시킨다는 사실을 받아들일 수 있어야 한다. 이러한 과정은 우리가 애도 작업과 연결시키는, 그리고 불안과 정신적 고통을 낳는 강렬한 갈등을 포함한다. 내 논문의 중심 주제는, 이것이 환자가 만나는 또 하나의 핵심적인 문제이며, 이러한 경험에 직면할 수 없을 때 환자는 갈등을 다루기 위해 병리적 조직화를 다시 가동시킨다는 것이다.

망상분열적 위치와 우울적 위치 모두의 내부에서 변천transitions이 발생할 때, 개인은 병리적 조직화의 영향에 가장 굴복하기 쉬운 것처럼 보인다.

병리적 조직화의 특징

상이한 측면을 강조하는 많은 다양한 저자들이 병리적 조직화에 관해 기술해왔다. 리비에르(1936), 시걸(1972), 리젠버그-말콤(1981), 그리고 오쇼네시(1981)는 [병리적 조직화의] 방어적 특징과, 다양한 형태의 표현을 예증하는 임상 논문을 발표했다. 로젠펠드(1964, 1971), 멜처(1968), 그리고 손(1985)은 대상관계의 나르시시즘적 특징과 이러한 관계의 도착적 성격을 강조한다.

하나의 병리적 조직화로 조직되는 방어의 본성은 환자에 따라 다양하다. 예를 들면 그것은 주로 강박적, 조적, 도착적, 또는 심지어 정신병적일 수 있다. 그러나 형태의 다양성은 그것의 기초가 되는 방어 조직을 반영하는 공통의 요소들을 감춘다. 이러한 조직화는 근본적으로 이 모든 상황에서 나르시시즘적이며, 투사적 동일화 – 이는 그것들[대상들] 속으로 투사된 자기의 부분들에 의해 통제되는 대상들을 창조한다 – 의 우세를 반영한다. 분열은 다수의 대상을 창조하고, 이 대상들은 고도로 조직화된 구조 속으로 결집된다. 이러한 공통적인 구조 속에서 등장하는 임상적 표현은 아주 다양하다. 예를 들면 조직화는 통제를 주로 활용하는 강박적 메커니즘에 의해 유지될 수 있다. 성애화가 중요한 역할을 해 히스테리적 특성을 부여할 수도 있다. 또는 조적 메커니즘은 강력한 형상, 예를 들면 때로는 갱의 우두머리와 동일화를 함으로써 발생할 수 있다. 따라서 조적 메커니즘은 승리감과 흥분을 낳는다.

정신병적 상태에서는 인성이, 망상적 질서를 부과하는 정신병적 구조에 의해 탈취된다. 이러한 다양한 상황이 갖고 있는 공통점은 안정성과, 변화에 대한 저항이다. 이러한 저항은 근저에 놓여 있는 공통적 구조에서 유래한다. 이의 주요 특징은 첫째, 투사적 동일화를 통해 대상들이 통제되고 이것들과의 동일화가 발생한다는 것이며, 둘째, 대상이 분열되어 집단 속으로 투사되고, 집단은 복합적이고 종종 도착적인 수단에 의해 조직화된 구조로 결집된다는 것이다. 특히 그러한 복합적 체계로 조직되는 방어는, 발달에 극단적으로 해를 입히고 변화에 크게 저항하는 지속적인 병리적 상태를 발생시킨다.

망상분열적 위치와 우울적 위치의 상호작용

이러한 상태에 대해 설명하고 그것에 대한 이해를 촉진하기 위해, 나는 병리적 조직화가 망상분열적 위치와 우울적 위치 모두와 구분되는 특징들을 갖고 있으며, 그것들과 균형을 유지하고 있다고 생각하는 것이 개념적으로 도움이 된다는 것을 발견했다. 우리는 다음과 같이 균형을 유지하는 삼각형 도식을 제시할 수 있다.

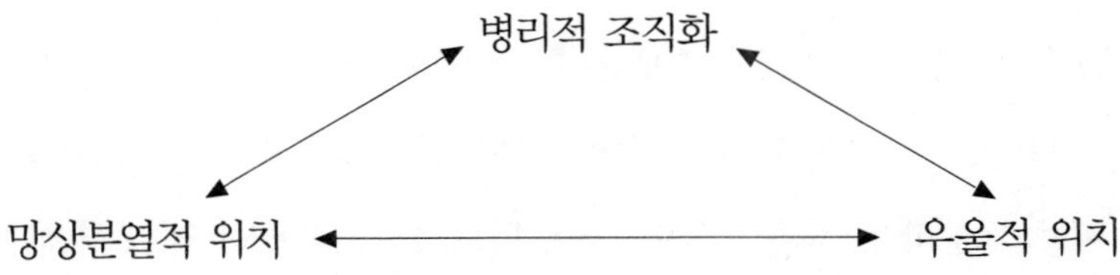

나는 이 도식을 통해 환자의 재료에 더 정확히 접근하기 위한 도움을

얻을 수 있다고 믿는다. 그리하여 우리는 환자가 망상분열적 차원에서 기능하는지, 또는 우울적 차원에서 기능하는지, 아니면 우리가 병리적 조직화에 직면하고 있는지를 판단할 수 있다. 또한 우리는 병리적 조직화와 두 위치 사이에서의 운동shifts을 추적할 수 있다.

우리가 이러한 방식으로 진행할 때, 병리적 조직화는 파편화와 혼란confusion뿐만 아니라 우울적 위치의 정신적 고통과 불안에 대한 방어로 기능한다는 것이 분명해진다. 그것은 다른 두 위치 사이의 경계선으로 기능한다. 환자는 망상적 또는 우울적 불안을 견딜 수 없을 때 이 경계선으로 퇴각retreat할 수 있다고 믿는다. 환자는 우울적 위치 경험과 접촉하고 난 후 다시 망상분열적 위치로 퇴각한다. 마치 그가 자신이 부딪치는 정신적 고통을 견딜 수 없다는 듯이 말이다 (Joseph 1981, Steiner 1979). 그러고 나면 그는 망상분열적 위치의 분해, 파편화, 혼란, 박해불안을 만난다. 그리고 이것들을 역시 견딜 수 없게 되면, 이 두 위치에 대한 방어를 발견하거나 구성하지 않는다면 환자는 자신이 안전하다고 느낄 수 있는 어떤 곳도 발견할 수 없다.

두 위치에 대한 방어를 발견하거나 구성하기 위해 전능한 환상과 원초적인 정신적 메커니즘이 동원된다. 이것들은 일반적으로 망상분열적 위치의 활동이라고 간주되었다. 내가 제안하는 것은 그것들이 방어의 복잡한 조직화 형태를 취할 때, 그것들은 특별한 속성을 갖게 된다는 것이다. 이러한 방어의 복잡한 조직화를 병리적 조직화로 따로 고찰하는 것은 도움이 된다. 나르시시즘적 구조의 지배 하에서 병리적 조직화는 우울적 위치의 진정한 통합으로 가장될masquerade 수 있는 [일종의 거짓 통합pseudo-integration], 그리고 일정 정도의 구조와 안정성, 그리고 불안과 고통으로부터의 상대적 자유를 준다는 착각을 제공하는 일종의 거짓 통합을 환자에게 부여한다.

병리적 조직화와 두 위치 간의 균형은 환자에 따라 달라질 것이며, 같은 환자의 경우에도 시간에 따라 변화할 것이다. 그러나 모든 환자는 때때로 병리적 조직화의 지배 하에 놓이는데, 특히 분석이 교착 상태에 빠지고 환자가 접촉으로부터 퇴각하는 시기에 그러한 일이 일어난다. 이는 다른 상황에서 상대적으로 성숙하게 기능할 수 있는 환자들의 경우도 마찬가지다. 또 어떤 환자들의 경우에는 병리적 조직화가 분석 전체를 지배하고 진전을 엄청나게 방해한다. 그러나 이러한 환자들에서도 병리적 조직화와 두 위치 사이의 운동을 추적하는 것이 종종 가능하다. 이는 분석가로 하여금, 임상적으로 너무나 중요한 우울적 위치를 향한 섬세한 변화를 감지할 수 있게 한다.

임상 재료

이해하기 종종 어려운 [한 환자로부터 유래한], 그리고 차원을 정확하게 평가함으로써 재료를 파악하고자 했을 때 내가 겪었던 어려움과 관련 있는 것처럼 보이는 기술적技術的 문제를 보여주는 한 환자로부터 유래한 몇몇 재료를 살펴봄으로써 나는 이러한 접근의 가치를 검토해 볼 것이다.

그녀는 최근에 결혼한 매력적인 20대 여성이다. 침대에서 소설을 끝없이 읽는 것 외에는 아무것도 하지 않게 되었을 무렵 그녀는 대학을 중퇴했고 고립된withdrawn 삶을 살았다. 그녀가 아직 아기였을 때 가족은 정치적 박해를 피해 고국을 탈출했다. 그들은 때때로 할머니를 방문할 수 있었지만, 이러한 방문 그리고 방문을 위해 국경을 넘는 일은 그녀[환자]를 특히 불안하게 했다.

그녀는 자신을 무력화시키는 불안 발작 때문에 치료를 받기 시작했다. 이 불안은 처음에는 그녀가 영국에 계속 남아있어야 하는지, 아니면 미래의 남편을 자신의 아파트로 이사 오게 해야 하는지(당시에 그가 그녀와 결혼할 의사가 없었을 때) 등의 중요한 결정과 관련 있었다. 그녀가 실존적 문제에 대해 길게 상의해야 했을 때도 불안 발작이 발생했다. 그녀가 삶에서 아무런 의미를 발견하지 못한다는 것을 깨달았을 때, 실존적 문제에 대한 논의는 공황을 발생시켰다. 그녀는 몸을 떨었고, 자신의 주변 환경이 물러나고 멀어진다고 느꼈으며, 사람들과 그녀 사이의 여러 장벽 때문에 그들과 접촉할 수 없었다. 미래의 남편이 결혼에 동의했을 때 불안은 감소했지만, 주기적으로, 예를 들면 그녀가 그의 머리카락 한 올을 담고 있는 작은 상자를 잃어버렸을 때 다시 등장했다. 또한 그녀는 오염되었다고 자신이 확신하는 통조림 음식 때문에 독살당할지도 모른다는 특수한 두려움을 갖고 있었다. 심지어 불안 발작이 없는 기간에도 그녀는 오염과 독살에 몰두했고, 무서운 꿈, 예를 들면 방사선이 일종의 살아 있는 죽음을 생산해 사람들이 기계장치가 되는 꿈을 꾸었다. 죽음과 건조함에 대한 매혹은 그녀가 가본 적이 있는, 그리고 치료가 끝나면 탐험 여행으로 다시 방문하기를 계획하는 사하라 사막에 대한 몰두와 관련 있었다.

분석의 중심적 특징은 그녀가 말 없는 환자였다는 것, 실제로 수 개월 동안 회기의 상당 부분을 종종 침묵으로 일관했다는 것이다. 그녀는 오랜 시간의 침묵으로, 또는 다음과 같은 논평으로 시작하곤 했다. "아무 일도 일어나지 않았어요." 또는 "마찬가지로 말 없는 회기가 될 거예요." 때때로 그녀는 설명을 했는데, 예를 들면 이렇게 말했다. "나는 사물을 내가 말할 수 있는 것과 말할 수 없는 것으로 분류해요. 그리고 내가 말할 수 있는 것은 말할 가치가 없어요." 아주 종종 조롱하고 놀리는 성질quality이 존재했다. 뾰로통해진 어린 소녀의 목소리로 통상적으로 이렇게 말하곤 했다. "어제 선생님이 나를 전혀 이해하지 못했다는 느낌이 오늘 들었고, 그래서 오늘은 아무 말도 하지 않을 거예요. 그래요." 또는 그녀는 자신에게 다음과 같이 말했다는 것을 인정하기도 했다. "그가 흠잡을 수 없을 정도로 완전하게 모든 것을 생각하지 않았다면, 그에게 아무 말도 하지 마." 또는 "네가 논쟁에서 이길 수 있다는 확신이 들지 않는다면, 그에게 아무 말도 하지 마." 침묵은 그녀 자신이 회기를 시작할 것인가, 아니면 내가 회기를 시작하도록 만들 것인가라는 게임으로 변하기도 했다. 또는 내가 말하기 전까지 그녀가 얼마나 기다려야 하는지에 대해 내기를 걸기도 했다. 침묵하는 동안 그녀는 무인도에서 자신이 일광욕하고 있다고 생각했다. 그녀는 자신이 이러한 게임과 이에 동반되는 환상을 즐긴다는 것을 인정했다. 가장 중요한 태도는 무관심한 미소, 일종의 냉담, 유희적으로 표현되는 무관심이었다. 이를 통해 분석의 어려움, 그리고 실제로는 그녀를 둘러싼 삶의 현실들이 나의 문제가 되었다. 이 때문에 나는, 마치 내가 그녀보다 더 많이 그녀의 분석에 신경 써야만 한다는 생각과 공모하고 있다는 듯이, 때때로 착취와 혹사를 당하고 있다는 느낌이 들었다. 어떤 때는 그녀의 무관심을 비판적으로 해석하도록 도발당하고 있는 것 같았다. 마치 내가 그녀에게 더 많은 관심을 가지라고 설득하려 애쓴다 – 내가 책임을 떠맡고 싶지 않기 때문에 – 는 듯이 말이다.

동시에 그녀의 분석에는 엄청난 심각성이 존재했다. 그녀는 늦게 온 적도, 회기에 불참한 적도 거의 없었다. 어느 날 내가 평상시보다 더 긴 침묵이 흘러가도록 놔두었을 때, 그녀는 조용히 흐느꼈다. 무슨 생각을 하느냐고 그녀에게 질문하자 그녀는, 약물을 과다복용하고 (아무도 제때 오지 않았기 때문에) 홀로 죽어간 소녀에 관한 비극적인 이야기를 했다.

카우치에 누워 있을 때 환자는 끊임없이 손을 움직였다. 그녀는 발작적이고 짜증 나게 하는 방식으로 손톱을 긁거나, 또는 붕대와 옷에서 실밥을 잡아당기거나, 옷소매와 단추를 만지작거렸다. 한동안 그녀는 카우치 옆에 있는 벽지를 긁지 않을 수 없었다. 거기에는 볼록하게 솟아오른 벽지 부분이 있었는데, 그녀는 그것을 뽑아버리고 싶었다. 아주 종종 그녀는 긴 머리카락을 만지작거리고, 젖을 짜는 것처럼 갈래 머리를 잡아 내리고, 머리카락 한 올 한 올을 쓰다듬고, 그것들로 패턴을 만들어 꼬고, 다시 젖을 짜는 듯한 행동을 했다. 나는 「도라 사례」에서 프로이트가 한 말이 생각났다. "어떤 인간도 비밀을 지킬 수 없다. 입술이 침묵하면 손가락 끝으로 말할 것이다"(1905, p. 78). 그러나 대부분의 경우 나는 그녀의 침묵 배후에 있는 요인 또는 손동작의 의미를 이해할 수 없었다.

그녀는 자신이 연결시킬 수 없는 많은 생각이 있다고 말하곤 했다. 이는 망상분열적 위치에서 볼 수 있는 파편화를 암시한다. 그러나 더 능동적이고 유희적이며 쾌락적인 무언가 – 이는 아무런 발전도 존재하지 않았던, 죽음과 건조함의 긴 시기로 귀결되었다 – 가 진행되고 있음이 분명했다. 이러한 상태가 그녀를 두 가지 불안으로부터 보호해주는 듯했다. 공황장애로 대표되는 망상분열적 불안과, 그녀가 자신과 치료에 대해 관심을 가질 수 있는 능력이 있음을 무심코 인정할 때 생겨나는 우울적 불안 말이다. 그녀의 게임이 제공하는 명백한 만족은 도착적 요소를 암시한다.

그녀는 한 꿈에 대해 이야기했다. 꿈에서 그녀는 젊은 부부를 식사에 초대했지만, 무언가가, 아마도 포도주나 음식이 떨어졌음을 깨달았다. 남편과 친구들이 식량을 사러 나갔고, 그동안 그녀는 집에서 기다렸다. 돌아올 때 그들은 한 소녀를 들것으로 데려왔고, 그녀의 허리 아래 부분이 절단되어 하체가 없다고 설명했다. 그 소녀는 당황하지 않은 것처럼 보였고, 미소를 지었으며, 후에 목발을 짚고 내려왔다. 환자는 남편에게 그녀를 데리고 가서 어디에서 사건이 발생했는지 그녀에게 보여주라고 부탁했다. 그는 그렇게 했고, 자동차가 뒤에서 그녀를 치어 두 동강을 냈다고 설명했다.

분석을 받기 시작한 지 2년이 지난 후 그녀는 자신의 핸드백에서 내게 줄 수표를 찾으면서(그러나 수표가 불완전하게 기재되어 있다는 것을 나는 인지했다) 세션을 시작했다. 침묵하는 대신에 꿈을 이야기했다는 것은 다행스러운 일이었다. 나는 꿈 자체가 분석을 위한 식량을 의미할 수 있다고 해석해주었다. 마치 우리가 분석 작업할 재료가 떨어졌다는 것을 그녀가 깨달았다는 듯이 말이다. 그리고 나는, 그녀가 분석을 위해 재료를 가져오면 그녀에게 비슷한 일이 벌어질까 봐 두려워하고 있다고 말했다. 이제 그녀가 공격당하는 것을 아마도 덜 두려워하고, 이러한 두려움을 이해하고 싶은 소망을 표현할 수 있다 – 이는 꿈에서 어떻게 사고가 일어났는지 알아보라고 그녀가 부탁한 것에서 드러났다 – 고 나는 덧붙였다.

그녀는 내가 의미한 것을 이해했다는 듯이 주목했고, 고개를 끄덕거렸다. 그리하여 나는 조금 후에 그 꿈을, 회기가 시작될 때 그녀가 경험한 것 – 핸드백에서 수표를 찾았던 것 – 과 연결시키고자 했다. 나는 그녀가 내게 지불하는 것과 관련된 느낌에서 분열되었다고 해석해주었다. 그녀는 수표를 가져왔지만 핸드백에서 그것을 잘 찾을 수 없었고, 수표도 제대로 기재되어 있지 않았다.

분위기가 급격히 변했다. 그리고 환자는 그것이 사실이라면, 자신은 펜을 갖고 있으며, 내가 그녀에 대해 명백히 적대적으로 사용할 수 있는 어떤 것도 내가 갖기를 원치 않기 때문에 즉시 다시 수표를 제대로 기재할 수 있다고 덤벙대며 말했다. 그녀와의 접촉이 갑자기 단절된 것 같은 느낌이 들었다. 이제 그녀는 내가 그녀를 적발해 소란을 피우고, 그녀로 하여금 자신의 양가감정을 인정하고 자신의 느낌에 대해 이야기하라고 압력을 넣기 위해 수표 기재의 착오를 이용하고 있다고 느끼는 것 같았다. 그녀가 알아차리지 못한 실수 때문에 그녀의 느낌은 위험스럽게도 통제를 벗어났고, 그녀는 가능한 한 빨리 협력의 분위기를 공격하고 실수를 바로 잡아야 했다. 그러나 회기 초반부의 분위기는 접촉의 느낌을 주었었고, 나는 그것이 우울적 위치를 향한 전전을 의미한다고 생각한다. 그녀는 자신과 대상들에 대해 몇몇 관심을 보여줄 수 있었기 때문이다. 그러나 이는, 내가 너무 빨리 또는 멀리 나아가서 그것을 회기에서 발생한 실제적 사건과 연결시키는 것처럼 보였을 때 격렬한 공격성을 자극했다.

되돌아보면, 나는 해석의 차원을 잘못 유지했으며, 그녀가 통합 – 그녀로 하여금 자신이 함께 일할 수 있는 분석가로서의 나를 붙잡을 수 있도록 해주며, 동시에 나에 대한 부정적 느낌을 인정할 수 있도록 해주는 통합 – 을 유지할 수 없다는 것을 내가 깨닫지 못했다고 생각한다. 그녀는 꿈속의 소녀처럼 자신의 느낌으로부터 단절된 정신 상태로 되돌아갔다. 소녀가 미소짓고, 둘로 잘리는 것을 개의치 않았다는 사실은 정확히 환자의 미소와 경박한 무관심을 반영하는 것처럼 보였다. 또한 그녀는 내가 그녀의 필요성보다는 수표에 더 관심을 갖고 있다고 암시했고, 그리하여 그녀는 나를 만족시켜야 한다는 듯이 행동했다. 공격이 배후에서 나오는 것 같았지만, 그것은 나로부터 나오고 나와의 관계, 그리고 (재료를 가지고 옴으로써 분석 작업에 협력하고, 자신의 양가감정을 인정하고, 그것을 이해하려는 소망을 갖고 있는) 그녀의 모든 부분을 향하는 것 같았다. 그리하여 이해하고자 하는 모든 소망은 분석가 속에 거주하게 되었고, 그녀는 나를 막는 데 모든 노력을 기울였다. 나는 우리가, 어떻게 내가 병리적 조직화의 일부가 되었고 그것을 유지함에 있어 본질적 역할을 했는지(그녀에게 이러한 공격들을 행동화함으로써) 알 수 있다고 생각한다. 실제로 나는 수표를 이유로 그녀를 공격한다는 것 때문에 당황했을 수 있으며, 그녀가 후에 접촉으로부터 퇴각함으로써 처리했던 분위기 변화의 관련자가 되는 것을 피할 수 없었다고 나는 생각한다.

나는 시기심이 이러한 공격 유발에 어떤 역할을 했다고 생각한다. 그리고 그녀가 우리의 작업 관계에서의, 또는 그녀의 삶 일반에서의 어떤 진전도 거의 인정하지 않은 것은 공격을 회피하기 위함이었을 것이라고 생각한다. 그러나 그로부터 몇 달 후에, 나는 그녀가 예술학교에 지원하기 위해 포트폴리오를 준비하고 있으며 운전 강습을 받고 있다는 이야기를 지나가면서 들었다. 그러나 그녀는 남편이 중앙난방을 설치하고 있었기 때문에, 비록 그녀는 자신의 예술 작업을 중단하고 싶지 않아 내키지는 않았지만, 어느 정도 그를 돕기로 했다고 말했다. 그녀는 이러한 작업에 상당히 관여했고, 흥미를 느꼈으며, 그를 돕는 일이 만족스럽다는 것을 인정했다. 이는, 여러 회기에 걸쳐 발전하기 시작한, 좀 더 따뜻한 분위기에 상응하는 듯이 보였다. 비록 그녀가 어느 정도 불만이 있고 뾰로통했으며 민감했지만 말이다.

그러나 그 후 그녀는 세 회기에 나타나지 않았다. 이는 아주 일상적이지 않은 일이었기 때문에 나는 무슨 일이 있는지 그녀에게 전화를 걸었다. 그녀는 중앙난방 설치 작업을 하는 동안 라디에이터를 발가락 위에 떨어뜨렸으며, 실제로 회기 시간에 내게 전화를 걸었다고 설명했다. 그러나 실수로 전화벨이 꺼져 있었기 때문에 나는 전화를 받을 수 없었다. 회기에 다시 나와서 그녀는 발가락뿐만 아니라, 나와 연락이 되지 않아 감정이 상했고, 다시 한번 침대에 파묻혀 소설만 읽었다고 인정할 수 있었다. 그러고 난 후 그녀는 한 소녀가 불가사의한 병에 걸려 죽은 꿈에 대해 묘사했다. 소녀의 부모가 환자를 불렀고, 그녀는 그들과 대화했다. 그녀는 무슨 말을 해야 할지 몰랐고, 그들은 그녀가 당황하고 있다는 것을 알았다는 듯이 그것은 중요하지 않다고 말하면서 그녀를 울리지 않으려고 애썼다. 그러자 그녀가 말했다. “당신들은 좋은 일이 발생할 때 ‘얼마나 다행인지!’라고 말할 수 있어요. 그러나…” 그리고 그녀는 사라졌다. 이 꿈에서 그녀가 불려갔던 방에는 책꽂이, 그리고 (그녀가 유아기 때 홀로 남겨졌던 한 아동의 집의) 책꽂이와 연결시킬 수 있는 석탄 난로가 있었다. 그녀는 이 아동의 집, 특히 그곳의 아름다운 인형들에 대한 기억을 이상화했다. 그러나 실제로 그녀는 가족이 남동생과 휴가를 떠났을 때 자신은 그곳에 홀로 남겨졌으며, 그들이 돌아왔을 때 그녀는 엄마를 인정하기를 거부했고, 그래서 심하게 병들어 향후 두 주 동안 집을 떠날 수 없었다고 말했다.

그러고 난 후 계속 연상이 떠올랐다. 할머니를 방문한 후 가족들이 검문을 당했던 국경의 대기실에 관한 연상이었다. 국경 경비대는 여권에 문제가 있는지 조사하기 위해 그녀를 기차에서 내리도록 했고, 가족은 책꽂이와 석탄 난로가 있는 대기실에서 그녀를 기다렸다.

나는 다음과 같이 해석해주었다. 꿈에 등장한 요소들은 내가 전화를 받지 않았을 때 그녀가 가졌던 느낌을 반영하며, 불가사의한 병으로 죽은 것 같은 비극적 사건이 발생했다. 그리고 내가 그녀에게 전화했을 때, 그녀는 마치 내가 그녀에게 분석으로 되돌아오라고 부르고, 그녀가 보였던 반응에 대해 설명하라고 부탁하는 것 같은 느낌을 받았다. 중앙난방 기구의 설치가 대리하는 분석 작업이 그녀로 하여금 자신의 느낌과 더 많이 접촉할 수 있도록 해주었고, 꿈에 대한 연상은 그녀가 어머니를 잃을지도 모른다는 두려움을 느꼈던 시기의 무서운 경험이 되살아났다는 것을 확증해주는 것처럼 보였다.

이 분석 단편에서 그녀의 운동은 병리적 조직화에서 우울적 위치 – 의미 있는 유형의 접촉이 발생하고 분석 작업이 가능한 우울적 위치 – 로의 이행을 반영하고 있다고 우리는 개념화할 수 있다. 그러나 또한 환자는 어떻게 나르시시즘적 방어가 재전개되어, 우울적 느낌을 불가능하게 만드는 병리적 조직화로 그녀를 되돌아가게 하는지 보여준다.

병리적 조직화가 환자 주변의 공포스러운 상황으로부터 이상화된 안식처를 그녀에게 제공하는 것처럼 보인다. 도착적인 느낌은 환자의 표면적 무관심과 연결되어 있다. 그리고 그녀는 경계성 상태의 자기충족성으로부터 명백한 쾌락과 권력을 이끌어낸다. 반대로 분석가는 극단적으로 불편하다고 느낀다. 그는 관심을 보여달라고 요청하는 환자와의 경험을 통해, 분석가가 무엇을 하든 환자가 불만족스러워한다는 것을 알고 있기 때문이다. 내가 환자에게 전화하지 않았다면, 그녀는 나에게 오기 위한 어떤 행동도 할 수 없었을 것이며, 우리는 오랫동안 만나지 못했거나 심지어 분석을 중단했을 것이다. 다른 한편으로, 그녀에게 전화한 것은 기술적으로technically 심각한 오류였다는 느낌이 들었다. 그리고 나는 무언가 적절하지 못한 일을 했다는 불편한 느낌이 들었다. 마치 내가 유혹받았다는 듯이, 또는 내가 나를 위해 그녀를 불러 분석으로 되돌아오도록 만들고 있다고 느끼도록 그녀를 유혹했다는 듯이 말이다. 때때로 병리적 조직화로 되돌아가는 것을 정당화하기 위해 분석가의 오류가 남용되고 있음을 관찰하는 것은 흥미롭다. 여기에서 환자는, 내가 그녀의 전화를 받지 못한 것이 내가 그녀를 버렸고, 따라서 침대로 물러나서 소설 읽는 것 —이는 안전하고 따듯한 것으로 다시 한번 이상화될 수 있다— 을 정당화했다는 것을 의미한다고 주장할 수 있다. 이는 분석가로 하여금 자신의 실수가 도착적 황홀경을 자극했다고 느끼게 만든다.

정확히 동일한 유형의 문제가 그녀의 침묵 속에 존재하는 하나의 요소인 것처럼 보였다. 그리고 또한 침묵도, 그녀가 일광욕을 할 수 있는 무인도라고 표현한 이상화된 상태로의 퇴각인 것 같다. 나는 그녀가 어떻게 자신이 이러한 정신 상태를 창조하는지에 대해 몇몇 통찰력을 갖고 있었고, [나는] 그녀가 거기에서 발견한 안전감은 착각이라고 생각했다. 그리고 그녀가 창조한 죽음과 건조함은 실제적인 것이며, 그것들이 극단적으로 그녀를 무력하게 만들었다고 나는 생각한다. 그렇기 때문에 그녀는 분석을 통해 진전을 이루고 싶은 진정한 욕망을 갖게 되었고, 자신 속에서 창조적 능력을 발견하기를 원했다. 직업적으로 발전하고 가족을 갖고 싶은, 오랫동안 숨겨진 만족을 찾기 위해서 말이다.

그러나 이러한 발전은, 우울적 위치에 접근하고 대상 및 회복적 충동자극과 접촉할 때마다 정기적으로 증대되는 파괴적 공격에 저항할 수 있는 그녀의 능력에 달려 있었다. 실제로 점차적으로 명백히 몇몇 진전이 이루어졌고, 그녀는 예술 과정을 시작했으며 운전면허 시험에 합격했다. 또한 그녀는 부모와 더 잘 접촉했고, 그들을 초대하고, 그들에게 감사할 수 있었다. 그러나 그녀의 침묵은 분석 기간 내내 여전히 문제로 남아 있었고, 죽음과 건조함이 생산적인 작업의 시기에 간헐적으로 등장했다.

병리적 조직화가 어떻게 망상분열적 불안과 우울적 불안 모두로부터 환자를 보호했는지 파악하는 것이 가능하다고 나는 생각한다. 그것은 완전히 살아 있지도 않고 아주 죽지도 않은 상태[로의 퇴각], 그러나 죽음에 매우 가까이 있으며 고통과 불안으로부터 상대적으로 자유로운 상태로의 퇴각이라는 위안을 제공했다. 이러한 상태는, 비록 환자가 자신의 느낌으로부터 단절되고 접촉을 상실했다는 것을 알고 있었음에도 이상화되었다. 만족의 도착적 원천들이 우세했고, 이것들이 그녀를 그러한 경계적 정신 상태에 중독된 채 머물게 하는 데 일조했다고 나는 생각한다. 공황 발작은 방어적 조직화의 붕괴를, 그리고 망상분열적 위치의 박해적 파편화로의 항구적인 복귀를 의미하는 것처럼 보였다. 다른 때에는 우울적 위치를 향한 운동을 의미하는 듯한 태도 변화를 관찰하는 것이 가능했으며, 이는 분석적으로 의미 있는 변화를 구성할 수 있었다. 적어도 일시적으로, 그녀는 병리적 조직화에 대한 의존을 포기하고 분석가로서의 나와 관계를 설립할 수 있는 것처럼 보였다. 그러나 이러한 접촉이 얼마나 불안정하고 급격하게 단절될 수 있는지도 분명했다. 예를 들면 내가 수표에 관한 그녀의 양가감정을 해석했을 때 그랬듯이 말이다.

토론

병리적 조직화에 관한 여러 탁월한 서술이 존재한다(Riviere 1936; Meltzer 1968; Rosenfeld 1971; Segal 1972; O'Shaughnessy 1981; Riesenberg-Malcolm 1981; Spillius 1983; Sohn 1985). 나는 여기에서 내가 기술한 환자에서 우세했던 몇몇

특징에 대해서만 언급할 것이다. 그러고 난 후 왜 이러한 조직화가 인성을 집요하게 붙잡고 있는지에 대한 가능한 이유 중 몇몇에 관해 논의할 것이며, 그것들이 발달을 어떻게 방해하는지 기술할 것이다. 끝으로 나는 조직화와 두 개의 기본적 위치 사이의 균형을 파악하는 것이 임상적으로 중요하다는 점을 강조할 것이다.

환상 속에서 [병리적] 조직화는 다양한 방식으로, 가장 생생하게는 로젠펠드(1971)가 기술했듯이 갱이나 마피아로 묘사될 수 있다. 그는 어떻게 분열과 투사적 동일화가 자기self의 파괴적인 부분 및 파괴적인 내적 대상과 의절하고 그것들을 갱의 조직원들에게 배분하는지에 대해 묘사했다. 집단은 이상화되고, 의존성과 충성심을 확고히 하기 위해 도착적 방법에 의존하는 갱의 응집성에 의해 방어 체계의 응집성이 대리된다. 갱 또는 지도자는 자신의 조직원들 – 종종 말을 잘 듣지 않는 조직원처럼 보이지만 도망치기에는 나약한 환자를 포함해 – 로부터 복종을 얻어내기 위해 설득하고, 유혹하고, 또는 필요하다면 위협한다.

이전에 나는(Steiner 1982), 조직화에 대한 환자의 태도는 그가 의도하는 것과 달리 항상 순수하지 않으며, 자기의 부분들 간의 (좋은 대상과 나쁜 대상이 불가분하게 얽혀 있는) 복잡한 관계를 포괄하는 도착적 공모가 발달한다고 제안했다. 이 때문에 분석가는 신뢰할 만한 환자를 발견하기 어렵고, 환자가 분석가에 의해 구조될 필요가 있는 희생자임을 암시하는 해석들은 종종 공모로 경험된다.

다른 때에는, 조직화는 주로 공간적 표상으로 경험된다. 예를 들면 이는 때때로 환자가 은신처로 간주하는 무인도나 동굴, 또는 건물 같은 장소로 이상화된다. 예를 들면 내 환자의 경우 경계선에 있는 방이 이상화된 은신처가 된 것처럼 보였고, 그것과 결합되어 있는 무시무시한 경험은 부인되었다. 이렇게 되면 환자는 이러한 은신처로부터 빠져나와 고통과 불안이 위협하는 현실 세계에 직면하는 것을 매우 어려워하게 될 것이다.

조직화의 이러한 공간적 측면이, 왜 많은 저자가 그것과 관련해 '위치'라는 용어를 사용했는지에 대한 설명일지도 모른다. 멜라니 클라인(1935)은 망상분열적 불안과 우울적 불안 모두에 대한 방어로서의 조적 위치에 대해, 시걸(1983)은 나르시시즘적 위치에 대해 이야기했고, 나는 그것을 경계성 위치(Steiner 1979)의 관점에서 사고했다. 이는 우리가 공간적 용어로서의 균형 도식을 시각적으로 설명하는 데 도움을 주지만, 혼란을 줄 수 있다. 조직화는 실제로 망상분열적 메커니즘을 사용하기 때문이다. 다른 위치들에서의 상황과는 달리 이러한 조직화는 항상 병리적이며, 언제나 발달을 방해한다고 나는 믿는다. 실제로 나는, 대부분의 분석가들이 그것을 죽음충동의 표현으로, 그리고 질투의 표출이자 이에 대한 방어로 본다고 생각한다(Spillius 1983). 그것은 제약된 유형의 삶을 허용하며, 심지어 때때로 급성적 붕괴를 막아주거나 연기시킬 수 있다. 그러나 그것은 현실과의 진정한 접촉을 달성하기 위해 포기되어야 한다.

따라서 조직화는 레이(Rey 1979)가 폐소-광장공포증적 딜레마라고 부른 바 있는 것에 대한 해결책을 제공하는 것처럼 보인다. 그것[조직화]에서 벗어나 대상들을 향해 나아가려 할 때 환자는 종종 퇴각할 것이며, 더 밀접한 관계에 수반되는 감정적 접촉의 경험을 감당할 수 없다고 주장할 것이다. 많은 경우에 이는 폐소공포증적 불안으로 경험되고, 대상은 자아를 가두고 질식케 하거나, 그것에 너무 많은 요구를 부과함으로써 자아를 위협한다고 느껴진다. 다른 한편으로 방어를 버리는 것은 환자를 분열적 불안, 특히 혼란과 파편화 – 이것들은 종종 광장공포증으로 경험된다 – 에 빠뜨릴 것이라는 두려움이 또한 존재한다. 그가 대상들을 향해 나아가면 폐소공포증적이 되고, 그가 그것들로부터 벗어나면 광장공포증적이 된다. 병리적 조직화에서는 대상들이 조직된 구조 속에 묶여 있기 때문에(이러한 구조를 통해 감정적 거리가 통제될 수 있다) 이러한 병리적 조직화가 종종 유일한 탈출구인 것처럼 보인다.

때때로, 병리적 조직화에 의한 보호를 포기해야 할 때 생겨나는 불안은 매우 실제적인 것처럼 보이며, 환자는 그것을 포기할 때 직면해야 하는 공포에 대해 생생하게 묘사한다. 그러나 병리적 조직화에 대한 필요성이 그다지 설득력이 없는 경우도 존재한다. 반드시 필요하기 때문에 조직화에 의존하는 것이 아니라 그것에 대한 의존이 일종의 중독이 된 경우가 그러하다. 이 경우에 환자는 자신이 조직화의 본질적으로 자기파괴적인 성격에 대해 통찰하고 있으며, 균형이 안전감이라는 착각을 제공할 뿐이라는 것을 적어도 부분적으로 알고 있다는 것을 보여주기도 한다. 그럼에도 환자는 조직화에 집착하는데, 부분적으로 이는 그것이 제공하는 도착적 만족 때문이다. 병리적 조직화에 대해 기술하는 대부분의 저자들이 사도마조히즘적 요소들에 대해 묘사했으며, 나는 이러한 요소들이 환자가 침묵을 통해 나를 조롱하고 괴롭히는 방식에서 명확하게 드러났다고 생각한다.

때때로 도착적 만족은 주로 진리를 비틀고 왜곡하는 방식으로 생겨난다. 이는 도착증과 관련해 기술된 것(Chasseguet-Smirgel 1974)과 유사한, 현실에 대한 특수한 경계적borderline 관계로 이끌어간다. 프로이트(1927)는 최초로 절편음란증 – 절편음란증 환자는 여자가 남근을 갖고 있다고 생각하지만 기발한 합리화를 통해 그것을 부인한다– 에서의 이러한 메커니즘에 주목했다. 나는 이러한 메커니즘이 병리적 조직화의 특징이며 도착적 상황의 뿌리에 놓여 있다고 생각한다.

이러한 왜곡을 통해 환자는 우울적 위치의 내적 현실을 회피하고, 내적 세계의 파국적 상태에 직면하지 않을 수 있다. 따라서 애도해야 할 필요성을 인정하지 않으며, 회복도 행할 필요가 없다. 환자는 자신의 통찰력을 파괴한다기보다는 그것을 회피하며, 진리를 복잡한 방식으로 은폐한다. 종종 이는 분석가를 오도하며 잘못된 차원에서의 해석을 유발시킨다. 예를 들면 내 환자의 경우 나는 종종 그녀가 이해할 수 있는 능력을 갖고 있다고 생각했지만, 그녀는 그 능력을 유지할 수 없거나 유지하기를 원치 않음을 발견했을 뿐이다. 또한 나는 그것이, 환자가 분석을 받고자 하는 진지하고 정직한 소망을 갖고 있지만, 동시에 계속적으로 현실을 왜곡하려 한다는 역설적 인상을 주는 이유 중 하나라고 나는 생각한다.

조직화의 목적은 현상을 유지하는 것, 즉 나르시시즘적 대상 관계가 지속되고 투사적 동일화가 자기와 대상의 혼동을 낳는 상태를 유지하는 것인 것처럼 보인다. 이러한 상황은 우울적 위치의 초기 단계에서 관찰되는 것과 유사하다. 대상은 소유되고 통제되며, 투사적 동일화를 통해 동일화된다. 방어의 조직화된 성격은 대상과, 자기self의 투사된 부분을 공고하게 결합시키며, 따라서 후자가 [대상으로부터]

퇴각해 자아로 되돌아가는 것을 막는 데 기여한다.

이는 다음을 의미한다. 우울적 위치의 다음 단계, 즉 대상이 포기되고 애도되어야 하는 다음 단계가 진행되지 않으며, 환자는 구체적으로 내면화된 대상들 – 이 대상 각각은 환자가 놓아줄 수 없는(let go of) 자기의 부분을 포함하고 있다 – 에 묶여 있다. 그렇게 하기 위해서는 대상의 상실에 직면해야 할 뿐만 아니라, 그 대상 속에 컨테인되어 있는 자기의 상실에도 직면해야 한다. 그렇지 않으면 대상으로부터의 자기의 분리를 허용해주어야 할 애도가 진행되지 않으며, 그 이후의 발전 – 예를 들면 투사된 것들이 되돌아옴으로써 자아가 풍부하게 되며, 특히 상징적으로 사고하는 능력이 생겨나는 것 – 이 생겨나지 않는다.

병리적 조직화가 중요한 이론적 관심사라는 것은 분명하지만, 그 개념은 특히 임상적 도구로서 가장 중요하다고 나는 생각한다. 삼각형 균형 도식을 염두에 둔다면, 그것으로부터 우리는 세 상태 중 두 상태 사이의 이행transition 또는 위협에 처한 이행과 종종 결합되어 있는 회기의 지배적 불안이 무엇인지 확인하는 데 도움을 얻을 수 있을 것이다. 예를 들면 다음의 이행은 종종, 교란에 빠져 있는 환자들이 특히 분석 초기에 갖고 있는 최고의 긴장의 영역이다.

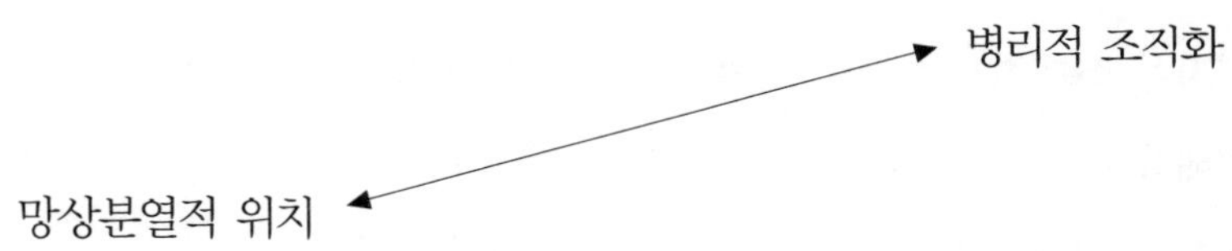

환자는 방어적 조직화의 붕괴 때문에 증상이 발전할 수 있고, 이러

한 이유로 분석을 받으러 올 수 있다. 분석을 통해 그는 조직화를 재확립하고 안도감을 얻으려 할 수 있으며, 종종 분석가를 방어 체계의 일부로 사용한다(Riviere 1936; Joseph 1983). 분석가는 이 단계에서 환자가 통상적 의미의 이해에 관심을 갖지 않으리라는 것을 이해할 필요가 있다. 그의 우선순위는 균형을 찾는 것이기 때문이다. 불안은 아주 급속도로 호전되지만, 장기간 교착 상태에 빠지는 경우가 때때로 발생한다. 환자는 분석가가 있는 한 아주 나름대로 잘 살아가지만, 진전을 보이지 않는다. 파편화와 혼란 상태로 되돌아갈지도 모른다는 두려움이 너무 커서 어떤 발전도 생겨나지 않는다. 오랜 기간 나의 환자는 공황발작 같은 분해 상태를 두려워하는 것 같았고, 그녀가 분석을 통해 달성한 균형이 그녀를 비교적 불안으로부터 자유롭게 해 주었지만 발전할 수 없었다.

때때로, 덜 병리적인 방식으로 행동하는 환자들을 관찰할 수 있다. 방어가 조직화에 사로잡히지 않고 개별적으로 작동하는 경우가 그러하다. 이는 균형의 표현으로 간주될 수 있다.

망상분열적 위치 ←——————————→ 우울적 위치

심지어 상대적으로 잘 적응한 환자들의 경우에도 병리적 조직화가 지배하는 상황이 생겨나며, 특수한 갈등을 극복할 수 없기 때문에 환자는 때때로 정신적 삶의 협소한 영역에 갇히게 될 것이다. 이러한 상황은 분석 전체가 병리적 조직화에 의해 지배받는 환자에서 관찰할 수 있는 상황의, 덜 악성적인 판본이다. 분석이 어려운 갈등 영역을 다루고자 한다면, 두 유형의 환자의 경우 모두에서 분석 작업은 균형 속에서 이루어진다.

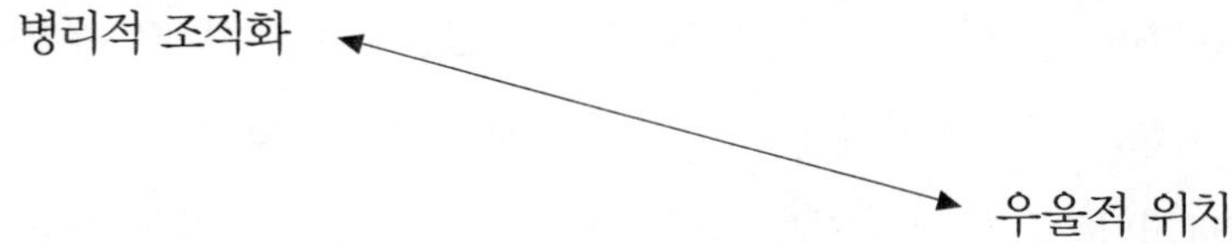

교착 상태에 상당히 빠져 있는 환자들도 때때로 우울적 위치를 향해 나아갈 수 있다는 것을 우리는 일반적으로 관찰할 수 있으며, 나는 이것들을 인식하고 해석하는 것이 중요하다고 믿는다. 물론 우울적 불안과의 접촉을 향한 운동 이후에, 마치 대상들과의 더 밀접한 관계가 내포하는 감정적 접촉을 경험할 능력이 없다는 듯이 환자가 병리적 조직화로 퇴각한다는 것을 우리는 통상적으로 발견한다. 때때로 이는 우울적 위치를 특징짓는 죄책감과 절망 같은 경험을 견딜 수 없음과 [연결되어 있는 것 같다], 때로는 보호적 조직화(protective organization)의 포기(Joseph 1981)와 관련 있는 견딜 수 없는 심리적 고통과 연결되어 있는 것 같다. 분석의 많은 부분이 이러한 동요shifts에 대해 몰두할 것이다. 어떤 경우에는 진전과 발전이 생겨나며, 환자는 병리적 조직화에서 벗어나 더 실제적인 대상 관계로 나아갈 수 있다(Segal 1983).

요약

나는 어떻게 병리적 조직화가 망상분열적 위치와 우울적 위치와의 균형 속에 존재하는 것으로 간주될 수 있는지를 예시하기 위해 임상 재료를 제시했다. 원시적인 분열과 투사적 동일화 같은 망상분열적 메커니즘을 사용하면서 방어적 구조는 고도로 조직화되고 나르시시즘적인 심리내적intrapsychic 관계들 – 여기에서 도착적 만족이 중요한 역할을 한다 – 에 의해 결합된다. 방어의 이러한 조직화는 두 위치에서 경험되는 불안으로부터의 실제적인 또는 환영적인illusionary 안전감을 생산하기 위해 고안된 것처럼 보인다. 모든 개인은 자신이 활용하는 방어 속에서 동요하며, 따라서 이러한 조직화와 두 위치 사이에서 움직인다고 간주될 수 있다. 따라서 그들은 자신이 망상분열적 위치에서 기능하고 있음을, 그리고 병리적 조직화가 존재함을 명백히 보여준다. 그들이 다른 때에는, 그리고 다른 상황에서는 상대적으로 성숙한 방식으로 기능한다고 할지라도 말이다. 그러나 몇몇 환자의 경우에는 병리적 조직화가 인성을 지배하고, 따라서 분석은 고착되고 교착 상태에 빠진다.

방어의 이러한 조직화를 인식함으로써 분석가는 더 정확하게 임상 재료를 파악할 수 있으며, 따라서 환자가 이해할 수 있는 차원에서 그에게 말할 수 있다.

참고문헌

Bion, W. R. (1963) *Elements of Psycho-Analysis*, London: Heinemann; paperback Maresfield Reprints, London: H. Karnac Books (1984).

Chasseguet-Smirgel, J. (1974) 'Perversion, idealization and sublimation', *International Journal of Psycho-Analysis*, 55, 349-57.

Freud, S. (1905) 'Fragment of an analysis of a case of hysteria', *SE* 7.

—— (1927) 'Fetishism', *SE* 21.

Joseph, B. (1981) 'Toward the experiencing of psychic pain', in J. S. Grotstein (ed.) *Do I Dare Disturb the Universe?*, Beverly Hills: Caesura Press, 93-102.

—— (1983) 'On understanding and not understanding: some technical issues', *International Journal of Psycho-Analysis*, 64, 291-8.

Klein, M. (1935) 'A contribution to the psychogenesis of manic depressive states', in *The Writings of Melanie Klein*, vol. 1, London: Hogarth Press, 262-89; paperback New York: Dell Publishing Co. (1977).

—— (1952) 'Some theoretical conclusions regarding the emotional life of the infant', in *The Writings of Melanie Klein*, vol. 3, London: Hogarth Press (1975) 61-93.

—— (1957) *Envy and Gratitude* in *The Writings of Melanie Klein*, vol. 3, London: Hogarth Press (1975) 176-235.

Meltzer, D. (1968) 'Terror, persecution, dread', *International Journal of Psycho-Analysis*, 49, 396-401; reprinted in Sexual States of Mind, Perthshire: Clunie Press (1973).

O'Shaughnessy, E. (1981) 'A clinical study of a defensive organization', *International Journal of Psycho-Analysis*, 62, 359?69.

Rey, J. H. (1979) 'Schizoid phenomena in the borderline', in J. LeBoit & A. Capponi (eds.) *Advances in the Psychotherapy of the Borderline Patient*, New York: Jason Aronson.

Riesenberg-Malcolm, R. (1981) 'Expiation as a defence', *International Journal of Psychoanalytic Psychotherapy*, 8, 549-70.

Riviere, J. (1936) 'A contribution to the analysis of the negative therapeutic reaction', *International Journal of Psycho-Analysis*, 17, 304-20.

Rosenfeld, H. A. (1950) 'Notes on the psychopathology of confusional states in chronic schizophrenia', *International Journal of Psycho-Analysis*, 31, 132-7; also in *Psychotic States*, London: Hogarth Press (1965).

—— (1964) 'On the psychopathology of narcissism: a clinical approach', International *Journal of Psycho-Analysis*, 45, 332-7; also in *Psychotic States*.

—— (1971) 'A clinical approach to the psychoanalytic theory of the life and death instincts: an investigation into the aggressive aspects of narcissism', *International Journal of Psycho-Analysis*, 52, 169-78 (also reprinted in this volume, pp. 239-55).

Segal, H. (1957) 'Notes on symbol formation', *International Journal of Psycho-Analysis*, 38, 391-7; also in *The Work of Hanna Segal*, New York: Jason Aronson (1981) 49-65.

—— (1964) *Introduction to the Work of Melanie Klein*, London: Heinemann; also New York: Basic Books (1964).

—— (1972) 'A delusional system as a defence against the re-emergence of a catastrophic situation', *International Journal of Psycho-Analysis*, 53, 393-401.

—— (1983) 'Some clinical implications of Melanie Klein's work: the emergence from narcissism', *International Journal of Psycho-Analysis*, 64, 269-76.

Sohn, L. (1985) 'Narcissistic organization, projective identification and the formation of the identificate', *International Journal of Psycho-Analysis*, 66, 201-13.

Spillius, E. (1983) 'Some developments from the work of Melanie Klein', *International Journal of Psycho-Analysis*, 64, 321-32.

Steiner, J. (1979) 'The border between the paranoid-schizoid and the depressive positions in the borderline patient', *British Journal of Medical Psychology*, 52,

385-91.

—— (1982) 'Perverse relationships between parts of the self: a clinical illustration', *International Journal of Psycho-Analysis*, 63, 241-51.

—— (1985) 'Turning a blind eye; the cover-up for Oedipus', *International Review of Psycho-Analysis*, 12, 161-72.

총론과 서론의 참고문헌

Abraham, K. (1919) 'A particular form of neurotic resistance against the psycho-analytic method', in *Selected Papers on Psycho-Analysis,* trans. D. Bryan and A. Strachey, London: Hogarth Press (1942).

Bick, E. (1968) 'The experience of the skin in early object relations', *International Journal of Psycho-Analysis,* 49:484-6.

Bion, W. R. (1950) 'The imaginary twin', paper read to the British Psycho-Analytic Society, November 1950, in *Second Thoughts,* London: Heinemann (1967), 3-22; reprinted in paperback, Maresfield Reprints, London: H. Karnac Books (1984).

——(1952) 'Group dynamics: a re-view', *International Journal of Psycho-Analysis,* 33:235-47; also in M. Klein, P. Heimann, and R. E. Money-Kyrle (eds.) *New Directions in Psycho-Analysis,* London: Tavistock Publications, (1955) 440-77; paperback, Tavistock Publications (1971); also reprinted by Maresfield Reprints, London: H. Karnac books (1985).

——(1954) 'Notes on the theory of schizophrenia', *International Journal of Psycho-Analysis,* 35:113-18; also in *Second Thoughts,* 23-35.

——(1955) 'Language and the schizophrenic', in *New Directions in Psycho-Analysis,* 220-39.

——(1956) 'Development of schizophrenic thought', *International Journal of Psycho-Analysis,* 37:344-6; also in *Second Thoughts,* 36-42.

——(1957) 'Differentiation of the psychotic from the non-psychotic personalities', *International Journal of Psycho-Analysis,* 38:266-75; also in *Second Thoughts.* 43-64.

——(1958a) 'On arrogance', *International Journal of Psycho-Analysis,* 39:144-6; also in *Second Thoughts,* 86-92.

——(1958b) 'On hallucination', *International Journal of Psycho-Analysis*, 39:341-9; also in *Second Thoughts*, 65-85.

——(1959) 'Attacks on linking', *International Journal of Psycho-Analysis*, 40:308-15; also in *Second Thoughts*, 93-109.

——(1962a) 'A theory of thinking', *International Journal of Psycho-Analysis*, 43:306-10; also in *Second Thoughts*, 110-19.

——(1962b) *Learning from Experience*, London: Heinemann; reprinted in paperback, Maresfield Reprints, London: H. Karnac Books (1984).

——(1963) *Elements of Psycho-Analysis*, London: Heinemann; reprinted in paperback, Maresfield Reprints, London: H. Karnac Books (1984).

——(1965) *Transformations*, London: Heinemann; reprinted in paperback, Maresfield Reprints, London: H. Karnac Books (1984).

——(1967) 'Notes on memory and desire', *The Psychoanalytic Forum*, 2:272-3 and 279-80.

——(1970) *Attention and Interpretation*, London: Tavistock Publications; reprinted in paperback, Maresfield Reprints, London: H. Karnac Books (1984).

Brenman, E. (1982) 'Separation: a clinical problem', *International Journal of Psycho-Analysis*, 63:303-10.

——(1985a) 'Cruelty and narrowmindedness', *International Journal of Psycho-Analysis*, 66:273-82.

——(1985b) 'Hysteria', *International Journal of Psycho-Analysis*, 66:423-32. Eigen, M. (1985) 'Towards Bion's starting point: between catastrophe and death', *International Journal of Psycho-Analysis*, 66:321-30.

Freud, S. (1916) 'Some character types met with in psycho-analytic work', (see especially 'II—Those wrecked by success', *SE* 14, 316-31) *Standard Edition of the Complete Psychological Works of Sigmund Freud*, London: Hogarth Press (1950-74).

——(1923) 'The Ego and the Id', *SE* 19, 3-66.

——(1924) 'The economic problem of masochism', *SE* 19, 157-70.

——(1937) 'Analysis terminable and interminable', *SE* 23, 209-53.

Gallwey, P. (1985) 'The psychodynamics of borderline personality', in D. P. Farrington and J. Gunn (eds.) *Aggression and Dangerousness*, London: John Wylie, 127-52.

——(in press) 'The psychopathology of neurosis and offending', in P. Bowden and R. Bluglass (eds.), *Principles and Practice of Forensic Psychiatry*, London: Churchill Livingstone.

Grinberg, L. (1962) 'On a specific aspect of countertransference due to the patient's projective identification', *International Journal of Psycho-Analysis*, 43:436-40.

Grotstein, J. S. (1981) *Splitting and Projective Identification*, New York: Jason Aronson

Heimann, P. (1950) 'On countertransference', *International Journal of Psycho-Analysis*, 31:81-4.

Hughes, A., Furgiuele, P., and Bianco, M. (1985) 'Aspects of anorexia nervosa in the therapy of two adolescents', *Journal of Child Psychotherapy*, 11:17-32.

Isaacs, S. (1948) 'The nature and function of phantasy', *International Journal of Psycho-Analysis*, 29:73-97; also in M. Klein, P. Heimann, S. Isaacs, and J. Riviere, *Developments in Psycho-Analysis*, London: Hogarth Press (1952) 67-121.

Jackson, M. (1978) 'The mind-body frontier: the problem of the 'mysterious leap'', paper read to the Psychiatric Section of the Royal Society of Medicine in March, 1978.

Joseph, B. (1981) 'Defence mechanisms and phantasy in the psychological process', *Bulletin of the European Psycho-Analytical Federation*, 17:11-24.

——(1982) 'Addiction to near-death', *International Journal of Psycho-Analysis*, 63:449-56.

——(1986) 'Envy in everyday life', *Psychoanalytic Psychotherapy*, 2:13-22.

——(1987) 'Projective identification: some clinical aspects', in *Projection,*

Identification, Projective Identification, J. Sandier (ed.), New York International Universities Press.

Klein, M. (1921) 'The development of a child', in *The Writings of Melanie Klein, vol. 1: Love, Guilt and Reparation*, London: Hogarth Press (1975), 1-53; in paperback, New York: Dell Publishing Co. (1977).

——(1923) 'The role of the school in libidinal development', in *The Writings of Melanie Klein*, vol 1, 59-76.

——(1928) 'Early stages of the Oedipus conflict', in *The Writings of Melanie Klein*, vol. 1, 186-98.

——(1930) 'The importance of symbol formation in the development of the ego', in *The Writings of Melanie Klein*, vol. 1, 219-32.

——(1932) *The Psycho-Analysis of Children, in The Writings of Melanie Klein*, vol. 2, London: Hogarth Press, (1975); in paperback, New York, Dell Publishing Co. (1977).

——(1935) 'A contribution to the psychogenesis of manic depressive states', in *The Writings of Melanie Klein*, vol. 1, 262-89.

——(1940) 'Mourning and its relation to manic depressive states', in *The Writings of Melanie Klein*, vol. 1, 344-69.

——(1942) 'Some psychological considerations: a comment', in *The Writings of Melanie Klein*, vol. 3, *Envy and Gratitude and Other Works*, London: Hogarth Press (1975), 320-3; in paperback, New York: Dell Publishing Co. (1977).

——(1946) 'Notes on some schizoid mechanisms', in *The Writings of Melanie Klein*, vol. 3, 1-24.

——(1952a) 'Notes on some schizoid mechanisms', in M. Klein, P. Heimann, S. Isaacs, and J. Riviere, *Developments in Psycho-Analysis*, London: Hogarth Press, (1952) 292-320.

——(1952b) 'The origins of transference', in *The Writings of Melanie Klein*, vol. 3, 48-56.

——(1957) *Envy and Gratitude, in The Writings of Melanie Klein*, vol. 3, 176-235.

——(1975) *The Writings of Melanie Klein*, in four volumes, London: Hogarth Press; in paperback, New York: Dell Publishing Co. (1977).

Klein, M., Heimann, P., and Money-Kyrle, R. E. (eds.) (1955) *New Directions in Psycho-Analysis*, London: Tavistock Publications; in paperback, Tavistock Publications (1971).

Klein, S. (1965) 'Notes on a case of ulcerative colitis', *International Journal of Psycho-Analysis*, 46:342-51.

——(1974) 'Transference and defence in manic states', *International Journal of Psycho-Analysis*, 55:261-8.

——(1980) 'Autistic phenomena in neurotic patients', *International Journal of Psycho-Analysis*, 61:395-402.

——(1984) 'Delinquent perversion: problems of assimilation: a clinical study', *International Journal of Psycho-Analysis*, 65:307-14.

Langs, R. (1978) 'Some communicative properties of the bipersonal field', *International Journal of Psychoanalytic Psychotherapy*, 7:87-135.

Malin, A. and Grotstein, J.S. (1966) 'Projective identification in the therapeutic process', *International Journal of Psycho-Analysis*, 47:26-31.

Meissner, W. W. (1980) 'A note on projective identification', *Journal of the American Psycho-Analytic Association*, 28:43-67.

Meltzer, D. (1964) 'The differentiation of somatic delusions from hypochondria', *International Journal of Psycho-Analysis*, 45:246-53.

——(1966) 'The relation of anal masturbation to projective identification', *International Journal of Psycho-Analysis*, 47:335-42.

——(1968) 'Terror, persecution, dread: a dissection of paranoid anxieties', *International Journal of Psycho-Analysis*, 49:396-400; also in Sexual States of Mind, Strathtay, *Perthshire: Clunie Press* (1973), 99-106.

——(1973) *Sexual States of Mind*, Strathtay, Perthshire: Clunie Press (1973), 90-8 and 143-50.

——(1975) 'Adhesive identification', *Contemporary Psychoanalysis*, 11:289-310.

——(1978) *The Kleinian Development*, Strathtay, Perthshire: Clunie Press.

Meltzer, D., Bremner, J., Hoxter, S., Weddell, D., and Wittenberg. I. (1975) *Explorations in Autism*, Strathtay, Perthshire: Clunie Press.

Mitchell, J. (1986) *The Selected Melanie Klein*, Harmondsworth: Penguin.

Money-Kyrle, R. E. (1956) 'Normal countertransference and some of its deviations', *International Journal of Psycho-Analysis*, 37:360-6; reprinted in *The Collected Papers of Roger Money-Kyrle* (ed. D.Meltzer with the assistance of E.O'Shaughnessy), Strathtay, Perthshire: Clunie Press, 1978, 330-42.

——(1969) 'On the fear of insanity', *The Collected Papers of Roger Money- Kyrle*, 434-41.

Ogden, T. (1979) 'On projective identification', *International Journal of Psycho-Analysis*, 60:357-73.

——(1982) *Projective Identification and Psychotherapeutic Technique*, New York: Jason Aronson.

Ornston, D. (1978) 'Projective identification and maternal impingement', *International Journal of Psychoanalytic Psychotherapy*, 7:508-28.

O'Shaughnessy, E. (1981a) 'A clinical study of a defensive organization', *International Journal of Psycho-Analysis*, 62:359-69.

——(1981b) 'A commemorative essay on W. R. Bion's theory of thinking', *Journal of Child Psychotherapy*, 7:181-92.

Rey, J. H. (1979) 'Schizoid phenomena in the borderline', in J. LeBoit and A. Capponi (ed.) *Advances in the Psychotherapy of the Borderline Patient*. New York: Jason Aronson, 449-84.

Riesenberg-Malcolm, R. (1981a) 'Expiation as a defence', *International Journal of Psychoanalytic Psychotherapy*, 8:549-70.

——(1981b) 'Melanie Klein: achievements and problems (reflections on Klein's conception of object-relationship)', published in Spanish as 'Melanie Klein: logros y problemos', *Revista Chilena de Psicoanalisis*, 3:52-63: also published in English in R.Langs (ed.) *The Yearbook of Psychoanalysis and Psychotherapy*, vol. 2, New York: Gardner Press (1986).

Riviėe, J. (1936) 'A contribution to the analysis of the negative therapeutic reaction', *International Journal of Psycho-Analysis*, 17:304-20.

Rosenfeld, H. (1947) 'Analysis of a schizophrenic state with depersonalization', *International Journal of Psycho-Analysis*, 28:130-9; also in *Psychotic States*, London: Hogarth Press (1965), 13-33; also published in New York: International Universities Press (1966) and reprinted in paperback, Maresfield Reprints, London: H. Karnac Books (1982).

——(1949) 'Remarks on the relation of male homosexuality to paranoia, paranoid anxiety, and narcissism', *International Journal of Psycho-Analysis*, 30:36-47; also in *Psychotic States*, 34-51.

——(1950) 'Notes on the psychopathology of confusional states in chronic schizophrenias', *International Journal of Psycho-Analysis*, 31:132-7; also in Psychotic States, 52-62.

——(1952) 'Notes on the psycho-analysis of the superego conflict of an acute schizophrenic patient', *International Journal of Psycho-Analysis*, 33: 111-31. Also in M. Klein, P. Heimann, and R. E. Money-Kryle (eds.) *New Directions in Psycho-Analysis*, London: (1955), 180-219; also in H. Rosenfeld, *Psychotic States*, 63-103.

——(1954) 'Considerations regarding the psycho-analytic approach to acute and chronic schizophrenia', *International Journal of Psycho-Analysis*, 35:135-40. Also in *Psychotic States*, 117-27.

——(1963) 'Notes on the psychopathology and psycho-analytic treatment of schizophrenia', *Psychiatric Research Report, no. 17*, American Psychiatric Association; also in *Psychotic States*, 155-68.

——(1964) 'On the psychopathology of narcissism: a clinical approach', *International Journal of Psycho-Analysis*, 45:332-7; also in *Psychotic States* 169-79.

——(1971a) 'Contribution to the psychopathology of psychotic states: the importance of projective identification in the ego structure and object relations of the psychotic patient', in P. Doucet and C. Laurin (eds.), *Problems of Psychosis*, vol. 1, The Hague: *Excerpta Medica*, 115-28.

——(1971b) 'A clinical approach to the psychoanalytical theory of the life and death instincts: an investigation into the aggressive aspects of narcissism', *International Journal of Psycho-Analysis*, 52:169-78.

——(1978a) 'Notes on the psychopathology and psycho-analytic treatment of some borderline patients', *International Journal of Psycho-Analysis*, 59:215-21.

——(1978) 'The relationship between psychosomatic symptoms and latent psychotic states', paper given at a scientific meeting of the British Psycho-Analytical Society on 3 May 1978.

——(1986) 'Transference-countertransference distortions and other problems in the analysis of traumatized patients', unpublished talk given to the Kleinian analysts of the British Psycho-Analytical Society, 30 April 1986.

——(1987) *Impasse and Interpretation*, London, Tavistock Publications.

Sandier, J. (1987) 'The concept of projective identification', in J.Sandier (ed.) *Projection, Identification Projective Identification*, New York: International Universities Press. Paperback, London: H. Karnak Books.

Scott, W.C.M. (1948) 'Notes on the psychopathology of anorexia nervosa', *British Journal of Medical Psychology*, 21:241-7.

Segal, H. (1950) 'Some aspects of the analysis of a schizophrenic', *International Journal of Psycho-Analysis*, 31:268-78; also in *The Work of Hanna Segal* (including a postscript), New York: Jason Aronson (1981), 101-20; reprinted in paperback, London: Free Association Books (1986).

——(1952) 'A psycho-analytical approach to aesthetics', *International Journal of Psycho-Analysis*, 33:196-207; also in *The Work of Hanna Segal*, 185-206.

——(1956) 'Depression in the schizophrenic', *International Journal of Psycho-Analysis*, 37:339-43; also in *The Work of Hanna Segal*, 121-9.

——(1957) 'Notes on symbol formation', *International Journal of Psycho-Analysis*,

38:391-7; also in *The Work of Hanna Segal*, 49-65.

——(1964a) *Introduction to the Work of Melanie Klein*, London: Heinemann; also published New York: Basic Books (1964).

——(1964b) 'Phantasy and other mental processes', *International Journal of Psycho-Analysis*, 45:191-4; also in *The Work of Hanna Segal*, 41-7.

——(1967) 'Melanie Klein's technique', in B. B. Wolman (ed.) Psycho-analytic *Techniques*, New York: Basic Books (1967); also in *The Work of Hanna Segal*, 3-24.

——(1972) 'A delusional system as a defence against the re-emergence of a catastrophic situation', *International Journal of Psycho-Analysis*, 53 393-401

——(1973) *Introduction to the Work of Melanie Klein*, 2nd edition, London: Hogarth Press.

——(1974) 'Delusion and artistic creativity', *International Review of Psycho-analysis*, 1:135-41; also in *The Work of Hanna Segal*, 207-16.

——(1982) 'Mrs Klein as I knew her', unpublished paper read to the Tavistock Clinic meeting to celebrate the centenary of the birth of Melanie Klein, July 1982.

——(1983) 'Some clinical implications of Melanie Klein's work: emergence from narcissism', *International Journal of Psycho-Analysis*, 64:269-76.

Sohn, L. (1985a) 'Narcissistic organization, projective identification, and the formation of the identificate', *International Journal of Psycho-Analysis*, 66:201-13

——(1985) 'Anorexic and bulimic states of mind in the psycho-analytic treatment of anorexic/bulimic patients and psychotic patients', *Psycho-analytic psychotherapy*, vol. 1, no. 2, 49-56.

——(in press) chapter on 'Treatment' in a book on forensic psychiatry to be edited by J. Gunn and P. Taylor.

Steiner, J. (1982) 'Perverse relationships between parts of the self: a clinical illustration', *International Journal of Psycho-Analysis*, 63:241-51.

——(1987) 'The interplay between pathological organizations and the paranoid-schizoid and depressive positions', *International Journal of Psycho-Analysis*, 68:69-80.

Thorner, H. (1970) 'On compulsive eating', *Journal of Psychosomatic Research*, 14:321-5.

——(1981a) 'Notes on the desire for knowledge', *International Journal of Psycho-Analysis*, 62:73-80.

——(1981b) 'Either/or: a contribution to the problem of symbolization and sublimation', *International Journal of Psycho-Analysis*, 62:455-63.

Williams, A. Hyatt (1960) 'A psycho-analytic approach to the treatment of the murderer', *International Journal of Psycho-Analysis*, 41:532-9.

——(1964) 'The psychopathology and treatment of sexual murderers', in I. Rosen (ed.) *The Pathology and Treatment of Sexual Deviation*, London: Oxford University Press, 351-77.

——(1969) 'Murderousness', in L. Blom Cooper (ed.) *The Hanging Question, London: Duckworth*, 91-9.

——(1978) 'Depression, deviation and acting out in adolescence', *Journal of Adolescence*, 1:309-17.

——(1982) 'Adolescents, violence and crime', *Journal of Adolescence*, 5:125-34.

Williams, A. Hyatt and Coltart, N. (1975) 'The psychology of sexual development' in S. Jacobson (ed.) *Sexual Problems*, London: Paul Elek, 33-44.

역자 후기

이 책은 엘리자베스 보트 스필리어스가 편집한 『*Melanie Klein Today, vol. 1: Mainly Theory*』(Routledge: London and New York, 1988) 중 후반부인 4부 '병리적 조직화'를 옮긴 것이다. 「총론」과 「서론」에서 말하고 있듯이 편집자는 클라인 학파 이론의 발전 과정과 그 내용을 독자들에게 명확하게 전달하기 위해, 이에 결정적으로 기여한 논문들을 주제별로 묶어 이 저작을 출간했다.

스필리어스가 「총론」과 「서론」에서 이 책의 내용에 대해 상세한 '해제'를 제시하고 있기 때문에 이에 대한 역자의 추가적 해제는 상당히 불필요한 일이 될 것이다.

'논문 모음집'이라는 사실 때문에 이 책은 읽기 어려운 저작이라는 인상을 독자들에게 줄지도 모르겠다. 그러나 편집자의 소개 글과 더불어 본서를 읽는다면, (다른 분야에서도 마찬가지겠지만 특히 정신분석 분야에서는) 도식적으로 잘 정리된 교과서적 저작보다는, '뛰어난 논문들'이 오히려 내용적으로 더 풍부하며, 이론과 임상에 관해 좀 더 명료하고 체계적인 '앎'과 '경험'을 전달한다는 것을 발견하게 될 것이다. 이 책은 특히 1950년대 이후 클라인 학파(후기 클라인 학파)의 발전을 이끌었던 분석가들의 '핵심 논문들'을 담고 있어, 독자들로 하여금 후기 클라인 학파 정신분석의 발달을 조망할 뿐만 아니라, 정신분석의 이론적 의미와 임상적 적용에 대해 더 깊게 사고할 수 있는 결정적 계기를 마련해줄 것이다.

2021. 11. 18

홍준기

색인

ㄱ

ㅁ

ㅅ

ㅇ

ㅈ

ㅍ

ㅎ